JN131989

INTERNATIONAL LICENSE AGREEMENT Q&A
Explanation under the U.S. Laws and Practical Tips

国際ライセンス契約 Q&A

アメリカ法を中心とした理論と実務上の対応

Kazuma Segawa

瀬川一真

大学教育出版

は じ め に

　本書は、国際ライセンス契約に関する重要論点を、主として学生、実務家、および研究者の皆様向けに紹介するものです。

　製品・サービスを支える技術の複雑化に伴い、現代の経済社会において、自己の技術を他者と共用するライセンスは重要な役割を果たしています。そして、アメリカ・中国を中心とした諸外国の特許出願件数が増加の傾向にあることからも理解できるとおり、国際ライセンスの重要性はとりわけ高まる一方です。

　このような状況をふまえ、国際ライセンス契約に関する書籍も数多く出版されています。しかし、それらのうち、学生または実務家の皆様向けのものについては、サンプル条文の紹介が中心となっているようにも思われます。また、研究者の皆様向けのものについては、法制度の趣旨・裁判例の解釈に関する解説に力が注がれ、実践的な対応策の検討・紹介は見送られる傾向がうかがえます。

　そこで、本書は、国際ライセンス契約に関する法的論点の概説とともに、論理的かつ実践的な対応策の提示を試みるという難題にチャレンジすべく、国際ライセンス契約における論点について、Q&A方式で確認していくものとしました。各Q&Aにおいては、当該論点の関連する法制度および近年の裁判例などを紹介したうえで、それらの課題をふまえたサンプル条文案を掲載しています。

　また、付属の国際ライセンス・モデル契約書と併用することにより、国際ライセンス契約全体に関する体系的な理解の醸成も可能となっています。さらに、急遽の確認に資するよう、各Q&Aのサマリーおよび図表を用意するとともに、高い水準の検討にも耐えられるよう、注釈においては、詳細な解説の提供および透明性の高い文献紹介を行うように心掛けました。

　本書が、国際ライセンス契約の読解、起案、または交渉の一助などになるならば、望外の喜びです。

　さて、本書の刊行にあたりましても、たくさんの皆様にご支援および温かい励ましのお言葉をいただきました。

　まず、株式会社大学教育出版の代表取締役佐藤守氏には、私のこだわりにも丁寧にご対応いただくなど大変お世話になりました。また、『国際商事法務』、『知財管理』、および『パテント』の関係者の皆様には各誌における拙文の本書への活用にご快諾いただきましたほか、RoyaltySource®にはロイヤルティに関する分析データをご提供いただきました。深く御礼申し上げます。そして最後に、常日頃から、さまざまな形で私を支えてくれている家族の皆には感謝しかありません。

2022 年 3 月 5 日

瀬 川 一 真

国際ライセンス契約 Q&A
—— アメリカ法を中心とした理論と実務上の対応 ——

目　次

第 8 章　ライセンス対象権利の行使／Licensed Rights Enforcement … 108

第 9 章　表明保証および責任の制限／Representations and Warranties and Limitations on Liability ………………………………………………………… 127

凡　例

1．Q&Aの構成

- 本文の各章は、国際ライセンス・モデル契約書の各条の内容と対応させつつ、次のとおり構成する：

「イントロダクション」	当該章の概要およびQ&Aの構成を示す。
論点（Q）	国際ライセンス契約において課題となる重要論点についてふれる。
「実務上の対応」（A）	Q&Aに関するポイントをまとめる。
「検討のポイント」	「実務上の対応」の基礎となる法理論、法令、裁判例、または実務上の課題などについて、アメリカ法との関係を中心として解説する。当該解説に対応するサンプル条文の見出し番号については隅付括弧内に示す。
「アドバンスド」	Q&Aから派生する論点について解説を行う。
「サンプル条文」	「検討のポイント」における検討の結果としての条文案を紹介する。隅付括弧内におけるサンプル条文の見出し番号は、「検討のポイント」などにおけるものに対応している。
「クイック・リファレンス」	重要論点に関する理解を表によって示す。

2．表記

- 「アメリカ」は、アメリカ合衆国を指す。また、「連邦議会」、「連邦裁判所」、または「連邦民事訴訟規則」など、特定の国を示さない表記については、アメリカ合衆国に関するものを指す。
- サンプル条文におけるアンダーラインは、当該サンプル条文の重要箇所を示す。
- サンプル条文において、（法律上の要請であるかどうかにかかわらず）大文字またはイタリック体などで記載されることが多い内容については、（読み易さを考慮して）イタリック体で表記する。
- 脚注の表記については、基本的に、THE BLUE BOOK A UNIFORM SYSTEM OF CITATION (20th ed. 2015) に拠っている。その一部については、次のとおりである。
  - 「*Id.*」は、当該脚注の直前の脚注において紹介した文献と同じ文献にふれる場合に使用する。
  - 「*supra*」は、当該脚注の直前ではないもののすでに紹介した文献と同じ文献にふれる場合に使用する。
  - 脚注などにおいてQ&Aにふれる場合には、（たとえば、「*3－1*『ライセンスの対価については、どのように設定すべきか』」のように）Q&A番号をイタリック体により示したうえで、続けて、当該論点（Q）を二重鍵括弧内に示す。

3．引用・参考文献

- 筆者の判断のもと、有益かつ信頼のおける内容であることを条件として、法令、裁判例、ロー・スクール紀要のほか、インターネット上の見解についても幅広く紹介する。なお、インターネット上の文献の最終閲覧日は 2021 年 9 月 19 日から 2021 年 10 月 10 日の間である。
- 拙著『米国法適用下における商取引契約書』（大学教育出版・2019 年）については、「米国法商取引」と示す。

4．国際ライセンス・モデル契約書

- 国際ライセンスのモデル契約書として、「独占的特許権・ノウハウ・ライセンス契約」（比較的ライセンサーに有利な内容となっている）を掲載する。
- 重要論点についてはグレイでハイライトして示すとともに、脚注において本書の Q&A および「米国法商取引」の関連する箇所を示す。

5．索引

- 該当頁が複数ある単語については、最も関連性の高い頁をイタリック体で示す。

6．訳

- 本書における英語の翻訳は、基本的にすべて筆者が、読み易さを考慮して行ったものである。

第1章

定義

Definitions

　定義条項（Definitions Clause）は、契約内で幾度も同一の言い回しが繰り返されるような事態を予防するとともに、それぞれの単語の統一的な利用をもたらす。ライセンス契約においては、ライセンス対象権利またはその基礎となる技術など、複雑な情報を含むことも少なくないから、定義条項などを活用する意義はさらに高いともいえる。

　第1章においては、ライセンス契約との関係において配慮すべき単語の定義についてふれたうえで（*1 - 1*）（*1 - 2*）、定義条項と同様に契約書の解釈を補助する機能を有するその他の規定（*1 - 3*）を紹介する。

1-1 「関係会社（Affiliate）」については、どのように定義すべきか。

実務上の対応

➤ 「関係会社」の範囲については、当該契約において有することになる権利・義務の内容をふまえたうえで、一定の範囲に限定すべきである。

➤ 具体的には、「関係会社」は、特定の時期において、契約当事者と一定の支配関係の認められる会社を指すものとして定義されることがのぞましい。

検討のポイント

　契約において、各単語の定義を行ったにもかかわらず、結局当該定義にあいまいさがあるなどとして、その後の紛争の原因となることも散見されるが、「関係会社（Affiliate）」については、どのようにその範囲を画するかが課題となる。

　まず、ライセンス契約において「関係会社」にふれる場合、それは契約当事者であるライセンサーまたはライセンシーと同種の権利・義務を「関係会社」にも認める趣旨であることが少なくない。その場合、「関係会社」の範囲は限定的である必要があるところ、契約当事者との間に一定の支配関係を要求する例が多い[1]。【1-1-A】

　また、「関係会社」が、当該契約の締結時において存在した関係会社に限定されるかどうかについても問題となりうる。

　この点、契約上、時期的要件を示すものがない限り、「関係会社」とは当該契約の締結時における関係会社を指すとするものもあるが[2]、個別の判断は当事者の意思の解釈に基づいて行われる傾向にある[3]。

---

[1] *See e.g.*, Dell Charles Toed III, *Affiliate definition clauses in contracts* (Apr. 29, 2009), https://www. oncontracts.com/affiliate-status-in-contracts/#Why_8220affiliate8221_is_often_a_defined _term（「関係会社」と契約当事者の間に一定の支配関係を要求する定義はアメリカ証券法における定義と同じであり一般的であると指摘する）; *see also* 17 C.F.R. § 230.405.

[2] *See generally*, Ellington v. EMI Music, Inc. 24 N.Y.3d 239, 246 (Ct. App. N.Y. 2014) (quoting VKK Corp. v. National Football League, 244 F.3d 114, 130-31 (2d Cir. 2011))（「Affiliate」の定義に関して、契約締結時において当事者の関係会社であった会社のみを指すのか、または、契約締結後に当事者の関係会社となった会社も含むのかについて争われたところ、「Affiliate」について契約上特段の定義がない場合、「Affiliate」とは、契約締結時に存在する当事者の関係会社を指すと示した）("Absent explicit language demonstrating the parties' intent to bind future affiliates of the contracting parties, the term 'affiliate' includes only those affiliates in existence at the time that the contract was executed.").

[3] *E.g.*, Imation Corp. v. Koninklijke Philips Electronics, N.V., 586 F.3d 980 (Fed. Cir. 2009)

　したがって、定義条項においては、「関係会社」の時期的要件についても明確にすべきである。【1-1-A】

サンプル条文

【1-1-A】定義条項：「関係会社」とは、契約期間内に要件を満たすことになった法人などのうち、ライセンシーと一定の支配関係にあるものとする。

"Affiliate" of Licensee means any entity or other person that, <u>at any time during the term of this Agreement</u>, <u>controls, is controlled by, or is under common control with Licensee</u>, where "control" means the direct or indirect control by ownership of more than fifty percent (50%) of the voting power of the outstanding voting shares, <u>but only as long as such entity or person meets these requirements</u>.	「関係会社」とは、<u>本契約の期間内において、ライセンシーをコントロールする、ライセンシーによってコントロールされる、または、ライセンシーとともに共通のコントロール下にある</u>、いかなる法人またはその他の団体を指し、ここに、「コントロール」とは、発行済み議決権総数の50％を超える所有権を通じた直接的または間接的な支配をいうが、<u>当該法人または団体がこれら要件を満たす限りにおいて該当性が認められるものとする</u>。

（Koninklijke Philips 社および Philips Electronics 社と Minnesota Mining and Manufacturing 社〈以下、「3M 社」という〉の間における光学および光磁気メモリ技術などに関するクロス・ライセンス契約にまつわる事案〈3M 社による会社分割の結果として Imation 社が当該契約を承継した〉。当該ライセンス契約は 2000 年 3 月 1 日付で終了することになっていたものの、当該契約における特許ライセンス自体は以降も有効に存続するとされていた。当該ライセンス契約の終了後、Imation 社は 2 社を自己の子会社として取得したため、当該ライセンス契約における「Subsidiary」として当該ライセンス権を活用できるかが問題となった。連邦巡回区控訴裁判所は、当該ライセンス契約が両当事者の広範な事業活動を許容するものであること、および、「Subsidiary」に関する定義のないことは、時の経過による「Subsidiary」の対象の増減を許容したものであると両当事者の意思を推察し、それら 2 社は「Subsidiary」に含まれると判断した）。

| 1-2 | 「ライセンス対象製品」（Licensed Products）については、どのように定義すべきか。 |

実務上の対応

➢ 「ライセンス対象製品」については、ライセンス料の算定根拠としても、またはライセンスの対象範囲を画する意味でも、正確な定義が必要である。

➢ 具体的には、「ライセンス対象製品」は、「ライセンス対象分野」における「ライセンス対象権利」を実施した製品を指すものとして定義されることなどが多いと思われる。

検討のポイント

　ライセンス契約において、ライセンスの対象となる知的財産権（以下、「ライセンス対象権利」という）の実施の具体的成果である製品（以下、「ライセンス対象製品」という）については、ライセンス料の算定根拠となったり、または、ライセンスの範囲を画するものとなったりするから、正確な定義を行う必要がある。

　この点、たとえば、ライセンサーは、ライセンスの範囲を特定の事業分野（以下、「ライセンス対象分野」という）に限ることも少なくない[4]。その場合、ライセンシーとしては、ライセンス対象分野内に属する自己の製品すべてがライセンス料の対象となってしまうことのないよう[5]、「ライセンス対象製品」を「ライセンス対象分野において、ライセンス対象権利を実施した製品」と定義することがのぞましいといえる。【1-2-A】

サンプル条文

【1-2-A】定義条項：「ライセンス対象製品」とは、「ライセンス対象分野」における製品のうち、「ライセンス対象権利」を実施する製品であるとする。

| "Licensed Product(s)" means a product or part | 「ライセンス対象製品」とは、「ライセンス対 |

[4] 2−10『ライセンス対象分野については、どのように規定すべきか』

[5] Cf. ロイヤルティ算定の便宜を図るといった事情がある場合などにおいては、ライセンス対象製品でない製品をロイヤルティの算定対象とすることも（特許権の濫用〈patent misuse〉には該当せず）可能であるとされる。E.g., Engel Indus. V. Lockformer Co., 96 F.3d 1398, 1408 (Fed. Cir. 1996) (citing Automatic Radio Mfg. Co. v. Hazeltine Research, Inc., 339 U.S. 827 (1950) and Zenith Radio Corp. v. Hazeltine Research, Inc., 395 U.S. 100 (1969)) ("We agree with the magistrate judge's statement that royalties may be based on unpatented components if that provides a convenient means for measuring the value of the license.").

of a product <u>in the Field of Use</u>: (a) for which, absent this Agreement, the making, using, importing or selling, would infringe, induce infringement, or contribute to infringement of an issued and unexpired claim or a pending claim <u>contained in the Licensed Patents</u> in the country in which any such product or product part is made, used, imported, offered for sale or sold; or (b) that is otherwise <u>covered by or included in Licensed Know How</u>.

象分野」における製品または製品の一部のうち、(a) 本契約なしには、製造、使用、輸入、または販売が、当該製品もしくは当該製品の一部の製造、使用、輸入、販売の申し入れ、もしくは販売が行われる国における<u>ライセンス対象特許権</u>に含まれる、発行済みかつ期限切れでない請求項もしくは出願中の請求項の侵害、間接侵害もしくは寄与侵害を構成するであろうもの、または、(b) <u>ライセンス対象ノウハウ</u>に包含されるものもしくは含まれるものをいう。

クイック・リファレンス

【ライセンス対象製品について、「ライセンス対象分野」における「ライセンス対象権利」を実施した製品であると定義した場合における整理】

検討要素		帰結	ロイヤルティ支払いの要否
当該製品は「ライセンス対象分野」における製品であるか	当該製品は「ライセンス対象権利」を実施しているか		
○	○	ライセンシーは「ライセンス対象製品」に関する実施を行っている。	必要
○	×	ライセンシーは「ライセンス対象権利」を実施していない。	不要
×	○	ライセンシーは「ライセンス対象分野」における実施を行っていない。	不要（ライセンス対象権利の侵害となりうる）
×	×	ライセンシーは当該ライセンス契約と無関係の活動を行っている。	不要

1-3	定義条項のほかに、契約の解釈を補助する機能を有する規定にはどのようなものがあるか。

実務上の対応

➤契約の解釈にあたって適用するルールを設定するものとして、契約解釈条項が挙げられる。

➤契約解釈条項には、見出し条項など、さまざまなものが含まれるが、それらのうち当該契約に有用と思われるものを選択したうえで、取り入れることも検討に値する。

検討のポイント

　定義条項は、契約内容の理解および把握の容易化、ならびに、単語の多義性からくる誤解の防止といった機能を有する。特にある単語が当該契約の権利・義務に関して大きな関係を有しうる場合、その契約上の意味をめぐって紛争が発生する可能性もあるから、とりわけ注意を払い、明確な定義を試みることがのぞましい。

　これに対して、契約解釈条項（Interpretation Clause）は、個別の単語の意味を確定するというよりも、当該契約の解釈にあたって適用するルールを明示するものである。たとえば、見出し条項（Headings Clauseと呼称されるものであり、各条の表題と契約の解釈の関係について示す条項である）もこのひとつである。

　契約解釈条項は、当該契約の内容を明確にする、または、幾度も同様の言い回しを繰り返すことを避けることで契約書の閲読を容易にするといった効果を有する[6]。

　もっとも、契約解釈条項に記載しうるルールは多岐にわたるから、それらすべてを列挙することは、かえって、契約内容の理解を困難にさせかねない。

　したがって、契約解釈に関するルールのうち、当該契約との関係で適当なものを選択したうえで契約内に取り入れることになると思われる。

---

[6] PricewaterhouseCoopers, *Interpretation boilerplate clause* (Jan. 2016), https://www.pwc.com.au/legal/assets/investing-in-infrastructure/iif-34-interpretation-boilerplate-clause-feb16-2.pdf.

クイック・リファレンス

【契約解釈条項の例およびその要旨】

条文の例	条文の趣旨など
In this Agreement, the following rules of interpretation apply unless the contrary intention appears:	本契約において、契約解釈に関するルールは、相反する意図が示されていない限り、次のとおりである：
• the singular includes the plural and vice versa.	•単数の表記は複数を含むものであり、その逆もまた同様とする。
• words that are gender neutral or gender specific include each gender.	•性別に関しては、その有無または表現にかかわらず、あらゆる性別を対象とする（つまり、「her」または「his」などを用いたとしても、それは特定の性別に限定するものではない）。
• the words "such as", "including", "particularly" and similar expressions should not be interpreted as words of limitation.	•たとえば、「such as」「including[7]」「particularly」またはそれらと類似した（「…など」を指す）表現が用いられている場合、その後に続く単語は例示であって、当該単語に限る意図とは解釈しないものとする。
• this Agreement includes all schedules and attachments to it.	•「本契約」との呼称は、その別紙（「Schedule」または「Attachment」などを指す）も含むものとする。
• no rule of construction applies to the disadvantage of a party because that party was responsible for the preparation of this Agreement or any part of it.	•一方当事者が本契約の全部または一部を準備したことをもって、本契約が、当該当事者に不利益な方向で解釈されてはならないものとする[8]。

---

[7] 「Including」の後に続く単語については例示列挙であると理解される傾向にあるようである。*E.g.*, Fed. Land Bank v. Bismarck Co. of St. Paul, 314 U.S. 95, 99-100 (1941) ("We recently had occasion under other circumstances to point out that the term 'including' is not one of all-embracing definition, but connotes simply an illustrative application of the general principle."). ただし、「including」の後に続く単語は限定列挙であると理解する事案もあることから、例示列挙であることを明示する趣旨で、実務上は、「including but not limited to」との表記が用いられることが多いとされる。KENNETH A. ADAMS, A MANUAL OF STYLE FOR CONTRACT DRAFTING 357 ¶ 13.259 (4th ed. 2017).

[8] 契約法においては、契約内容について疑義が生じた場合、当該疑義については、当該契約を用意した当事者にとって不利益に取り扱われる傾向にある。*E.g.*, Herbil Holding Co. v. Commonwealth Land Title Ins., 183 A.D.2d 219, 227 (2d Dep't 1992) ("We are guided by the general but well-established precept that in cases of doubt or ambiguity, a contract must be construed most strongly against the party who prepared it, and favorably to a party who had no voice in the selection of its language.").

• if a period of time is calculated from a particular day, act or event (such as the giving of a notice), it is to be calculated exclusive of that day, or the day of that act or event.	•たとえば、（一方当事者から他方当事者に向けた）通知に関する規定などにおける期間の設定について、特定の日、行為、または事象を起算点とする旨定められている場合、当該期間の算定は、当該日、行為、または事象の発生日の翌日から起算するものとする[9]。

---

[9] *See* FED. R. CIV. P. 6(a)(1)(A)（連邦民事訴訟規則は同趣旨の規定を置く）。

第**2**章

ライセンスの付与

Grant of License

　第2章においては、まず、ライセンス契約の中核となる、ライセンスの許諾を行う条項に関する法的論点などを確認する。

　ライセンス許諾条項において着目すべきと思われる重要な内容としては、ライセンスを付与する時期（2 − 1）、ライセンスの撤回可能性（2 − 2）、ライセンスの独占性（2 − 3）、ライセンスの対価（2 − 4）、ライセンスを付与する期間（2 − 5）、ライセンスの譲渡可能性（2 − 6）、ライセンスの対象権利（2 − 7）、ライセンスの対象となる実施行為（2 − 8）、ライセンスの対象地域（2 − 9）、および、ライセンスの対象分野（2 − 10）を挙げることができる[1]。

　次に、ライセンス契約においては、ライセンス許諾条項におけるライセンサーからライセンシーへの本来的なライセンスの付与のほか、ライセンス契約に関する交渉の過程において、その他のライセンスなどが付与されることもある。

　そこで、第2章においては、それらのうち、グラント・バック条項（2 − 11）および発生的ライセンス（2 − 12）についても紹介する。

---

[1] 第2章の一部については、拙文「Grant Clauseに関する米国法上の法的論点と実務上の対応」（『知財管理』, Vol. 70, No.7, 2020 at 906-16・日本知的財産協会）を基礎としている。

クイック・リファレンス

【ライセンス許諾条項における検討事項の要旨】

ライセンス条件	契約上の表現例	検討事項	Q&A
ライセンスを付与する時期	Licensor <u>hereby</u> grants and agrees to grant, to Licensee/Licensor agrees to grant, to Licensee	・ライセンス契約の締結をもってライセンスの付与の効力を将来発生しうる権利などとの関係においても生じさせるか。	*2－1*
ライセンスの撤回可能性	revocable/irrevocable	・ライセンサーによるライセンスの撤回権を認めるか。	*2－2*
ライセンスの独占性	exclusive/sole/ non-exclusive	・ライセンスの独占性を認めるか。 ➤ライセンスの独占性をどのように定義するか。	*2－3*
ライセンスの対価	fully paid-up/royalty-bearing/royalty-free	・ライセンスの対価を要求するか。 ➤ライセンスの対価を要求する場合、その提供はどのように行われるか。	*2－4*
ライセンスを付与する期間	term-limited/perpetual	・ライセンスは有期とするか。 ➤ライセンスを有期とする場合、どのような期間とするか。 ・期間条項との整合はとれているか。	*2－5*
ライセンスの譲渡可能性	Transferrable/non-transferable	・ライセンスを譲渡可能とするか。 ➤ライセンスを譲渡可能としない場合であっても、ライセンシーに支配権の異動がある場合についてはどのように取り扱うか。 ・契約譲渡条項との整合はとれているか。	*2－6*
ライセンスの対象権利	Intellectual Property Rights/Licensed Rights	・ライセンス対象権利をどのように定義するか。 ・ライセンスにノウハウを含む場合、ライセンサーからライセンシーへのノウハウの移転に関する規定を設けるか。	*2－7*
ライセンスの対象となる実施行為	make, have made, use, sell, offer for sale, or import the Licensed Products	・ライセンス対象行為をどのように規定するか。	*2－8*

ライセンスの対象地域	Worldwide/in the Territory	•ライセンス対象地域をどのように定義するか。	2 − 9
ライセンスの対象分野	in all field of use/in the Field of Use	•ライセンス対象分野をどのように定義するか。	2 − 10

【さまざまなライセンスなどの内容】

関連条項	ライセンスの種類	内容
ライセンス許諾条項	ライセンス	•ライセンサーからライセンシーにライセンス対象権利の実施権を付与する。
グラント・バック条項	グラント・バック・ライセンス	•ライセンシーのライセンス対象権利の改良発明に関する権利について、ライセンサーに実施権を付与する。
	アサイン・バック	•ライセンシーのライセンス対象権利の改良発明に関する権利について、ライセンサーに権利自体を譲渡する。
条件付きライセンス条項	発生的ライセンス	•特定の事象が生じた場合において、一方当事者から他方当事者にライセンスが付与される。
	消滅的ライセンス	•特定の事象が生じた場合において、一方当事者から他方当事者に付与されていたライセンスが失効する。

2-1	ライセンス対象権利としてライセンサーが将来取得しうる権利を設定する場合、どのようにライセンス許諾条項を規定すべきか。

実務上の対応

➢ライセンス許諾条項において、単に、「Licensor <u>agrees to</u> grant a license to Licensee」とした場合、当該ライセンス契約の締結時に未発生の権利については、当該権利が発生した際にそのライセンスを付与する旨の約束が行われたものと解釈されうる。

➢したがって、ライセンス契約締結時において、未発生の権利に関するライセンスを確保したい場合には、「Licensor <u>hereby</u> agrees to grant a license to Licensee」などと規定することを検討すべきである。

検討のポイント

ライセンス許諾条項（Grant Clauseなどという）においては、「ライセンサーがライセンシーにライセンスを付与する」ことを示す趣旨で、「Licensor agrees to grant a license to Licensee」などと規定されることも少なくない。

しかし、このような規定は、当該ライセンス契約の締結時には未発生の権利に関して、当該権利が発生した際にライセンスを付与する旨の約束が行われたものと解釈されうる[2]。したがって、ライセンス契約がライセンサーによって第三者に譲渡されてしまったり、または、ライセンサーが倒産してしまったりした場合との関係においては、当該未発生の権利に関するライセンスは不安定な状態にあるといえる。

この点、裁判所が、契約における「hereby」との単語に、対象事項の即座の発生を認める意義を見出すことに着目することが考えられる。すなわち、ライセンス許諾条項との関係でみると、裁判所は、「Licensor agrees to grant and does <u>hereby</u> grant a license to Licensee」との一節について、ライセンス契約の締結をもって、当該ライセンス契約締結時には未発生の権利などをも対象としたライセンスの設定が行われたものと解釈するのである[3]。

---

[2] Kenneth A. Adams, *Landslide*（*ABA Section of Intellectual Property Law*）*January/February 2016 Granting Language in Patent License Agreements: An Analysis of Usages*, 3, https://www.adamsdrafting.com/wp/wp-content/uploads/2016/02/Granting-Language-in-Patent-License-Agreements-Adams-Final.pdf; *e.g.*, IpVenture, Inc. v. ProSter Comput. Inc., 503 F. 3d 1324 (Fed. Cir. 2007).

[3] *E.g.*, Imation Corp. v. Koninklijke Philips Electronics, 586 F.3d 980, 986 (Fed. Cir. 2009) (quoting DDB Tech., L.L.C. v. MLB Advanced Media, L.P., 517 F.3d 1284, 1290 (Fed. Cir. 2008) and Filmtec Corp. v. Allied-Signal Inc., 939 F.2d 1568, 1573 (Fed.Cir.1991)) ("If the contract expressly grants

　そこで、未発生の権利についてもライセンスの存在を確実なものとしたい場合においては、ライセンス許諾条項に「hereby」を用いることを検討すべきである。【2-1-A】

サンプル条文

【2-1-A】ライセンシーにライセンス対象権利（当該ライセンス契約締結時には未発生の権利を含む）のライセンスを付与する。

Subject to the terms and conditions of this Agreement, <u>Licensor hereby grants to Licensee</u> an exclusive, royalty-bearing, revocable, term-limited, non-transferable license under the Licensed Patents and Licensed Know How, with the right to grant sublicenses, in the Field of Use in the Territory to make, have made, use, sell, offer for sale, and import the Licensed Products.	本契約の有効期間中、<u>ライセンサーは</u>、ライセンシーに、独占・ロイヤルティ支払い義務あり・撤回可能・期間制限あり・譲渡不可能・サブライセンス可能との条件のもとで、ライセンス対象特許権およびライセンス対象ノウハウを用いたうえで、ライセンス対象地域内かつライセンス対象分野内において、製品の製造、製造委託、使用、販売、販売の申し入れ、および輸入を行う権利を<u>ここに付与し</u>、かつ、付与することに同意する。

---

rights in future inventions, 'no further act [is] required once an invention [comes] into being,' and 'the transfer of title [occurs] by operation of law.'"). *But see* Szombathy v. Controlled Shredders, 1997 U.S. Dist. LEXIS 5168 (Bankr. N.D. Ill. 1997)（破産手続開始の申立てを行った後の債務者の発明については破産財団ではなく債務者に帰属することを確認した）。

2-2	ライセンスの撤回可能性（revocable/irrevocable）については、どのように考えるべきか。

実務上の対応

➢ ライセンスの撤回可能性について明示のない場合、それは撤回可能（「revocable」）であるものとして取り扱われる。

➢ これに対して、ライセンスの撤回不可能を意味する「irrevocable」については、ライセンシーによるライセンス契約違反があったとしても、その撤回が認められないものと解釈されうる。

➢ さらに、ライセンスを撤回不可能なものとする場合には、契約解除条項との整合性も図る必要がある。

検討のポイント

　ライセンス許諾条項においてよく見受けられる表現のひとつとして、撤回可能のライセンス（revocable license）、または、撤回不可能のライセンス（irrevocable license）を挙げることができる。

　まず、ライセンスが「撤回不可能」であるかどうかに関する明示のない場合は「撤回可能」であるライセンスが付与されたものとして取り扱われるのが原則であるが[4]、そのような取り扱いを望む場合においても、ライセンサーの撤回権に関する裁量の明確性を図るべく、たとえば「revocable at will」または「revocable, with or without cause」などと加えておくことがのぞましい[5]。

　次に、当該ライセンスを「撤回不可能」との条件のもとで付与することを望む場合、それは（たとえライセンシーによるライセンス契約違反が認められたとしてもライセンスを撤回することは認められないという意味における）絶対的なライセンスの撤回不可能を意味しうることを認識すべきである[6]。

---

[4] CYNTHIA CANNADY, TECHNOLOGY LICENSING AND DEVELOPMENT AGREEMENTS 136 (2013 ed.); Sidley Austin LLP, *The Terms "Revocable" and "Irrevocable" in License Agreements: Tips and Pitfalls* (Feb. 2013), https://www.lexology.com/library/detail.aspx?g=5ff7078c-e8c8-4b8e-8d18-23492ebbe68c.

[5] Sidley Austin LLP, *supra* note 4.

[6] *See* BLACK'S LAW DICTIONARY: POCKET EDITION 408 (4th ed. 2011); CANNADY, *supra* note 4, at 131. *E.g.*, Nano-Proprietary Inc. v. Canon, Inc., 537 F.3d 394, 400 (5th. Cir. 2008)（Nano-Property 社による Canon 社向けのフラットパネル・テレビジョンに関する特許権のライセンス契約〈irrevocable license without the right to sublicense〉にまつわる事案。第 5 巡回区連邦控訴裁判所は、Canon 社によるサブライセンスは重大なライセンス契約違反を構成するため、Nano-

　また、ライセンス許諾条項においてはライセンスが「撤回不可能」との条件のもとで付与されているにもかかわらず、たとえば解除条項（Termination Clause）においては特定の事象が生じた場合におけるライセンサーによるライセンス契約の解約権を認めているなど、当該ライセンス契約のその他の条項において「撤回不可能」と矛盾する内容を含んでいることもある。したがって、ライセンサーとしては、契約書全体の整合性についても確認すべきである。【2-2-A】

サンプル条文

【2-2-A】ライセンサーは、撤回可能との条件のもとで、ライセンシーにライセンスを付与する。

During the term of this Agreement, the licensor hereby grants and agrees to grant, to the licensee a <u>revocable at will</u>, non-exclusive, royalty-bearing, <u>term-limited</u> license to use any Intellectual Property Right to make, have made, use, sell, offer for sale and import the products in the Territory and only in the Field of Use.	本契約の有効期間中、ライセンサーは、ライセンシーに、<u>撤回可能</u>・非独占・ロイヤルティ支払い義務あり・<u>期間制限あり</u>との条件のもとで、ライセンス対象知的財産権を用いたうえで、ライセンス対象地域内かつライセンス対象分野内において、製品の製造、製造委託、使用、販売、販売の申し入れ、および輸入を行う権利をここに付与し、かつ、付与することに同意する。

クイック・リファレンス

【撤回可能/撤回不可能のライセンスに関する検討のポイント】

	撤回可能（revocable）	撤回不可能（irrevocable）
撤回可能である旨、または、撤回不可能である旨の明示は不可欠であるか。	× （撤回可能であると判断される）	○
ライセンスの撤回に関して当事者に裁量は認められるか。	△～○ （特定の事象が生じた場合に限る〈「with cause」〉、または、ライセンサーの自由意思による〈「at will」〉などとすることが可能）	× （ライセンシーに契約違反があったとしても撤回不可能）

Property 社は当該ライセンス契約を解除できるのが通常であると示唆しつつ、本事案における「irrevocable」は撤回不可能を意味するとして契約の解除を認めなかった）。

2-3 ライセンスの独占性（exclusive/sole/non-exclusive）については、どのように考えるべきか。

実務上の対応

➤ 独占的ライセンス（exclusive license）、単独ライセンス（sole license）、および非独占的ライセンス（non-exclusive license）については確定的な定義がないため、契約内で定義しておくことがのぞましい。

検討のポイント

ライセンシーに付与するライセンスについては、それが独占的な権利であるかどうかという点が最も重要な条件のひとつである。

この点、独占的ライセンス（exclusive license）とは、もっぱらライセンシーによるライセンスの実施を予定して付与されるライセンス（すなわち、当該ライセンスを付与した後は、ライセンサー自らも当該ライセンス対象権利を実施できない）を指し、単独ライセンス（sole license）とは、ライセンサーによるライセンス対象権利の実施および単独ライセンシーによるライセンスの実施を予定して付与されるライセンス（すなわち、当該ライセンスを付与した後も、ライセンサーは当該ライセンス対象権利を実施できる）を指すとの理解がある[7]。

しかし、これらの理解は確定的なものとはいえないことをふまえると[8]、当該契約における独占的ライセンスまたは単独ライセンスの意義がいかなるものであるかについては定義条項（Definitions Clause）などにおいて別途説明を加えておくことがのぞましい。【2-3-A】【2-3-B】

これらに対して、非独占的ライセンス（non-exclusive license）は、当該ライセンスを付与した後のライセンサーによる当該ライセンス対象権利の実施または別途の第三者に向けたライセンスの付与に関する格別の制約のないライセンスを指すとされ[9]、その意

---

[7] CANNADY, *supra* note 4, at 126.

[8] *See* KENNETH A. ADAMS, A MANUAL OF STYLE FOR CONTRACT DRAFTING 415 ¶ 13.736, 13.738 (4th ed. 2017)（単独ライセンスについて、単独ライセンシーにライセンスが付与されるよりも前に第三者にライセンスが付与されている場合、当該第三者のライセンスは存続するとの理解があることを紹介する）。

[9] CANNADY, *supra* note 4, at 126.

義については大きな見解の相違はないようである[10]。【2-3-C】

アドバンスド

2-3-X　ライセンシーは、ライセンスを実施する義務をライセンサーに対して負うか。

　たとえばライセンス契約を締結したものの、ライセンシーが当該ライセンスを実施しないため、ライセンサーにライセンス収入が生じないといった場合も想定できる。特にライセンシーが独占的ライセンシーである場合においてそのような事態が長期にわたって継続することは、ライセンサーに著しい不利益をもたらしかねない。

　ライセンス契約においてはそのような事態に備えた規定を設けることも検討に値するが、たとえそのような規定のない場合においても、ライセンシーは当該ライセンスを活用する黙示の義務を負っている[11]として、ライセンス契約の解除（撤回）が認められる場合もある。【5-1-A】

2-3-XX　ライセンス契約と独占禁止法の一般的な関係については、どのように考えるべきか。

　ライセンスの設定は対象となる権利などの活用の途を広げるという点においてライセンサーとライセンシーの間の競争を促進するものと評価できる。もっとも、ライセンス契約の結果、ライセンサーおよびライセンシーの取り扱う製品の価格・供給量・品質などに競争制限的な効果が生じる場合もあるほか、ライセンス契約がライセンサーとライ

---

[10] *See e.g.*, Unarco Indus., Inc. v. Kelley Co., 465 F.2d 1303,1307 (7th Cir. 1972)（第 7 巡回区連邦控訴裁判所は、非独占的ライセンスについては実質的にライセンサーがライセンシーに対する訴訟提起を禁じたものと同視できると評価した）(We hold the nonexclusive license agreement which was, in fact, a forbearance of suit, here in question was personal, and that it was not assignable without [licensor's] consent.").

[11] *In re* Waterson, Berlin & Snyder Co., 48 F.2d 704, 709 (2d. Cir. 1931)（第 2 巡回区連邦控訴裁判所は、アメリカおよびイングランドにおいて、ライセンシーは、〈契約におけるライセンシーからライセンサーへのロイヤルティの支払いが行われることで〉契約が実質的に意義のあるものとなるように努める黙示の義務を負うことを紹介した）("In both countries, where there has been a conveyance upon an agreement to pay the grantor sums of money based upon the earnings of property transferred, the courts have implied a covenant to render the subject-matter of the contract productive if the property was a mine, a covenant to mine, quarry, or drill; if it consisted of a patent or copyright, a covenant to work the patent or copyright").

センシーの間の競争制限のための手段として用いられることもありうるから[12]、ライセンス契約も独占禁止法の射程外というわけではない。

　この点、独占禁止法事案を管轄する司法省（Department of Justice）および連邦取引委員会（Federal Trade Commission）（以下、まとめて「当局」という）は、特許権、著作権、トレード・シークレット、およびノウハウのライセンスに関する取り扱い方針をガイドライン[13]において示しているところ、その骨子は次のとおりである。

　まず、ライセンス契約における制約を独占禁止法との関係で判断する基準（当然違法原則〈per se illegalといい、水平的価格協定を含む特定の独占禁止法に反する行為については、独占禁止法違反を主張する者は、当該特定の行為があったことを証明すれば足りるとされる[14]〉、または、合理の原則〈rule of reasonといい、特定の独占禁止法に反する行為以外の行為については、独占禁止法違反を主張する者は、当該特定の行為があったことのほか、当該行為による競争制限が不合理なものであることを証明することも要するとされる[15]〉）を選定するにあたっては、当該ライセンス契約が経済活動の効率的な統合を推進する効果を有するかどうかが問題とされる[16]。

　この点、ライセンス契約は、一般に、ライセンサーの技術力とライセンシーの製品供給力の統合を推進するものであるとして、原則として合理の原則によって判断される[17]。

　合理の原則のもとにおいてあるライセンス契約が独占禁止法上の問題を有するかについては、まず、ライセンス契約において他方当事者に課される制約が競争制限的なものであるかどうかが検討対象となり、次に（当該制約が競争制限的なものである場合）当該制約は（当該競争制限の効果を上回る）競争促進の効果を生じさせるうえで合理的に必要なものであるかどうかが考慮される。

　これに対して、ライセンス契約が当然違法の原則によって取り扱われるのは、（競合する）製品価格に関する合意などが行われている場合である。なお、当局が着目するのは、ライセンス契約そのものがどのような内容を規定しているかではなく、ライセンス

---

[12] 12　*E.g.*, Palmer v. BRG of Georgia, Inc., 498 U.S. 46（Harcourt Brace Jovanovich Legal and Professional Publications〈以下、「HBJ社」という〉が競合事業者であるBRG社に付与した司法試験の受験対策向け教材などの独占的ライセンスに関する事案。当該ライセンス契約においては、BRG社はジョージア州において、また、HBJ社はそれ以外の州において独占的に事業を行い、相互に競合しない旨を規定していた。裁判所は、HBJ社およびBRG社は水平的競争関係にあるところ、当該規定のような競争制限的な効果を有する市場分割は当然に違法であり独占禁止法に反するとした）。

[13] 13　U.S. Dep't. of Justice and F.T.C., Antitrust Guidelines for the Licensing of Intellectual Property (2017).

[14] CHRISTOPHER L. SAGERS, ANTITRUST 89 (2d ed. 2014).

[15] *Id*. at 90.

[16] U.S. Dep't. of Justice, *supra* note 13, at 17.

[17] *Id*.

契約に基づく実際の運用がどのように行われているかである [18]。

　最後に、ライセンス契約については、独占禁止法上の問題を生じさせる可能性が非常に低いと考えられる場合がある。ひとつは、非独占的ライセンスであり、これは、非独占的ライセンスはその性質上なんら競争制限の状況をあらたにもたらすものではないからである [19]。もうひとつは、ライセンス契約の内容が当然に違法であるとみなされるような制約を含んでいない場合で、かつ、当該制約によって重大な影響を受ける市場におけるライセンサーとライセンシーの市場シェアの合算が 20％ を超過しない場合である [20]。

サンプル条文

【2-3-A】定義条項：　独占的ライセンスについて定義する。

An exclusive license means that no one other than the licensee, including the licensor, is granted the rights to the Intellectual Property Right.	独占的ライセンスとは、（ライセンサーを含む）ライセンシー以外の何者もライセンス対象権利についての権利を付与されていない権利をいう。

【2-3-B】定義条項：　単独ライセンスについて定義する。

A sole license means that no one other than the licensee is granted the rights to the Intellectual Property Right, but the licensor still retains the rights to practice the Intellectual Property Right.	単独ライセンスとは、ライセンシー以外の何者もライセンス対象権利についての権利を付与されていないものの、ライセンサーについては当該ライセンス対象権利の実施権を引き続き保持する権利をいう。

【2-3-C】定義条項：　非独占的ライセンスについて定義する。

A non-exclusive license means that the licensee is only one of the multiple parties with rights to practice the licensed Intellectual Property Right and the licensor retains all its rights.	非独占的ライセンスとは、ライセンシーはライセンス対象権利の実施権を受けている者のうちのひとつであり、また、ライセンサーは当該ライセンス対象権利に関するあらゆる権利を引き続き保持する権利をいう。

---

[18] *Id.* at 21-22.

[19] *Id.* at 21.

[20] *Id.* at 24.

クイック・リファレンス

【独占的ライセンス／単独ライセンス／非独占ライセンスの定義に関する一般的理解】

各ライセンスとの関係において認められる行為	独占的ライセンス	単独ライセンス	非独占的ライセンス
ライセンサーによる権利の実施	×	○	○
ライセンシーによる権利の実施	○	○	○
ライセンサーによるライセンシーの追加	×	×	○

2-4	ライセンスの対価としては、どのようなものが考えられるか。

実務上の対応

➤ライセンスの対価については、そもそも対価を要さない場合（free license）、対価を要するが契約締結時における一括払いをもって完済する場合（fully paid-up license）、または、対価を要しライセンスの実施に応じて継続的に支払いを行う場合（royalty-bearing license）に分類できるため、それらを適切に使い分ける必要がある。

検討のポイント

　ライセンシーがライセンスの対価をライセンサーに提供する場合[21]においては、その支払いの方法などがライセンス許諾条項における表現に影響を及ぼすため、次のとおり整理を行う。

　まず、完全支払い済みのライセンス（fully paid-up license）とは、当該ライセンス契約の締結および一括金（lump sum payment）の支払いの完了をもって、以降それ以上の対価の提供を必要としないライセンスをいう[22]。ここに一括金の支払いとは、ライセンスの対価を一括して提供する支払いをいう（したがってロイヤルティは発生しない）[23]。

　これに対してロイヤルティ支払い義務付きのライセンス（royalty-bearing license）とは、ロイヤルティの支払いを条件とするライセンスをいう。ここにロイヤルティとは、ライセンス対象権利の実施に関連付けられた支払い[24]をいい、その支払額の算定は、ライセンス対象製品の販売数量を基礎とする、または、ライセンス対象製品の売上高を基礎とすることによって行われる[25]。

　さらに、ロイヤルティの一部として、頭金（initial fee または up-front fee などと呼称される）の支払いが、当該ライセンス契約の締結とともに、または、ライセンス契約の締結後数回にわたって、行われることも多い[26]。なお、頭金は当該支払いの完了後にも

---

[21] たとえば、アメリカ特許法は、特許権について、ライセンスの付与に関する対価の提供を受ける権利がその権利の一部を構成するとする。*See* 35 U.S.C. § 154. *See 3 - 1*『ライセンスの対価については、どのように設定すべきか』

[22] *See* CANNADY, *supra* note 4, at 137.

[23] *Id*. at 157.

[24] *See* BLACK'S LAW DICTIONARY: POCKET EDITION 662 (4th ed. 2011).

[25] *See* CANNADY, *supra* note 4, at 144. *See also 3 - 2*『ロイヤルティについては、どのような枠組みで検討し、設定すべきか』

[26] *See* CANNADY, *supra* note 4, at 143.

ロイヤルティの支払いが予定されているものであるから、ライセンスの全価値に向けた対価として提供される一括金とは異なる。

クイック・リファレンス

【ライセンスの対価と支払い義務の関係】

対価に応じたライセンスの種類	対価に関する債務の内容	対価の提供方法	対価の提供内容
完全支払い済みライセンス（fully paid-up license）	ライセンスの対価は支払い済みである。	一括金（lump sum payment）	ライセンス契約の締結時においてライセンスの対価を一括で支払う（したがって契約締結日以降はライセンスの対価に関する債務を負わない）。
ロイヤルティ支払い義務付きライセンス（royalty-bearing license）	ライセンスの対価の継続的な支払いを要する。	頭金（initial fee/up-front fee）	ライセンスの実施とは関係なく（いわゆる頭金として）支払う。
		実施料（running royalty）	ライセンスの実施に応じて（ライセンス対象製品の販売数量または売上高などを基礎として）支払う。
無償ライセンス（free license）	ライセンスの対価はそもそも不要である。	―	―

2-5	ライセンスの期間については、どのように規定すべきか。

実務上の対応

➤ ライセンスの期間に関する表現（perpetual/term-limited license）は、ライセンスの撤回可能性（irrevocable/revocable license）、解除条項、および有効期間条項などとの整合性を図る必要がある。

➤ ライセンスの期間を定めなかった場合、当該期間はライセンス対象権利の種類などをふまえたうえで決定されるなど、当事者の地位が不安定になってしまうから、当該期間は明確にしておくべきである。

検討のポイント

（1）永続ライセンスと有期ライセンスの関係

ライセンシーは、「永続的」にライセンスの付与された状態を確保することを意図して、「perpetual（license）」との表現をライセンス許諾条項において用いることも少なくない。

しかし、そもそも特許権などについてはその存続期間が法律によって規定されているし、また、ライセンスの基礎となるライセンス契約の終了に伴いライセンスも消滅することを予定している場合においては、「perpetual」との間に矛盾が生じることになってしまう。

したがって、これらが妥当するような場合においては、ライセンスの付与が有期であることを示す趣旨で、「perpetual」の代わりに、「有期」を意味する「term-limited」（license）などを用いるべきである[27]。【2-5-A】

なお、ライセンスが「永続的」に付与されているにもかかわらず、「撤回可能」（revocable）であるともされている場合、当該ライセンスは実質的には「永続的」に付与されたものとはいえない[28]。すなわち、「perpetual」は「irrevocable」（撤回不可能）とともに用いられるべきなのである（これに対して「term-limited」の場合には「revocable」または「irrevocable」のいずれとの組み合わせも成立しうる）。

---

[27] *Id.* at 136.

[28] *Id.* at 204.

（2）ライセンス期間の定めのない場合の取り扱い

　ライセンス契約においてライセンスを付与する期間に関する定めのない場合、当該ライセンスはどの程度の期間存続するのであろうか。

　この点、（ライセンスの基礎となる）ライセンス契約は、ライセンス対象権利の法律上の有効期間の満了をもって終了する（したがって、ライセンシーのライセンスおよびライセンス料の支払い義務なども消滅する）と解釈される[29]。これに対して、トレード・シークレットのライセンスのように、ライセンス対象権利に法律上の有効期間が定められていない場合においては、当該ライセンス契約の全体および関連事情をふまえたうえで、当該ライセンス契約（および付随するライセンス）の有効期間が決定される[30]。

　ライセンスの帰趨をこのような取り扱いに委ねることは契約当事者の地位を不安定にするものであるから、ライセンス許諾条項においては、（たとえば、「during the term of this agreement」など）当該ライセンスを付与する期間を明示しておくことがのぞましい[31]。【2-5-A】

サンプル条文

【2-5-A】ライセンス許諾条項：　ライセンスは本契約の有効期間内において有期で付与されたものであることを示す。

<u>During the term of this Agreement</u>, the licensor hereby grants and agrees to grant, to the licensee an irrevocable, non-exclusive, royalty-bearing, <u>term-limited</u> license to use any Intellectual Property Right to make, have	本契約の有効期間中、ライセンサーは、ライセンシーに、撤回不可能・非独占・ロイヤリティ支払い義務あり・期間制限ありとの条件のもとで、ライセンス対象知的財産権を用いたうえで、ライセンス対象地域内かつライ

---

[29] *E.g.*, Thomas v. Thomas Flex. Coupling Co., 353 Pa. 591, 596-97 (Sup. Ct. Pa. 1946) ("Even if there had been no parol agreement of cancellation in 1929, the 1920 agreements terminated, in our opinion, with the expiration in 1937 of the life of the patents which constituted their subject-matter").

[30] *Id*. at 597 ("Where there is no express provision in a contract as to its duration the intention of the parties in that regard is to be determined from the surrounding circumstances and by the application of a reasonable construction to the agreement as a whole").

[31] *E.g.*, Nova Chemicals, Inc. v. Sekisui Plastics Co., 579 F.3d 319 (3d Cir. 2009)（Sekisui Plastics社の高機能発泡樹脂に関する特許権およびトレード・シークレットのライセンス契約に関する事案。ライセンサーであるSekisui Plastics社は、当該ライセンス契約におけるライセンス対象となるトレード・シークレットについては「perpetual (license)」であると主張したものの、当該ライセンス契約においてはトレード・シークレットのライセンス期間に関する明示がなかったため、当該ライセンス契約が終了しているかどうかが争点となった。第3巡回区連邦控訴裁判所は、トレード・シークレットについては論理的には永続的に保護の対象となりうるとしつつも、Sekisui Plastics社が当該トレード・シークレットの公知化のリスクに向けた十分な対応をとっていなかったことなどを理由として、その主張を退けた）。

made, use, sell, offer for sale and import the products in the Territory and only in the Field of Use.	センス対象分野内において、製品の製造、製造委託、使用、販売、販売の申し入れ、および輸入を行う権利をここに付与し、かつ、付与することに同意する。

クイック・リファレンス

【永続/有期ライセンスとその他の規定の親和性】

	ライセンスの撤回可能性		解除条項 (Termination Clause)	契約期間条項 (Term Clause)
	撤回不可能 (irrevocable)	撤回可能 (revocable)		
永続ライセンス (perpetual license)	○	×	×	×
有期ライセンス (term-limited license)	○ (一定期間内は撤回不可能)	○	○	○ (一定期間またはライセンス対象権利の有効期間満了をもって終了)

2-6	ライセンスの譲渡については、どのような事項に配慮すべきか。

実務上の対応

➢ライセンス契約において特段の定めのない限り、当該ライセンスは譲渡不可能（non-transferable）である。

➢ライセンスの譲渡可能性について定める場合においては、契約譲渡条項との整合性を図る必要がある。

検討のポイント

　ライセンス契約においては、当該ライセンスを第三者に譲渡することが認められているかどうかという点も重大な関心事である。

　そこで、ライセンス許諾条項においては、当該ライセンスが移転可能（transferrable）または移転不可能（non-transferrable）である旨を規定することに関する検討も必要となる。

　この点、ライセンスは本来的に「移転不可能」であると理解されているから[32]、ライセンシーによるライセンスの譲渡を禁止する場合においてはライセンス許諾条項にあえて「移転不可能」である旨を明示する必要はなく、契約譲渡条項（当事者が当該契約のもとで得た権利などを第三者に譲渡することの可否を規定する条項であり、Assignment Clauseなどという）における手当てをもって足りるとも考えうる。

　これに対して、ライセンシーによる当該ライセンスの譲渡を許諾する場合においては、ライセンス許諾条項に「移転可能」である旨を規定することにも一定の意義が認められる。もっとも、その場合においても、当該契約には契約譲渡条項も用意することがのぞましい。契約譲渡条項においては、支配権異動条項（企業結合のような組織再編の実行に伴う契約上の地位の移転などが契約譲渡条項における「譲渡」に該当するかどうかに関して規定する条項であり、Change of Control Clauseなどという）のように、純粋に「移転可能／移転不可能」の問題として取り扱うことのできない事項の手当ても行うべきだからである。

---

[32] 32 *See e.g.*, Rhone Poulenc Agro, S.A. v. DeKalb Genetics Corp., 284 F.3d 1323, 1328 (Fed. Cir. 2002) ("On the related question of the transferability of patent licenses, many courts have concluded that federal law must be applied . . . . In so holding, courts generally have acknowledged the need for a uniform national rule that patent licenses are personal and non-transferable in the absence of an agreement authorizing assignment, contrary to the state common law rule that contractual rights are assignable unless forbidden by an agreement.").

　いずれの場合においても，ライセンス許諾条項と契約譲渡条項の間で矛盾が生じることは避けなければならない[33]。

クイック・リファレンス

【ライセンスの移転可能/移転不可能と契約譲渡条項および支配権異動条項の組み合わせ】

	移転可能ライセンス （transferrable license）	移転不可能ライセンス （non-transferable license）
契約譲渡条項において契約の譲渡を可能とすることの可否	○	×
支配権異動条項において契約上の地位などの移転を認めることの可否	○	○または× （支配権異動の場合においては契約上の地位などの移転を認めるものとするならば○）

---

[33] *See 13 − 5*『ライセンス契約の一方当事者は、当該契約上の地位を自由に第三者に譲渡できるか』

2-7 ライセンス対象権利については、どのように規定すべきか。

実務上の対応

➤ ライセンス対象権利については「Licensed Rights」などと定義したうえで、その具体的内容については定義条項または別紙などにおいて特定すべきである。

➤ また、黙示のライセンスの法理との関係からは、ライセンス対象権利以外の権利に関するライセンスは付与されないことを明確にすべきである。

検討のポイント

ライセンス対象権利については、それを明示すべきである。たとえば、当該権利について定義することなく「intellectual property right」などと規定するにとどまった場合、「intellectual property right」の意味はその単語が有する一般的な意味に基づいて解釈される傾向にあるため[34]、商標権・著作権・特許権・トレード・シークレットに関する権利・パブリシティ権・著作者人格権・不正競争から保護されるべき権利などを広く含むと理解されかねない[35]。【2-7-A】

さらに、ライセンス対象権利の広狭は特定の条項との関係で一方当事者が不利益を被りうることもふまえると、定義条項において、たとえばライセンス対象となる特許権の番号を列挙するなど、可能な限りの特定を行っておくことがのぞましい。【2-7-B】【2-7-C】

そのほか、ライセンス対象権利に関連する権利（たとえば継続的出願〈continuing applications[36]〉、代替クレーム出願〈substitute applications[37]〉、再発行〈reissues[38]〉、再

---

[34] 34 *E.g.*, Nano-Proprietary Inc. v. Canon, Inc., 537 F.3d 394, 400 (5th Cir. 2008)（第5巡回区連邦控訴裁判所は、ニューヨーク州法において契約上の単語などは文字通りに理解されるべきであるとして、「irrevocable（license）」の意味についても辞書における意味を参考とした）("Under New York law, 'words and phrases used by the parties must . . . be given their plain meaning.' *Brooke Group Ltd. v. JCH Syndicate 488,* 87 N.Y.2d 530, 534, 640 N.Y.S.2d 479 663 N.E.2d 635 (N.Y.1996). The term 'irrevocable' is defined as '[u]nalterable; committed beyond recall,' *Black's Law Dictionary* 848 (8th ed.2004), or '[i]mpossible to retract or revoke,' *The American Heritage College Dictionary* 719 (3d ed.1993)").

[35] *See* BLACK'S LAW DICTIONARY: POCKET EDITION 395 (4th ed. 2011).

[36] 継続出願（continuations）、分割出願（divisions）、および一部継続出願（continuations-in-part）を含む）。35 U.S.C. § 120, 121, 365 (c), 386 (c), 37 C.F.R. § 1.78.

[37] 35 U.S.C. § 115 (d).

[38] 35 U.S.C. § 251.

審査〈reexaminations〉[39]、延長〈extensions[40]〉、およびそれらに相応する外国出願などをいう）をライセンスの対象に含めるかどうかといった検討も必要である。

　特に、ライセンス対象権利とその基礎を同じくする発明などに関する権利については、ライセンサーからライセンシーへの黙示のライセンス（implied license）の存在が認められる結果として、ライセンサーがライセンシーに当該権利を別に主張することは認められがたいことをふまえると[41]、当該ライセンスの付与を意図しない場合にはその旨を明示することが重要となる[42]。【2-7-D】

クイック・リファレンス

【ライセンス対象権利の定義の広狭と他の条項との関係】

		「Licensed Rights」の範囲が広いかどうか	
		広い	狭い
いずれの場合がライセンシーにとって有利といえるか	ライセンス許諾条項（Grant Clause）	○	
	支払い条項（Payment Clause）		○
	保証条項（Warranty Clause）	○	
	補償条項（Indemnification Clause）	○	
	不争条項（No Challenge Clause）		○

---

[39] 35 U.S.C. § 302.

[40] 35 U.S.C. § 156.

[41] ライセンサーがライセンシーに対して、ライセンス対象権利とその基礎とを同じくするような発明に関する権利についてあらためて権利を主張することは禁反言の法理上認めるべきでないとされる。Dennis Crouch, *Your Patent License Likely Includes an Implied License to Other Patents* (Feb. 6, 2020), https://patentlyo.com/patent/2020/02/license-includes-implied.html. *See e.g.,* Cheetah Omni LLC v. AT&T Servs., 949 F.3d 691, 695-96 (Fed. Cir. 2020) (citing TransCore, LP v. Elec. Transaction Consultants Corp., 563 F.3d 1271, 1279 (Fed. Cir. 2009))（連邦巡回区控訴裁判所は、ライセンス対象権利として明示された特許権と関連し、かつ、その後当該特許権よりも広い範囲をもって取得され当該特許権を実施するうえで必要となる特許権については、黙示のライセンスが付与されているものとする）; *see also e.g., Cheetah Omni LLC,* 563 F.3d, at 696 (citing General Protecht Group v. Leviton Mfg. Co., 651 F.3d 1355, 1361 (Fed. Cir. 2011))（連邦巡回区控訴裁判所は、黙示のライセンスについて、〈たとえ特許権の請求の範囲が縮減されているとしても〉ライセンス対象特許権の継続出願にも及ぶとした）。

[42] *Cheetah Omni LLC,* 563 F.3d, at 696 (citing General Protecht Group v. Leviton Mfg. Co., 651 F.3d 1355, 1361 (Fed. Cir. 2011))（連邦巡回区控訴裁判所は、黙示のライセンスの推定が及ばないものとしたい場合、ライセンス契約の当事者は当該意図を明示すべきとする）。

サンプル条文

【2-7-A】定義条項： ライセンス対象権利について、単にライセンシーの製品を製造などするうえで必要であるものとの特定にとどめて定義する。

Licensed Rights mean <u>all essential patents necessarily</u> in making, using, selling, and importing the Licensed Products.	「ライセンス対象権利」とは、ライセンス対象製品を作成、使用、販売、および輸入するうえで<u>必要となるすべての不可欠な特許権</u>をいう。

【2-7-B】定義条項： ライセンス対象権利について、（特許権としたうえで）特許出願番号によって特定する方法によって定義する。

Licensed Rights mean the U.S. patent application (<u>serial number 33/33333X, titled "manufacturing processes of paper-based automotive products"</u>) disclosing and claiming the invention; continuing applications thereof including continuations, divisions, and continuations-in-part; substitute patent applications; any patents issuing on such applications including reissues, reexaminations and extensions; and any corresponding foreign applications or patents.	「ライセンス対象権利」とは、発明を開示および記載したアメリカ合衆国における特許出願（シリアル・ナンバーは 33/33333X、表題は紙製の自動車製品の製造工程）；継続出願、分割出願、一部継続出願、代替クレーム出願を含む継続的出願；再発行・再審査・延長などの申請に基づき登録される特許権；およびこれらに相応する外国出願または特許権をいう。

【2-7-C】定義条項： ライセンス対象権利の定義について、（特許出願分に関しては）別紙において特定する方法によって定義する。

Licensed Rights mean the U.S. patents and U.S. patent applications disclosing and claiming the invention <u>listed by serial number and title in Exhibit A</u>; continuing applications thereof including continuations, divisions,	「ライセンス対象権利」とは、アメリカ合衆国における特許権および<u>Exhibit A に記載のシリアル・ナンバーならびに表題のもとで</u>発明を開示および記載したアメリカ合衆国における特許出願；継続出願、分割出願、一部

and continuations-in-part; substitute patent applications; any patents issuing on such applications including reissues, reexaminations and extensions; and any corresponding foreign applications or patents.	継続出願、代替クレーム出願を含む継続的出願；再発行・再審査・延長などの申請に基づき登録される特許権；およびこれらに相応する外国出願または特許権をいう。

【2-7-D】黙示のライセンスの否定：　ライセンス対象権利として明示された権利以外の権利については、ライセンスを付与するものではないことを明示する。

<u>Nothing in the Agreement shall be construed as granting by implication, estoppel, or otherwise any licenses</u> or rights under any patents, patent applications, or know how other than the express license under the Licensed Patents and Licensed Know How granted in Section 2.1, regardless of whether such patents, patent applications, or know how are dominant of or subordinate to any rights within the Licensed Patents or Licensed Know How.	本契約は、いかなる場合においても、<u>黙示、禁反言</u>、またはその他の論理などによって、2.1 条において定めるライセンス対象特許権およびライセンス対象ノウハウ以外の、特許権、特許を受ける権利、ノウハウ（それら特許権、特許を受ける権利、もしくはノウハウが、ライセンス対象特許権もしくはライセンス対象ノウハウに含まれる権利の基本的権利もしくは従属的権利であるかどうかを問わない）に関する<u>ライセンスまたは権利を付与するものと理解されてはならない</u>。

2-8　ライセンス対象行為については、どのように規定すべきか。

実務上の対応

➤ライセンスの対象となる実施行為については明確に規定すべきであって、ライセンシーとしては、ライセンス対象権利の根拠となる法令を参考とすることがのぞましい。

検討のポイント

　特にライセンシーにとって、ライセンスのもとライセンシーに認められる実施行為がどのようなものであるかは重大な関心事であるから、それらはライセンス許諾条項に明示すべきであり、また、その表現はライセンス対象権利の根拠に関する法令を参考とすることがのぞましい。

　すなわち、特許権については「make, have made, use, sell, and import items」[43]、著作権については「copy, display, make derivative works of, and distribute the work」[44]、商標権については「use the mark in connection with the distribution of goods, services, and technologies」[45]、そして、トレード・シークレットについては「disclosure or use」[46]といった表現が参考となる。また、たとえばこれら権利に関して包括的にライセンスを得る場合などにおいては、さらに慎重を期する意味で、「. . . and otherwise exploit（the Licensed Products）」（…および〈ライセンス対象製品に関して〉その他の活用を図る）などと添えることも考えられる[47]。【2-8-A】

　これらに対して、ライセンスのもとライセンシーに許諾する実施行為を法令の定めるところより限定することももちろん可能である[48]。

---

[43] 35 U.S.C. § 154.

[44] 17 U.S.C. § 106.

[45] 15 U.S.C. § 1114.

[46] UNIF. TRADE SECRET ACT § 1(2)(ii) (amended 1985).

[47] *See* Frank X. Curci, *Technology Licensing: Strategic Issues Every Licensor and Licensee Should Consider* (2018) ¶ 64.1, https://www.aterwynne.com/uploads/pdfs/AOB_Chapter_64.pdf.

[48] *E.g.*, United States v. GE Co., 272 U.S. 476, 490 (1926) ("The patentee may make and grant a license to another to make and use the patented articles, but withhold his right to sell them. The licensee in such a case acquires an interest in the articles made").

【2-8-A】ライセンス許諾条項：　ライセンスは（ライセンス対象権利の実施を伴う）ライセンス対象製品の取り扱い全般に関して付与されたものであることを示す。

During the term of this Agreement, the licensor hereby grants and agrees to grant, to the licensee an irrevocable, non-exclusive, royalty-bearing, term-limited license to <u>make, have made, use, sell, import, and otherwise exploit the Licensed Products</u> in the Territory and only in the Field of Use.	本契約の有効期間中、ライセンサーは、ライセンシーに、撤回不可能・非独占・ロイヤルティ支払い義務あり・期間制限ありとの条件のもとで、ライセンス対象地域内かつライセンス対象分野内において、ライセンス対象製品を<u>製造する、製造させる、使用する、販売する、輸入する、およびその他の活用を図る</u>といった権利をここに付与し、かつ、付与することに同意する。

【ライセンス対象権利とそれを根拠づける法令における表現】

権利の種類	実施行為に関する表現
特許権	make, have made, use, sell, and import [the items]
著作権	copy, display, make derivative works of, and distribute [the work]
商標権	use [the mark] in connection with the distribution of goods, services, and technologies
トレード・シークレット	Disclose or use of [a trade secret]

2-9　ライセンス対象地域については、どのように規定すべきか。

実務上の対応

➤ライセンスの対象地域については、「Territory」などと定義したうえで、対象となる国・地域を明示すべきである。

検討のポイント

　ライセンスの範囲を画するため、ライセンスの実施を認める国・地域（以下、「ライセンス対象地域」という）についても明示しておくことがのぞましい[49]。そこで、定義条項においてそれらを「Territory」などと定義したうえで、ライセンス許諾条項と関連付けることが多い。

　ライセンス対象地域については、その国・州などの名称を列挙することが適切である。たとえば、「North America」のような抽象的な表現は避けるべきであり、それは「Canada, the United Mexican States, and the United States of America」と表現すべきである[50]。【2-9-A】【2-9-B】

アドバンスド

2-9-X　特定の地域におけるライセンシーは、他の地域におけるライセンシーの存在を考慮したうえで、どのような事項に配慮すべきか。

　特許権者または当該特許権のライセンシー（以下、まとめて「特許権者ら」という）から製品を購入した者は、以降、特許権者らから当該製品に関する特許権侵害の主張な

---

[49] *See e.g.*, Mid-West Conveyor Co. v. Jervis B. Webb Co., 92 F.3d 992（10th Cir. 1996）（Jervis 社が競合事業者である Mid-West 社に向けて行ったコンベヤー・システムに関する特許権の非独占的ライセンスの供与にまつわる事案。当該ライセンス契約において、ライセンス対象特許権についてはアメリカの特許番号によって明示されていた一方、ライセンス対象地域については何らの明示がなかったため、Mid-West 社によるアメリカ国外でのライセンス対象特許権の実施の可否が問題となった。第 10 巡回区連邦控訴裁判所は、当該ライセンス契約の規定からは、アメリカ国内におけるライセンスのみが付与されているとも、または、全世界におけるライセンスが付与されているとも理解できるとして、そのいずれを意味するかについては、その他の具体的事情も考慮する必要があるとした）。

[50] CANNADY, *supra* note 4, at 131.

どを受けることはない[51]。したがって、たとえばライセンシー X 以外のライセンシーから製品を購入した者は、当該製品をライセンシー X のライセンス対象地域内に輸入し、販売することも可能であるところ、それはライセンシー X のライセンス対象地域内における製品の販売数量を減少させることになりかねない。

　そこで、ライセンシーとしては、たとえばライセンス契約において最恵待遇条項（ライセンサーによる、ライセンシーへのライセンス条件は他のライセンシーのライセンス条件に劣るものではない旨の確約を規定する条項であり、Most Favored Nation Clause などと呼称される）、または、製品輸送条項（ライセンサーまたは第三者がライセンシーのライセンス対象地域内にライセンス対象製品を持ち込むことを制約する条項であり、Transshipment Clause などと呼称される）[52] を設けるなどし、ライセンス対象地域内における自己の競争力を確保することが考えられる。【2-9-C】【2-9-D】

サンプル条文

【2-9-A】定義条項：　ライセンス対象地域について、対象国を明示する。

"Territory" means Japan and the United States of America and does not include Canada.	「ライセンス対象地域」とは、日本およびアメリカ合衆国をいい、カナダを含まない。

【2-9-B】定義条項：　ライセンス対象地域について、対象国の領土を包含する形式で明示する。

"Territory" means <u>the United States of America and its territories and possessions</u>.	「ライセンス対象地域」とは、<u>アメリカ合衆国ならびにその領土および所有地</u>をいう。

---

[51] *See e.g.*, Impression Prods. v. Lexmark Int'l, Inc., 581 U.S. ＿＿ （2017）（特許権者によるアメリカ国外での製品の販売をもって当該製品に関するアメリカ特許権の消尽を認めた事案。Impression Products 社が、使用済みの Lexmark 社製のトナーカートリッジにトナーを補充したうえでアメリカ国内に輸入し安値で販売するなどしたところ、Lexmark 社は当該行為は自己のアメリカ特許権を侵害するなどと主張した。連邦最高裁判所は、特許権者が製品を販売した場合、当該製品に関する特許権は消尽するわけであって、それは当該販売がアメリカ国内で行われたかどうかを問わない旨を示した）。

[52] Heartland Coca-Cola Bottling Company LLC は、自社製品の購入者による特定地域以外への製品の頒布を禁止する。*See* Heartland Coca-Cola Bottling Co., *Standard Purchase Order*, https://heartlandcocacola.com/purchase-order-tc/.

【2-9-C】最恵待遇条項： ライセンシーのライセンス条件が他のライセンシーのライセンス条件に劣るものである場合、ライセンサーはライセンシーに当該第三者との契約条件を通知したうえで、ライセンシーに契約条件の変更に関する権利を付与するものとする。

If, at any time during the term of this Agreement, licensor grants to any other third party a license under similar terms, conditions and business circumstances (a) at least as broad and favorable to the third party (with respect to all materials terms of this Agreement including without limitation the licensed patent and duration of the license agreement) as granted to licensee hereunder and (b) <u>under which the royalty rates are lower than that specified in Section 3 of this Agreement, licensor shall inform licensee</u> by written notice of <u>the terms of such agreement</u> within thirty (30) days of full execution thereof. <u>Licensee shall have the option</u>, exercisable by sixty (60) days of notice from licensor, <u>to replace this Agreement with a new agreement containing all the material terms of the agreement with the third party</u>. The new agreement shall be effective from the first day of the reporting period in which licensee's acceptance was made and such new agreement shall continue, unless earlier terminated pursuant to such agreement's provisions, through the Term of this Agreement.	ライセンス契約期間中のいかなる時点においても、ライセンサーが、ライセンシーと類似の取引内容、条件、および事業環境のもとにおいて、第三者に、（a）（本契約の対象となるライセンス対象特許権ならびにライセンス期間を含むがこれらに限られることなく、本契約におけるすべての重要な条件に関して）本契約においてライセンシーに供与されたと同じ程度の範囲および有益なライセンスを供与する場合で、かつ、（b）<u>そのロイヤルティ料率が本契約第 3 条に定めるものよりも低いものである場合、ライセンサーは、当該契約の締結から 30 日内にライセンシーに当該契約条件の通知を行うものとする。</u>ライセンシーは、当該通知の受領から 60 日内に、既存のライセンス契約をライセンサー・第三者間の契約におけるすべての重要な条件を含む契約への置き換えを選択する権利を有する。その場合、ライセンサー・ライセンシー間には新規の契約が成立し、当該契約は、当該意向の通知をライセンシーが受領した日の属する（ロイヤルティに関する）報告期間の初日から発効し、当該新規契約は、当該契約に基づいた早期の解除が行われない限り、既存のライセンス契約と同一期間存続する。

【2-9-D】製品輸送条項： ライセンサーがライセンス対象製品をライセンシーのライセンス対象地域内に輸送しない旨を定める。

Licensor agrees that it shall not transship	ライセンサーは、ライセンス対象製品を輸送

the Licensed Products. In this Agreement, transshipment means the shipment of products, directly or indirectly, to inside of the Territory.

しないことに合意する。本契約において、「輸送」とは、（ライセンシーの）ライセンス対象地域内に製品を直接的または間接的に輸送することをいう。

| *2-10* | ライセンス対象分野については、どのように規定すべきか。 |

実務上の対応

➤ライセンスの付与を特定の分野に限って行う場合においては、「Field of Use」などと定義したうえで正確に明示すべきである。

検討のポイント

　ある権利の活用がさまざまな分野において可能である場合、ライセンサーとしてはライセンス収入の最大化などを目的として、各分野において最適と思われるライセンシーにそれぞれライセンスを付与したいと考えることもあろう。

　このように特定の分野に限ってライセンスを付与することも可能であるところ[53]、ライセンス契約において、それはライセンス対象分野（「Field of Use」などと呼称される）として規定されることが多い。

　ライセンス対象分野を設定する場合においては、ライセンス許諾条項全体の意味を明瞭なものとするためにも、また、ライセンス対象分野を正確に表現するためにも、その定義を定義条項または別紙などにおいて定めることがのぞましい[54]。【2-10-A】

サンプル条文

【2-10-A】定義条項：　ライセンス対象分野について、別紙記載の内容によることを明示する。

"Field of Use" means the application or use defined in the Exhibit A.	「ライセンス対象分野」とは、Exhibit A に定める用途または使用をいう。

---

[53] *See e.g.*, United States v. GE Co., 272 U.S. 476, 490 (1926).

[54] *See* Sandra L. Shotwell, *Field of Use Licensing*, IN 11.8 INTELLECTUAL PROPERTY MANAGEMENT IN HEALTH AND AGRICULTURAL INNOVATION: A HANDBOOK OF BEST PRACTICES (Anatole Krattiger et al. vol. 2 2007), 1115, http://www.iphandbook.org/handbook/resources/Publications/links/ipHandbook%20Volume%202.pdf.

2-11	グランド・バック条項におけるグラント・バック・ライセンスとは、どのようなものか。

実務上の対応

➢ ライセンサーは、ライセンシーがライセンス対象権利の改良発明を行った場合に備える趣旨で、グラント・バック条項を要求する場合がある。

➢ ライセンシーとしては、当該グラント・バック条項が過大な負担とならないよう、独占禁止法上の課題などをふまえた交渉を行うべきである。

検討のポイント

（1）　グラント・バック条項およびグラント・バック・ライセンスの意義

　グラント・バック条項（Grant Back Clause）とは、ライセンシーがライセンス契約におけるライセンス対象権利の改良などを行った場合において、ライセンサーにも当該改良に関する発明（以下、「改良発明」という）の活用を認める規定をいう。グラント・バック条項は、当該改良発明に関する知的財産権（以下、改良特許権という）のライセンサーへの譲渡を定める場合（アサイン・バック〈grant back assignment〉）、または、改良特許権に関するライセンスのライセンサーへの付与を定める場合（グラント・バック・ライセンス〈grant back license[55]〉）に分けることができる[56]。ライセンサーは、これらを通じて、改良特許権を自己のライセンス対象権利の関連する技術の進化に活用する、ひいては、それらをまとめて第三者にライセンスすることなどによって当該技術の標準化を目指すといったことが可能となる[57]。

　もっとも、これらのうち、アサイン・バックについては、改良発明が生じた場合におけるライセンサーへの通知を求めたうえで、改良特許権のライセンサーへの単独帰属、または、ライセンサーとライセンシーへの共同帰属を要求することになるが、それらは、ライセンシーには受け容れられがたいものと思われる[58]。

---

[55] *See e.g.*, U.S. Dep't of Justice, *supra* note 13, at 33.

[56] David J. Dykeman, *When licensing out patents, make sure improvements are granted back*（Mar. 8, 2006), https://www.bizjournals.com/boston/blog/mass-high-tech/2006/03/when-licensing-out-patents-make-sure.html.

[57] CANNADY, *supra* note 4, at 424.

[58] Dykeman, *supra* note 56.

　これに対して、グラント・バック・ライセンスについては、ライセンサーに改良特許権の独占的ライセンスを付与するかどうかという観点から、さらに、独占的グラント・バック・ライセンス、および、非独占的グラント・バック・ライセンスに分けることができるが[59]、非独占的グラント・バック・ライセンスのほうがライセンシーに当該改良特許権の活用の余地を残すものであるから、受け容れやすいといえる[60]。【2-11-A】

(2)　グラント・バック・ライセンスと独占禁止法の関係

　ライセンシーとしては、グラント・バック条項を設けることなしに調整できることがのぞましい[61]。

　そこで、独占禁止法上の課題を交渉材料のひとつとすることが考えられる[62]。すなわち、グラント・バック条項は、ライセンサーによるライセンシーの改良特許権の活用を促進することにつながるという点で競争促進効果を有する一方、ライセンシーが当該改良特許権を独占的に活用できないことから、その基礎となる改良発明の活動に向けた意欲がそもそも損なわれかねず、競争制限効果も有するとされるのである[63]。

　もっとも、グラント・バック条項は、伝統的に違法性の高い行為とは取り扱われておらず[64]、その適法性は、合理の原則（rule of reason）（独占禁止法違反を主張する者は、

---

[59] *Id.*

[60] *Id.*

[61] CANNADY, *supra* note 4, at 139.

[62] アメリカ以外の国におけるグラント・バック・ライセンスの取り扱いについては、たとえば、次のとおりである。中国においては、2015 年 3 月、Qualcomm, Inc.の無線通信向けの半導体技術に関する中国製造事業者へのライセンスに際する、当該ライセンシーからの無償のグラント・バック・ライセンスなどを含む契約に関して、（いわゆる優越的地位の濫用に該当することを理由として）中国独占禁止法に反するとし、約 1,150 億円の罰金を課した事案がある。*See e.g.,* Susan Ning et al., *NDRC's Qualcomm Decision: A Warning to Patent-heavy Companies* (Mar. 7, 2015), https://www.chinalawinsight.com/2015/03/articles/compliance/ndrcs-qualcomm-decision%EF%BC%9Aa-warning-to-patent-heavy-companies/. 日本においては、「ライセンサーがライセンシーに対し、ライセンシーが開発した改良技術について、ライセンサーまたはライセンサーの指定する事業者にその権利を帰属させる義務、またはライセンサーに独占的ライセンスをする義務を課す行為は、技術市場または製品市場におけるライセンサーの地位を強化し、また、ライセンシーに改良技術を利用させないことによりライセンシーの研究開発意欲を損なうものであり、また、通常、このような制限を課す合理的理由があるとは認められないので、原則として不公正な取引方法に該当する」と整理する。公正取引委員会『知的財産の利用に関する独占禁止法上の指針』5（8）（ア）（改正平成 28 年 1 月 21 日）。

[63] U.S. Dep't of Justice, *supra* note 13, at 33.

[64] *See* Transparent-Wrap Machine Corp. v. Stokes & Smith Co., 329 U.S. 637, 646-48 (1947).

当該特定の行為があったことのほか、当該行為による競争制限が不合理なものであることを証明することも必要とされる）によって判断される。

　この点、当該判断において重視される事項は、①グラント・バック・ライセンスではなく、アサイン・バックであるか②（グラント・バック・ライセンスである場合）独占的グラント・バック・ライセンスであるか [65] ③ライセンサーは当該改良特許権についてサブライセンス権も取得するか④グラント・バック条項の対象範囲は広いか、および、もともとのライセンス対象権利との関係性は浅いか⑤グラント・バック条項の有効期間は長いか⑥グラント・バックに関するロイヤルティ支払いは不要であるか⑦ライセンサーとライセンシーの競合関係の程度は強いものであるか、ならびに、⑧ライセンサーは市場において強い影響力を有するか [66] である [67]。

　したがって、ライセンシーとしては、グラント・バック条項に伴う不利益を可能な限り制限すべく、これら要素をふまえた交渉を行うことが考えられる [68]。また、確定的に

---

[65] U.S. Dep't of Justice, *supra* note 13, at 33（非独占的グラント・バック・ライセンスについては、独占的グラント・バック・ライセンスよりも競争制限的な効果が小さいものとする）。ヨーロッパ連合においては、非独占的なグラント・バック・ライセンスについてはセーフ・ハーバー規定〈競争を実質的に制限することにはならないと考えられる水準を満たす場合においては独占禁止法上の問題を生じないとする規定〉の対象に含めるものの、独占的なグラント・バック・ライセンスおよびアサイン・バックについてはセーフ・ハーバー規定の対象に含めることなしに、個別の検討を要求する。*See e.g.*, Gibson, Dunn & Crutcher LLP, *Revised EU Antitrust Rules on Technology Licensing*（Apr. 30, 2014）, https://www.gibsondunn.com/revised-eu-antitrust-rules-on-technology-licensing/.

[66] ライセンサーの市場における影響力との関係では、特にライセンサーが標準必須特許をライセンスしている場合に問題となりうるとされる。Adam C. Hemlock et al., *Potential Antitrust Implications of Grantbacks*（Mar. 29, 2016）, https://www.weil.com/articles/potential-antitrust-implications-of-grantbacks. *Cf.* Renata B. Hesse, U.S. Dept. of Justice, *RESPONSE TO INSTITUTE OF ELECTRONICAL AND ELECTRONICS ENGINEERS, INCORPORATED*, https://www.justice.gov/atr/response-institute-electrical-and-electronics-engineers-incorporated（アメリカ電気・電子学会〈IEEE Standards Association〉が、自己の特許規則の改訂〈標準必須特許のライセンサーがライセンシーに同一の標準に関する必須特許のグラント・バック・ライセンスを求めることを許容することなどを含む〉にあたって、司法省に、当該改訂について独占禁止法上の懸念を有するかどうかの照会を行った。司法省は、当該規則は、同一の標準に属さない特許権についてのグラント・バック・ライセンスを禁止しているほか、あくまで〈グラント・バック・ライセンスを含む〉ライセンス条件は当事者間の任意の交渉結果を尊重するとしていることから、独占禁止法上、許容できると判断した）。

[67] *See* Hemlock, *supra* note 66. それぞれの事項についての肯定的な回答は、当該競争制限が不合理なものであると判断される方向に傾くことになる。なお、たとえすべての行為がアメリカ国外でなされた場合であっても、当該行為がアメリカ国内の商業活動に影響を及ぼす場合にはアメリカの独占禁止法が適用されうる。CHRISTOPHER L. SAGERS, ANTITRUST, 372, 375（2d. ed. 2014）.

[68] *See e.g.*, CANNADY, *supra* note 4, at 139（グラント・バック条項の対象権利が想定よりも増大した場合などに備える意味で、グラント・バック条項の期限を限定し、あらためての協議を行

改良特許権に関する権利を付与するグラント・バック条項に代えて、改良特許権に関しC:\てはライセンサーに先買権（rights of first refusal）を付与するといったことも考えられる [69]。【2-11-B】さらには、（当該ライセンス契約が非独占的ライセンス契約である場合においては、自己のみが過度なグラント・バック条項を受け容れることとなっていないことを担保する趣旨で）最恵待遇条項の追加を要求することも検討に値する。【2-11-C】

サンプル条文

【2-11-A】グラント・バック・ライセンス条項：　ライセンシーは、非独占的グラント・バック・ライセンスをライセンサーに付与するものとする。

Immediately following the grant of license by Licensor to Licensee pursuant to Section 2.1 of this Agreement, <u>Licensee agrees to grant back to Licensor</u> a non-exclusive, royalty-free, irrevocable, worldwide license to make, have made, use, sell, and import products incorporating any inventions that are improvements to the Licensed Patents.	本契約 2.1 条に従ってライセンサーからライセンシーにライセンスが付与されたのち直ちに、<u>ライセンシーは、</u>ライセンス対象特許権の改良発明を活用した製品の製造、製造委託、使用、販売、および輸入のために、非独占・ロイヤルティ支払い義務なし・撤回不可能・全世界における<u>グラント・バックをライセンサーに付与すること</u>に同意するものとする。

【2-11-B】ライセンシーはライセンサーに先買権を付与するものとする。

<u>Licensee shall not offer a patent license to any third party other than Licensee with respect to improvements to the Licensed Patents without first making a written offer to the Licensee for a license to such improvements.</u> The offer will be open for a period of thirty (30) calendar days from Licensor's receipt of the offer. Should Licensor accept the offer, the material terms of the new license agreement shall be the same as the material terms of this Agreement, except that the royalty rate.	<u>ライセンシーは、ライセンス対象特許権の改良に関して、初めにライセンサーに当該改良に関するライセンスの申し入れを書面によって行うことなしに、ライセンサー以外の第三者にライセンスをしてはならない。</u>当該申し入れの検討期間は、ライセンサーが当該申し入れを受領してから 30 日間である。ライセンサーが当該申し入れを受諾した場合、そのライセンス条件については、ロイヤルティ料率以外の重要な条件については、本契約と同様であるものとする。

うことができるようにしておくことを推奨する）。

[69] *Id.*

【2-11-C】最恵待遇条項：　ライセンサーは、ライセンス対象特許権およびライセンス対象ノウハウに関するライセンス契約を第三者と締結する場合、当該契約条件をライセンシーに通知し、ライセンシーに、自己の契約条件の変更に関する権利を付与するものとする。

If Licensor grants to a third party a license under the Licensed Patents and the Licensed Know How, Licensor shall, within thirty (30) days of execution of such license, notify Licensee in writing. The notice shall include all material terms and conditions of such license, including degree of non-exclusivity, duration, field of use, territory, all fees, and royalty rates. <u>If Licensee reasonably believes that the terms of the new license are favorable than the comparable terms of this Agreement, Licensee shall have the option to amend this Agreement by substituting the new terms.</u> Such option shall be exercisable within thirty (30) days of Licensee's receipt of Licensor's written notice.	ライセンサーが第三者にライセンス対象特許権およびライセンス対象ノウハウのライセンスを付与する場合、ライセンサーは、当該ライセンス契約の締結日から 30 日内にその旨を書面でライセンシーに通知するものとする。当該通知は、非独占権の範囲、ライセンス期間、ライセンス対象分野、ライセンス対象地域、すべての費用、およびロイヤルティ料率を含む、あらゆる重要な条件を含むものとする。<u>ライセンシーが、当該新ライセンスの条件が本契約の相応する条件よりも有利であると合理的に考える場合、ライセンシーは、本契約をその新たな条件に差し替える変更を行うという選択権を有する。</u>当該選択権は、ライセンサーの書面による通知をライセンシーが受領してから 30 日内に行使されなければならない。

| *2-12* | 発生的ライセンスについては、どのような事項に配慮すべきか。 |

実務上の対応

➤ 発生的ライセンスとは、特定の事象が生じた場合に自動的に付与されるライセンスである。
➤ ただし、発生的ライセンスのライセンス対象権利については、ライセンサーが倒産した場合において、倒産法におけるライセンシーの保護に関する規定の適用が認められない可能性があるため、注意を要する。

検討のポイント

　ライセンス契約を締結する当事者はその関係も良好であることも多いため、ライセンス対象権利以外の知的財産権に関するライセンスが必要となる可能性があるとしても、それはその後の交渉に委ねることでよいと判断しがちである。しかし、たとえば、ライセンサーが当該知的財産権を第三者に売却した場合、または、ライセンサーとライセンシーの関係が悪化した場合、新たなライセンスを取得することには困難が予想される。

　そこで、特定の事象が生じた場合には自動的にライセンスが付与されものとする発生的ライセンス（springing license）をあらかじめ得ておくことも考えられる[70]。【2-12-A】

　もっとも、発生的ライセンスについては、ライセンサーの倒産または破産手続との関係において注意を要する。

　すなわち、ライセンサーが倒産または破産手続の申立てを行った場合、ライセンサーがそれまでに締結済みであるライセンス契約におけるライセンスについては、当該倒産または破産手続の申立て前までに権利として具体化していることを条件として[71]、ライセンシーはそのまま実施することが可能となっている[72]。

　この点、発生的ライセンスについては、特定の事象（ライセンサーによる倒産または破

---

[70] Marlo T. Miksche and Steven W. Roth, 5, *A Balanced Approach to Patent Utilization*, Cybaris, art. 6 (2014), 113.　なお、発生的ライセンスに対して、特定の事象が生じた場合には自動的にライセンスが消滅するものとされるライセンスを消滅的ライセンス（exploding license）という。*Id.*

[71] *See e.g.*, In re Storm Tech., Inc., 260 B.R. 152, 157 (Bankr. N.D. Cal. 2001).

[72] 11 USC § 365(n). *See also* 12 － 2 － X『倒産法は、ライセンス契約をどのように取り扱っているか』

産手続の申立て）が生じるまでは、当該ライセンスは権利として確定していないのであるから、倒産法における保護の対象となるライセンスには含まれないとされるのである[73]。

【2-12-A】発生的ライセンス：　ライセンサーは、ライセンス契約期間内においてライセンス対象特許権以外にライセンス対象製品の製造などに必要となる特許権を保有することになった場合で、かつ、当該特許権を第三者に売却などする場合においては、ライセンシーに無償ライセンスを付与するものとする。

Licensor grants Licensee and its Affiliates a non-exclusive, non-transferrable, irrevocable, worldwide, royalty-free, perpetual license under any patents owned or controlled by Licensor or by its Affiliates that are not Licensed Patents to make, have-made, use, sell, import, and otherwise dispose of Licensed Products <u>provided that such license shall only be effective for patents that Licensor sells, transfers, assigns or grants exclusive licenses to with the right of</u>	ライセンサーは、ライセンサーまたはその関係会社の有するもしくはコントロールするライセンス対象特許権に含まれない特許権について、ライセンス対象製品の製造、製造委託、使用、販売、輸入、もしくはその他の処分のために、ライセンシーおよびその関係会社に、非独占、移転可能、撤回不可能、全世界における、ロイヤルティ・ゼロの、永続的ライセンスを付与する。<u>ただし、当該ライセンスは、ライセンサーが、本契約期間内に、当該特許権を第三者に売却、移転、譲</u>

---

[73] *Id.*（Storm Technology 社と Logitech, Inc.〈以下、「Logitech 社」という〉の間で締結された Logitech 社のスキャナー・ビジネスの譲渡に関するスキャナー技術の販売・譲渡契約において、「Storm Technology 社が $4 million を支払期日までに支払わなかった場合においては Logitech 社は全世界における、非独占の、ロイヤルティ・ゼロの支払い済み〈当該スキャナー技術に関する〉ライセンスを取得する」と規定されていたことに関する事案。Storm Technology 社が、当該 $4 million の支払い期日前に、当該 $4 million を支払うことなしに破産手続を申し立てた。そこで、Logitech 社が当該ライセンスを主張したところ、カリフォルニア州北部地区連邦破産裁判所は、破産手続申立て時点において当該ライセンスは執行力を有するものではなかったとして、Logitech 社の主張を退けた）。さらに、発生的ライセンスにおける特定の事象のひとつに倒産手続などの申立てを含めることで、ライセンサーによる倒産手続の申立てをもって当該発生的ライセンスは具体化しているとして倒産法の保護の対象とするという試みも考えられるが、倒産解除条項（*Ipso Facto* Clause）に執行力を認めない傾向をふまえると、このような対処についても執行力には疑義があると思われる。*See* Bob Eisenbach, *Protecting IP Rights From A Licensor's Bankruptcy: What You Need To Know About Section 365(n)* (July 30, 2009), https://bankruptcy.cooley.com/2009/07/articles/business-bankruptcy-issues/protecting-ip-rights-from-a-licensors-bankruptcy-what-you-need-to-know-about-section-365n/. *See also* 12 － 2『契約解除条項において、一方当事者の財務状況の悪化についてはどのように対処すべきか』

enforcement to a third party during the Term, and shall only become effective immediately prior to such sale, transfer, assignment or grant of exclusive license.	渡、または執行力とともに独占的ライセンスを付与した場合に限られるものとし、かつ、当該売却、移転、譲渡、または独占的ライセンスの付与の直前に効力を生じるものとする。

第3章

ライセンスの対価（ロイヤルティ）

Consideration (royalties)

イントロダクション

　ライセンサーからライセンシーに向けたライセンスについては、その対価として、ライセンシーからライセンシーにライセンス料などが提供されることが多い。

　そこで、第3章においては、まず、ライセンスの対価の種類（3－1）、ライセンスの対価のうちのロイヤルティの設定に関する検討事項（3－2）、および、当事者間の公平性を確保するロイヤルティの設定方法（3－3）について紹介する。

　次に、ライセンス契約は中長期にわたって継続することが多いことから、契約期間内において、ライセンス料に影響を及ぼす事態が生じる可能性も低くない。この点をふまえ、ライセンス対象権利が失効した場合における将来分および過去分のライセンス料の取り扱いについてもふれる（3－4）（3－5）。

3-1	ライセンスの対価については、どのように設定すべきか。

実務上の対応

➢ ライセンスの対価としては、ライセンス料が提供されることが多い。

➢ ライセンス料には、一括金の支払い、頭金とロイヤルティの組み合わせによる支払い、またはロイヤルティのみの支払いといったものが挙げられる。

➢ これらの選択は、ライセンサーの資金需要、ライセンシーによるライセンス対象権利の活用可能性の程度、およびライセンス契約締結時において設定するライセンス料の適切性の確度などをふまえたうえで行われることになる。

問題の所在

　ライセンス対象権利に関するライセンスの付与にあたっては、ライセンシーからライセンサーに何らかの対価が提供されることが予定されている[1]。当該対価としては、金銭の給付が通常であるといえ、それは、当該金銭の趣旨に応じて、一括金（lump sum payment）、頭金（initial fee または up-front fee）、およびロイヤルティが挙げられる。

　この点、まず、一括金は、当該ライセンス契約におけるライセンスの価値すべてを一回の支払いをもって完結させる趣旨で支払われるライセンス料である。ライセンサーとしては、自己が小規模事業者であって即座にまとまった金銭を取得したい場合、ライセンシーの財務力をふまえるとロイヤルティの回収に困難が予測される場合、または、ロイヤルティに関する定期的な監査などに労力を費やすことを回避したい場合などにおいて、一括金を選択する意義がある[2]。また、ライセンシーとしても、ライセンス対象製品に必要となるコストを明確に把握できるといった意義がある。一括金を選択する場合においては、当該支払いが一括金である旨を明確にしておくべきである。【3-1-A】

　次に、頭金は、ライセンシーがライセンス契約の締結とともに支払うライセンス料である[3]。【3-1-B】ライセンシーとしては、ライセンス対象権利が本当に自己にとって有用であるかが不確かであるような場合、頭金を回避し、ライセンス料はすべてロイヤルティによ

---

[1] ライセンス契約も基本的には契約法の規律を受けるから、対価関係の認められない契約は執行力がないとも判断されかねないのである。*See* 米国法商取引, 3. *See also* 2 − 4 『ライセンスの対価としては、どのようなものが考えられるか』

[2] CYNTHIA CANNADY, TECHNOLOGY LICENSING AND DEVELOPMENT AGREEMENTS 158 (2013 ed.).

[3] *Id.* at 143. ライセンス契約によっては、頭金は、その後のライセンス対象製品に関する開発・販売の段階に応じて分割して支払われることもある。*Id.*

るものとするほうが金銭上のリスクは小さくなるが、ライセンサーが早期に資金を必要と
しているような場合には、頭金に関する強い希望が示されることも少なくない。

　最後に、ロイヤルティは、ライセンシーによるライセンス対象権利の活用状況に応じ
て支払われるライセンス料である。ロイヤルティ金額は、ロイヤルティ基礎額にロイヤ
ルティ料率を乗じる形式で算出されることが多い。【3-1-C】ロイヤルティの適切な設定
は、結果的にライセンシーのライセンス対象製品に関する事業の成功に大きく影響を及
ぼすことになるから、両当事者はロイヤルティの設定のほか、ライセンス契約の期間内
にロイヤルティを当初のものから変更すべきような事情が生じた場合の手当てについて
検討することも考えられる。【3-1-D】

サンプル条文

【3-1-A】ライセンス料条項：　ライセンシーは一括金を支払うものとしつつ、当該支払い
がライセンス付与の対価のすべてであることを明示する。

Licensee shall pay Licensor a lump sum in the amount of Two Million U.S. Dollars (US$ 2,000,000) within thirty (30) days of the Effective Date of this Agreement. <u>Licensor acknowledges that the payment herein shall constitute full and complete payment</u> for the licenses granted under Section 2 of this Agreement.	ライセンシーは、本契約の効力発生日から 30 日内に、200 万 US ドル（2,000,000US ド ル）を一括金としてライセンサーに支払うも のとする。<u>ライセンサーは、本条項における 支払いが本契約 2 条によって付与されるライ センスに対する十分かつ完全な支払いである こと</u>を認める。

【3-1-B】ライセンス料条項：　ライセンシーは頭金を支払うほか、ロイヤルティも支払うこ
ととする。

As partial consideration for the licenses granted under Section 2 of this Agreement, <u>Licensee shall pay to Licensor a non-refundable initial royalty payment</u> of Twenty Million and No/100 U.S. Dollars (US$20,000,000.00) (the "Initial Payment"). <u>In addition to the Initial Payment, Licensee agrees to pay to Licensor a royalty</u> calculated	本契約 2 条に基づくライセンスの対価の一部 として、<u>ライセンシーは、ライセンサーに、 2,000 万 US ドル（20,000,000.00US ドル ） （「頭金」という）の返金不能の頭金を支払 うものとする。</u>頭金に加えて、<u>ライセンシー は、ライセンサーに、本契約の条件に従っ て、純売上高に占める割合で計算されるロイ ヤルティを支払うことに同意する。</u>

as a percentage of Net Sales in accordance with the terms and conditions of this Agreement.	

【3-1-C】ロイヤルティ条項： ライセンシーは、ライセンサーにロイヤルティを支払うものとしつつ、当該ロイヤルティは製品の純売上高を基準とする。

In consideration of the license granted by Licensor under this Agreement, and subject to the terms and conditions of this Agreement, Licensee shall pay to Licensor <u>a royalty equal to one point five percent (1.5%) of Net Sales per unit of the Licensed Products</u> sold by Licensee and its Affiliates anywhere in the world during the term of this Agreement.	本契約に基づいてライセンサーが付与するライセンスの対価として、本契約の条件に従って、ライセンシーは、ライセンサーに、本契約期間内において、世界のどこかにおいて、ライセンシーもしくはライセンシーの関係会社の販売する<u>ライセンス対象製品1台あたり純売上高の1.5%</u>のロイヤルティを支払うものとする。

【3-1-D】ロイヤルティの支払いがライセンシーの事業の成功に負担を及ぼすことが判明した場合においては、当該ロイヤルティ料率についての見直しに関する協議を実施するものとする。

In the event that the royalty payable to Licensor negatively impacts the ability of Licensee, its Affiliates or Sublicensees to maximize the Net Sales or earn reasonable profit thereon, then <u>the Parties agree to negotiate in good faith an adjustment to the royalty rates</u>.	ライセンサーに支払われるロイヤルティがライセンシー、その関係会社、またはサブライセンシーの純売上高の最大化もしくは合理的利益の確保の支障となる場合、<u>両当事者は、ロイヤルティ料率の調整に向けた誠実な協議を実施することに同意する。</u>

クイック・リファレンス

【ライセンス料の構成と当事者のリスクの関係】

ライセンス料の構成	ライセンシーが、ライセンス対象権利の活用がない場合のリスクを負う可能性	ライセンス対象権利の活用結果とライセンス料の均衡が確保される可能性
一括金	○	×
頭金およびロイヤルティ	△	△
ロイヤルティ	×	○

3-2	ロイヤルティについては、どのような枠組みで検討し、設定すべきか。

実務上の対応

➤ ロイヤルティは、ライセンス対象製品について、販売数量を基礎とする製品ロイヤルティ、または、販売額を基礎とする売上高ロイヤルティに分類できる。

➤ 売上高ロイヤルティについては、「ロイヤルティの基礎額×ロイヤルティ料率」によって算定されることになる。

➤ 「ロイヤルティの基礎額」については、ロイヤルティ対象となる製品をどのようにとらえるか、および、ロイヤルティ対象となる製品の売上額をどのように設定するかについての検討を要する。

➤ 「ロイヤルティ料率」については、ライセンス契約の対象となる事業領域における一般的なロイヤルティ料率、ライセンス契約の条件、およびライセンス対象製品の価格競争力などを考慮しながら交渉を進めることになる。

検討のポイント

(1) 製品ロイヤルティと売上高ロイヤルティ

ロイヤルティの算定については、大きく、ライセンス対象製品の販売数量を基礎とする考え方（たとえば、「製品 1 台あたり＄5 を支払う」とするものであって、「per unit royalty」などと呼称され、以下、「製品ロイヤルティ」という）、および、ライセンス対象製品の販売額を基礎とする考え方（たとえば、「製品の総売上高の 5 ％を支払う」とするものであって、「*ad valorem* royalty」などと呼称され、以下、「売上高ロイヤルティ」という）に分類できる[4]。いずれを採用した場合であろうとも、結局は、ライセンシーによるライセンス対象製品の販売期待数量（およびそこから生じる販売額）を基礎としたロイヤルティ金額（またはロイヤルティ料率）の設定が試みられる[5]。

(2) 売上高ロイヤルティの算定式の設定

売上高ロイヤルティについては、「ロイヤルティの基礎額×ロイヤルティ料率」によって算定される。

---

[4] F. Gregory Sifak, *Concerting Royalty payment Structures for Patent Licenses*, 1, The Criterion J. on Innovation, 903 (2016).

[5] *See id*. at 904-06.

したがって、ロイヤルティ基礎額をどのように設定するのか、および、ロイヤルティ料率をどのように設定するのかのそれぞれが検討事項となる。

（a）ロイヤルティの基礎額
（i）ロイヤルティ算定の対象製品の決定

まず、ライセンス対象製品がある製品の一部を構成するような場合において、ロイヤルティの基礎額の対象をどのように特定するかが課題となる。

たとえば、近年は自動車にも高精度のセンシング技術などを活用すべく多くの集積回路（以下、「IC」という）が搭載されているが、当該ICがある技術のライセンスを受けている場合、当該ICの販売価格を基礎としたロイヤルティの算定を行うのか（この場合におけるICなどを最小販売可能特許実施単位〈smallest salable patent-practicing unit〉という）、または、自動車の販売価格を基礎としたロイヤルティの算定を行うのかによって、当該ロイヤルティには大きな差が生じうることになる。後者のように、知的財産権を活用した製品（以下、「ライセンス部品」という）を含んだ最終製品（以下、「最終製品」という）の価値を基準としてロイヤルティの基礎額を設定するルールを全体市場価値ルール〈entire market value rule〉という[6]。

この点、ロイヤルティ算定の対象製品の特定については、最小販売可能特許実施単位を基準とすることが原則であって[7]、全体市場価値ルールは、①ライセンス部品が最終製品に関する消費者の要求を満たすための基礎となっており、②ライセンス部品と（最終製品に用いられている）それ以外の部品が共に販売されており、③ライセンス部品とそ

---

[6] Ravi Mohan, *Analysis of the Entire Market Value Rule in Complex Technology Litigation: Arduous Royalty Base Determinations, Unjust Damage Rewards, and Empirical Approaches to Measuring Consumer Demand*, 27 Santa Clara High Tech. L.J. 639, 644 (2010), http://digitalcommons.law. scu. edu/chtlj/vol27/iss3/4（全体市場価値ルールは、特許侵害に関する損害の賠償請求を行う際の「合理的ロイヤルティ」の算出において用いられることを紹介する）。

[7] *See e.g.*, LaserDynamics, Inc. v. Quanta Comp., Inc., 694 F.3d 51, 67 (Fed. Cir. 2012) ("[I]t is generally required that royalties be based not on the entire product, but instead on the 'smallest salable patent-practicing unit.'") (quoting Cornell Univ. v. Hewlett-Packard Co., 609 F. Supp. 2d 279, 283, 287-88 (N.D.N.Y. 2009)). *But see* Commonwealth Sci. & Indus. Res. Org. v. Cisco Sys, Inc, 809 F.3d 1295, 1303 (Fed. Cir. 2015)（最小販売可能特許実施単位をロイヤルティ算定対象の基礎とすることが必須なわけではないとする）("The rule Cisco advances—which would require all damages models to begin with the smallest salable patent-practicing unit—is untenable. It conflicts with our prior approvals of a methodology that values the asserted patent based on comparable licenses."); *see also* Mirza Usama Baig et al., *SSPPU vs. EMVR* (Mar. 2020), 4iP Council, 5-6, https://www.4ipcouncil.com/application/files/6815/8525/0508/SSPPU_vs_EMUR_Technical_ University_Berlin.pdf（最小販売可能特許実施単位をロイヤルティ算定対象の基礎とする考え方は、アメリカにおいては、陪審裁判においてのみ活用されているとする）。

れ以外の部品が機能的に一体といえる場合に限って適用される[8]。

　なお、ロイヤルティ算定の対象製品の特定について、最小販売可能特許実施単位を基礎としたとしても、または、全体市場価値ルールに沿ったとしても、最終的なロイヤルティ金額については、ロイヤルティ料率を調整することによって、妥当なものとすることが可能である。しかしながら、全体市場価値ルールによることでロイヤルティ基礎額が大きくなれば、おのずからロイヤルティも高額になりうる可能性は高いといえ、この点が、いずれを採用するかという課題に関係してくる[9]。

（ii）ロイヤルティ算定の対象製品の取り扱い額に関する基準

　ロイヤルティ算定の対象となる製品を何とするかが決定された場合、さらに、当該製品の取り扱い額に関する基準をどのように設定するのかも検討対象となる。これは、具体的には、当該製品の総売上高（gross sales）または純売上高（net sales）のいずれを選択するかという問題である。なお、製品の総売上高から、当該製品に要した諸経費（税金、輸送費用、および返金費用などをいう）を差し引いたものが純売上高である。【3-2-A】【3-2-B】

　この点、ライセンシーによる純売上高の算定が正確であることを確認するためには、ライセンサーは総売上高から控除された諸経費の内訳を把握しなければならず、その工

---

[8] *See e.*g., Cornell U. v. Hewlett Packard Co., 609 F. Supp. 2d 279 (N.D.N.Y. 2009)（コーネル大学が、大学の科学者から譲渡を受けたプロセッサのスピードを上昇させる方法に関する特許権に関して、Hewlett Packard社に対し、当該特許権の侵害を主張した事案。当該特許権が直接関係するのはCPUモジュールを構成するIRBと呼称される部品の一部であったが、コーネル大学は、当該CPUモジュールを含むサーバーおよびワークステーションに関するシステムの事業実績を基礎とした損害の賠償請求を行った。ニューヨーク州北部地区連邦地方裁判所は、損害賠償額のために算定するロイヤルティの基礎額はサーバーおよびワークステーションに関する売上〈$23 billion〉ではなく、プロセッサの売上〈$8 billion〉であるとした）。*But see* Power Integrations, Inc. v. Fairchild Semiconductor Int'l, 904 F.3d 965, 979 (Fed. Cir. 2018) （"[T]he entire market value rule is appropriate only when the patented feature is the sole driver of customer demand or substantially creates the value of the component parts. ... The question is whether the accused product, compared to other products in the field, has features that would cause consumers to purchase the products beyond the patented feature; i.e., valuable features. Where the accused infringer presents evidence that its accused product has other valuable features beyond the patented feature, the patent holder must establish that these features do not cause consumers to purchase the product."）（特許権の無断実施に関する嫌疑のかかっている者によって、最終製品が当該特許権のもたらす特徴以外の特徴も有することが示された場合、特許権者は、全体市場価値ルールの適用を主張するうえで、当該特許権以外を原因として有する特徴は消費者が当該最終製品を購入する動機とはならない旨を示す必要があるとする）。

[9] Baig, *supra* note 7, at 5-6（全体市場価値ルールを用いることによる問題点は陪審裁判において顕著となり、特許権者による非常に高額の損害賠償請求が認められうることにあるとする）。

程の煩雑さなどを考慮すれば、総売上高を基準としたほうがよいとも思われる。

　一方で、純売上高を基準とする場合は当該諸経費などの分析とライセンシーへの（経費の削減などに関する）アドバイスの提供も可能となるなどとして、実務上は純売上高を基準とする場合のほうが多いとの評価もある[10]。

　これらからすると、終局的には、当該ライセンス対象製品にどこまで労力を費やすことができるのかという問題に帰着し、両当事者における当該ライセンス契約の重要性または当該ライセンス対象製品の占める位置づけなどをふまえて決定することがのぞましいように思われる。

(iii) 売上高の認識に関する基準

　ロイヤルティの算定を総売上高または純売上高のいずれを基礎にして行うとしても、さらに当該売上高については、ライセンシーが顧客に請求を行った時点を基準として算定すべきか（以下、「請求時基準」という）、または、ライセンシーが顧客から実際に支払いを受けた時点を基準として算定すべきか（以下、「受領時基準」という）ということも課題となりうることは認識しておきたいところである[11]。

　すなわち、請求時基準をとると、たとえば、ライセンシーが顧客の倒産によって収受できなかった売上金額についてもロイヤルティの対象となってしまう。一方で、受領時基準をとると、たとえば、ライセンシーの顧客がライセンシーに対して有する（ライセンス対象製品とは別の原因に基づく）債権と相殺してしまった場合、それに相応する売上金額についてはロイヤルティの対象から除外できるのである。

(3) ロイヤルティ料率の設定

　ロイヤルティ料率を設定するうえでは、ライセンス対象製品の属する事業領域における一般的なロイヤルティ料率、ライセンス対象製品による収益の予想、ライセンス対象範囲および（独占権の有無をはじめとする）その他のライセンス契約の条件、ライセンス対象権利を創出するためにライセンサーが要した研究・開発費用、ライセンス対象権利の強弱、ならびにライセンス対象製品の価格競争力などが考慮の要素となる[12]。

---

[10] *See* CANNADY, *supra* note 2, at 147.

[11] Erik Verbraeken, *Drafting Of Royalty Clauses: 30 Ways To Head For Windfall Or Pitfall*, les Nouvelles, Sept. 2011, at 167, http://lesnouvelles.lesi.org/lesnouvelles2011/les-Nouvelles_PDF-0911/3-Drafting-Of-Royalty-Clauses.pdf.

[12] *See* CANNADY, *supra* note 2, at 145-46.

　これらのうち、ライセンス対象製品の属する事業領域におけるロイヤルティ料率の統計を参考とすることは比較的簡便な方法として有用であろう。一般的には、先端技術産業ならびに製品の差別化が顕著となりやすい事業（ソフトウェアおよび医療製品・健康器具などを含む）には高収益率が認められることから、ロイヤルティ料率も高くなる傾向にあり、装置産業ならびに汎用品に関する事業（化学材料および大量消費材などを含む）にはそれほど高い収益率は認められず、結果としてロイヤルティ料率も低くなる傾向にある[13]。

クイック・リファレンス

【ロイヤルティの決定に関する検討事項】

ロイヤルティ算定方法	意義・検討事項
製品ロイヤルティ	ライセンス対象製品の販売数量を基礎とする（「ライセンス対象製品の販売数量×ライセンス対象製品1台あたりロイヤルティ」）（たとえば、「製品1台あたり＄5を支払う」）。
売上高ロイヤルティ	ライセンス製品の売上高を基礎とする（「ライセンス対象製品の売上高×ロイヤルティ料率」）（たとえば、「ライセンス対象製品の総売上高の5％を支払う」）： ➢「ライセンス対象製品の売上高」 ・最小販売可能特許実施単位による、または、全体市場価値ルールによる。 ・総売上高を基準とする、または、純売上高を基準とする。 ・ライセンス対象製品の代金請求時を基準とする、または、ライセンス対象製品の代金受領時を基準とする。 ➢「ロイヤルティ料率」 ・ライセンス対象製品の属する事業領域における一般的なロイヤルティ料率、ライセンス対象製品による収益の予想、ライセンス対象範囲およびその他のライセンス契約の条件、ライセンス対象権利を創出するためにライセンサーが要した研究・開発費用、ライセンス対象権利の強弱、ならびにライセンス対象製品の価格競争力などを考慮して決定する。

---

[13] Yves Courtois and Doug McPhee, *Profitability and royalty rates across industries: Some preliminary evidence* (2012), 7.

【事業領域別のロイヤルティ料率】

事業領域	ロイヤルティ料率[14]			
	平均値	中央値	最大値	最小値
化学	4.8	4.5	25.0	1.0
インターネット	13.5	10.0	80.0	0.3
電気通信	5.5	4.9	50.0	0.4
消費財	6.0	5.0	40.0	0.1
メディア	12.7	8.0	70.0	0.1
食品加工	3.9	3.0	30.0	0.3
医療・健康	5.8	5.0	50.0	0.1
医薬・バイオテクノロジー	7.7	5.0	90.0	0.0
エネルギー	5.3	4.6	75.0	0.1
機械・工作機械	5.3	4.5	25.0	0.5
自動車	4.8	4.0	20.0	0.5
電気製品	4.4	4.1	20.0	0.5
セミコンダクター（IC）	5.1	4.0	30.0	0.0
コンピュータ	5.3	4.0	25.0	0.2
ソフトウェア	11.6	6.8	77.0	0.0

サンプル条文

【3-2-A】定義条項：「総売上高」を定義する。

"Gross Sales" means the total amount of all sales of Licensed Products provided by Licensee or any Affiliates.	「総売上高」とは、ライセンシーまたはその関係会社の提供するライセンス対象製品のすべての販売の総額をいう。

【3-2-B】定義条項：「純売上高」を定義する。

"Net Sales" means the amount billed or invoiced on sales, rental, lease, or use,	「純売上高」とは、ライセンシーまたはサブライセンシーがライセンス対象製品の販売、

---

[14] Roy J. Epstein and Paul Malherbe, *REASONABLE ROYALTY PATENT INFRINGEMENT DAMAGES AFTER UNILOC*, 39 AIPLA Q. J. 3, 15-16 tbl. 1: RoyaltySource® Royalty Rate Transaction Analysis (Winter 2011) (*citing Industry Royalty Rate Date Summary*, LICENSING ECONOMICS REV., Dec. 2007).

58

| however characterized, by Licensee and Sublicensees for the Licensed Products, less (a) discounts allowed in amounts customary in the trade; (b) outbound transportation prepaid or allowed; and (c) amounts refunded or credited on returns. | 期間の定めのない貸与、有期の貸与、もしくは使用に関して発行した明細書または請求書の金額から、（a）当該取引の慣習として割り引くことが認められている金額；（b）ライセンス対象製品の発送費用の前払い金額もしくは負担金額；または（c）返品に伴う返金済み金額もしくは返金予定金額を差し引いたものをいう。 |

3-3	ロイヤルティとの関係において、契約当事者のリスクを軽減する対策としては、どのようなものがあるか。

実務上の対応

> ライセンス対象製品の販売などがライセンス契約締結時における当事者の想定と異なる場合に備える意味で、ロイヤルティの調整に関する規定を設けることも考えられる。

> 当該規定は、ライセンサーのリスク低減に資するもの、ライセンシーのリスク低減に資するもの、または両当事者の公平性を確保するものに分類することも可能であるから、当該ライセンス契約に応じて適切なものを選択することになる。

検討のポイント

　両当事者によるロイヤルティに関する交渉の結果としてロイヤルティの条件が定まったとしても、それはあくまで当該契約交渉時において当事者が予見可能な事情に基づいたものにすぎず、時の経過に応じて、たとえばライセンサーの想定通りのロイヤルティ収入が得られないといった事態も生じうる。

　そこで、一方当事者が大きな不利益を被ることのないよう、ロイヤルティに関するリスクの低減を図ることも考えられる。

　まず、ライセンサーとしては、ライセンシーに、ライセンス対象製品の販売数量にかかわらず、最低限度支払うべきロイヤルティ（minimum royalties）を課すといった方法が考えられる。【3-3-A】当該ライセンス契約が独占的ライセンス契約である場合などにおいては、ライセンサーは当該ロイヤルティのほかには収益を得られないわけであるから、ミニマム・ロイヤルティは、ライセンサーにとって特に重要な意義を有する[15]。

　また、ライセンサーを独占的ライセンス契約による拘束から解放するという趣旨では、ライセンシーのロイヤルティ金額が一定金額に達しない場合において、ライセンサーが、ライセンシーの独占的ライセンシーの地位を喪失させることができるようにしておくといったことも検討に値する。【3-3-B】

　これに対して、ライセンシーとしては、ロイヤルティ金額に上限（royalty caps）を設定し、ライセンス対象製品の販売数量を増加させるインセンティブを確保するといった提案が考えられる。【3-3-C】また、スタート・アップ企業などにおいては、資金繰り

---

[15] CANNADY, *supra* note 2, at 153.

も考慮し、ライセンス対象製品の市場への導入を円滑に進められるよう、ライセンス契約の締結当初はロイヤルティ金額を低く設定し[16]、以降、徐々にロイヤルティ金額を増加させるといった段階的ロイヤルティ（progressive royalties）の方式を提案することもあろう。【3-3-D】

　また、ライセンス対象製品の取り扱いを開始したのちに、ライセンシーが当該ライセンス対象製品に関して、第三者からの知的財産権のライセンスを追加で受ける必要が生じることもある（ロイヤルティの積み重なった状況を表現するべく、stacked royaltiesと呼称される）。その場合、ライセンシーとしては、ライセンス対象製品に関して必要となるロイヤルティ金額があまりに増加してしまうと、当該ビジネスを継続できないことにもなりかねないから、既定のロイヤルティ金額のうちの一部が第三者向けのロイヤルティに充当されることを規定しておく（ロイヤルティの追加に関する条項として、Royalty Anti-stacking Clauseなどと呼称される）といったことも考えられる[17]。【3-3-E】

　これらのほか、両当事者にとって有益となりうるものとしては、ライセンス対象製品の販売数量に応じてロイヤルティ料率も変動させる（sliced royalties）、または、ライセンス対象製品をめぐる環境が当事者の想定するものと異なっていた場合などにおいてロイヤルティに関する再度の交渉の機会を設ける（royalty revision）などの方法が挙げられる[18]。【3-3-F】

クイック・リファレンス

【ロイヤルティに関するリスクの調整に関する条項】

ライセンサーにとってのリスク調整	ライセンシーにとってのリスク調整
•ミニマム・ロイヤルティ（ライセンス対象製品の販売数量にかかわらず、一定のロイヤルティの支払いを義務付ける）【3-3-A】	•ロイヤルティ・キャップ（ロイヤルティ金額に上限を設定する）【3-3-C】
•ライセンシーのロイヤルティ金額が一定金額に	•プログレッシブ・ロイヤルティ（ライセンス契

---

[16] さらには、一定期間のロイヤルティをゼロ（royalty holidaysなどと呼称される）とする場合もあるとする。Verbraeken, *supra* note 11, at 173.

[17] Mark Anderson, *Royalty-stacking Clauses* (Feb. 3, 2015), https://ipdraughts.wordpress.com/2015/02/03/royalty-stacking-clauses/（ロイヤルティの追加に関する条項については、いかなる場合に当該条項が発動することとするか〈当該条項の対象となる第三者の知的財産権について、ライセンス対象製品との間にどの程度の関連性を要求するか〉、および、ライセンサーのロイヤルティをどのように変動させるか〈たとえば、第三者向けのロイヤルティ金額のうちの一定比率相当額の減額を認める〉という二点が主要な検討事項であると紹介する）。

[18] Verbraeken, *supra* note 11, at 169, 184.

達しない場合において、ライセンサーは、ライセンシーの独占的ライセンシーの地位を喪失させることができるものとする【3-3-B】

約の締結当初はロイヤルティ金額を低く設定し、以降、徐々にロイヤルティ金額を増加させる）【3-3-D】

- ロイヤルティ・アンタイ・スタッキング（ライセンス対象製品に関して、第三者からの知的財産権のライセンスを追加で受ける必要が生じた場合、既定のロイヤルティ金額のうちの一部が第三者向けのロイヤルティに充当されるものとする）【3-3-E】

両当事者にとってのリスク調整

- スライスド・ロイヤルティ（ライセンス対象製品の販売数量に応じてロイヤルティ料率も変動させる）
- ロイヤルティ改定条項（ライセンス対象製品をめぐる環境が当事者の想定するものと異なっていた場合などにおいてロイヤルティ料率に関する再度の交渉の機会を設ける）【3-3-F】

サンプル条文

【3-3-A】ミニマム・ロイヤルティ：　ライセンス対象製品の販売数量にかかわらず、一定のロイヤルティの支払いを義務付ける。

Licensee shall pay to Licensor an annual license fee ("Annual Fee") for each of the following years in the amounts set forth below. The Annual Fee shall be due on the last day of June of the years specified below. Licensee may credit each Annual Fee in full against all running royalties otherwise due Licensor for the same Royalty Period for which the specific Annual Fee is due. This credit may not otherwise be carried forward or carried back for any other Royalty Period.	ライセンシーは、各年において、下記に記載する金額の年間ライセンス料（「年間ライセンス料」）をライセンサーに支払う。年間ライセンス料は、下表に示す年度の6月末日を支払い期限とする。ライセンシーは、当該年間ライセンス料の帰属するそれぞれのロイヤルティ期間においてライセンサーに支払うことになるすべてのランニング・ロイヤルティから相応する年間ライセンス料を控除することができる。当該控除は、他のロイヤルティ期間に持ち越したり、または、遡及したりして行うことはできない。

Year	Annual Fee		年	年間ライセンス料
2022	One million dollars ($1,000,000)		2022	100万ドル ($1,000,000)
2023	One million dollars ($1,000,000)		2023	100万ドル ($1,000,000)
2024	Half a million dollars ($500,000)		2024	50万ドル ($500,000)
2025 and in each year thereafter during the term of this Agreement	Three hundred thousand dollars ($300,000)		2025およびそれ以降の本契約期間内の毎年	30万ドル ($300,000)

【3-3-B】ライセンシーのロイヤルティ金額が一定金額に達しない場合において、ライセンサーは、ライセンシーの独占的ライセンシーの地位を喪失させることができるものとする。

In the event that Licensee fails to achieve the target of running royalties (one million dollars) by sales of Licensed Products during any Royalty Period, Licensor shall have the option of terminating the exclusive license rights granted hereunder to Licensee, in which case such Licensee's rights will automatically become a non-exclusive license as of January 1 of the following year and Licensee shall make running royalty payments based on the non-exclusive license rate set forth in Exhibit B attached hereto.	ライセンス対象期間のいずれかにおいて、ライセンシーがライセンス対象製品の販売によるランニング・ロイヤルティの目標金額（100万ドル）に達さなかった場合、ライセンサーは、本契約においてライセンシーに付与された独占的ライセンスを解除する選択権を有するものとし、その場合、ライセンシーの当該ライセンスは、自動的に翌年の1月1日をもって、非独占的ライセンスとなり、ライセンシーは、本契約に付属する別紙Bに定める非独占的ライセンスの料率に基づいてランニング・ロイヤルティを支払うものとする。

【3-3-C】ロイヤルティ・キャップ：　ロイヤルティ金額に上限を設定する。

In no event shall the amount of running royalties owing to Licensor under Section 3.1 (b) exceed (i) a total sum of one million dollars ($1,000,000) in any Royalty Period ("Annual Royalty Cap") or (ii) a total sum of five million dollars ($5,000,000) over the course of this Agreement. For the avoidance of doubt, any amount in excess of the Annual Royalty Cap that would otherwise be payable to Licensor for the same Royalty Period under Section 3.1(b) shall not be carried forward for payment in any subsequent Royalty Period.

いかなる場合においても、3.1（b）条に基づいてライセンサーに負うランニング・ロイヤルティの金額は、（i）ロイヤルティ期間内のいつにおいても100万ドル（$1,000,000）（「年間ロイヤルティ上限額」）、または、（ii）本契約の期間を通算して500万ドル（$5,000,000）を超えない。明確性を期すると、3.1（b）条に基づいて当該ロイヤルティ期間にライセンサーに支払われる予定であった年間ロイヤルティ上限額を超えた金額については、その後のロイヤルティ期間における支払いとして繰り延べられることもない。

【3-3-D】プログレッシブ・ロイヤルティ：　ライセンス契約の締結当初はロイヤルティ金額を低く設定し、以降、徐々にロイヤルティ金額を増加させるほか、ライセンス対象製品の売上が僅少である場合にはロイヤルティをゼロとする。

Licensee shall pay to Licensor running royalties calculated as a percentage of Net Sales for all Licensed Products that are made, used, sold, offered for sale, or imported anywhere in the Territory, regardless of whether other acts concerning specific Licensed Products occur outside the Territory. The percentage of Net Sales for each of the following years is as set forth in the table below. If, during any Royalty Period, Licensee's total aggregate revenue from sales of Licensed Products is less than five percent (5%) of Licensee's total aggregate revenue during such Royalty Period, no running royalty shall be due with respect to such sales of the Licensed Products for such Royalty Period.

ライセンシーは、ライセンス対象地域内におけるライセンス対象製品の製造、製造委託、使用、販売、販売の申し入れ、または輸入を行うため、特定のライセンス対象製品に関するその他の行為がライセンス対象地域外で認められるかどうかにかかわらず、すべてのライセンス対象製品の純売上高にかかる料率として算出されるランニング・ロイヤルティを、ライセンサーに支払うものとする。以降の年次の純売上高にかかる料率については、下記の表に定める。仮に、いかなるロイヤルティ期間においても、ライセンシーのライセンス対象製品による売上高の総額が当該期間におけるライセンシーの売上高の総額の5％に満たない場合、当該ロイヤルティ期間におけるライセンス対象製品の売上に関するランニング・ロイヤルティは課されないものとする。

Year	Percentage
2022	One percent (1%)
2023	One point five percent (1.5%)
2024	Two percent (2%)
2025 and in each year thereafter during the term of this Agreement	Five percent (5%)

年	料率
2022	1 パーセント (1%)
2023	1.5 パーセント (1.5%)
2024	2 パーセント (2%)
2025 およびそれ以降の本契約期間内の毎年	5 パーセント (5%)

【3-3-E】ロイヤルティ・アンタイ・スタッキング：　第三者にロイヤルティを追加して支払う必要が生じた場合においては、ライセンサーに支払うロイヤルティから当該追加ロイヤルティの一部を控除するものとする。

If, in order to make, have made, use, sell, offer to sell, and import the Licensed Products in the Field of Use in the Territory, it becomes necessary for Licensee to obtain a royalty-bearing license to other patents owned or controlled by a third party ("Third Party Patents") to avoid infringement of the Third Party Patents, then <u>Licensee may deduct an amount equal to fifty percent (50%) of any royalty paid to the third party from any royalty amounts due Licensor hereunder,</u> provided that in no event shall the royalties otherwise due Licensor be less than fifty percent (50%) of the royalties that would be payable to Licensor absent the effects of this Section 2.10.	ライセンシーがライセンス対象地域内のライセンス対象分野におけるライセンス対象製品の製造、製造委託、使用、販売、販売の申し入れ、および輸入を行うために、第三者の有するもしくは支配する特許権（「第三者特許権」）の侵害を回避するため、第三者から、第三者特許権に関するロイヤルティの支払い義務ありのライセンスを得る必要が生じた場合、<u>ライセンシーは、本契約においてライセンサーに負うロイヤルティ金額から第三者に支払うロイヤルティの 50%相当額までを控除できるものとする。</u>ただし、いかなる場合においても、ライセンサーに負うロイヤルティは、本 2.10 条の適用がないならばライセンサーに支払うこととなっていたロイヤルティ金額の 50%を下回らないものとする。

【3-3-F】ロイヤルティ改定条項：　ライセンス対象製品をめぐる環境が当事者の想定するものと異なっていた場合などにおいてロイヤルティに関する再度の交渉の機会を設けるものとする。

<u>Licensor and Licensee shall in good faith review the running royalty rate</u> set out in Section 3.1(b) on the three-year anniversary of the Effective Date and every five-year anniversary thereafter <u>with a view toward adjusting such rate either up or down based on current market conditions</u>. The maximum increase or decrease per adjustment period, however, shall be limited to one percent (1%) of the running royalties. Any increase or decrease in the running royalty shall not cause any adjustment in the Annual Fee payments stipulated in Section 3.3.	ライセンサーおよびライセンシーは、本契約の効力発生日から 3 年後およびそれ以降 5 年経過ごとに、<u>その時点の市場環境をふまえて</u>、本契約 3.1（b）条に定める<u>ランニング・ロイヤルティの料率の引き上げもしくは引き下げによる調整に向けて、信義に沿った検討を行うものとする</u>。ただし、一度の調整の機会における、当該ランニング・ロイヤルティの引き上げもしくは引き下げの最大料率は、1％を上限とする。いかなるランニング・ロイヤルティの引き上げもしくは引き下げも、本契約 3.3 条に定める年間ライセンス料の調整を必要とするものではない。

| 3-4 | ライセンス対象権利が失効した場合、以降、ライセンシーのロイヤルティの支払い義務についてはどのように取り扱うべきか。 |

実務上の対応

➢ ライセンス対象権利が期間満了によって失効した場合においては、有効期間内と同じロイヤルティ料率をライセンシーに課すことの正当性について疑義がある。

➢ ライセンス対象権利が無効であると判断された場合などにおいても、当該判断の前と同じロイヤルティ料率をライセンシーに課すためには、当事者がそのような可能性を考慮したうえでライセンス料を定めたといえることがのぞましい。

検討のポイント

ライセンス対象権利が失効するといっても、その原因もさまざまである。

まず、ライセンス対象権利が、有効期間を満了したことによってその効力を失う場合がある。たとえば、特許権についてみると、当該有効期間は、原則として、当該特許権が出願された日から20年[19]である。この場合、ライセンシーは、当該期間満了後は、当該ライセンス料の支払い義務を負わないとされる[20]。ライセンサーが有効期間満了後もなおライセンシーからライセンス料を徴収することは、特許権の濫用とも評価されうるのである[21]。

次に、ライセンス対象権利がライセンス契約締結時には予見できない事情によってその効力を失う場合もある。たとえば、当該特許権が無効であると判断された場合、または、ライセンス対象権利は特許出願中のものであったところ、結局当該出願が認められなかった場合などである。これらの場合においては、両当事者が当該失効に関するリスクをふまえてライセンス料を設定しているといえるならば、ライセンシーは、当該ライ

---

[19] 35 USC 154(a)(2). ただし、1995年6月8日以前の特許権については当該特許権が付与されたときから17年である。

[20] *See* Brulotte v. Thys Co., 379 U.S. 29, 32 (1964)（有効期間を満了した特許権との関係において、ライセンサーによる、当該期間満了後もなお〈ライセンシーに〉ライセンス料の支払いを義務付けるようなライセンス契約の取り扱いは当然に違法であるとした）("We conclude that a patentee's use of a royalty agreement that projects beyond the expiration date of the patent is unlawful *per se*.").

[21] *See id.* 33 ("But to use that leverage to project those royalty payments beyond the life of the patent is analogous to an effort to enlarge the monopoly of the patent by tieing the sale or use of the patented article to the purchase or use of unpatented ones.").

センス料の支払い義務を継続的に負うといえる[22]。具体的には、あるライセンス対象権利が失効した場合などにおいては当該ライセンス料が減額される旨をライセンス契約に規定している場合などである[23]。

　したがって、ロイヤルティ条項においては、当該ライセンスの対象となる権利を明示したうえで、当該ライセンス対象権利の一部が失効した場合におけるライセンス料の取り扱いに関する規定を置くことが考えられる。【3-4-A】【3-4-B】

　また、ライセンシーから、「当該権利の一部の失効は契約締結時の想定を超えている」などといった主張を受けることを回避する意味で、「当該ライセンス契約におけるライセンス対象権利の設定は両当事者の合意によるものであって、ライセンス契約の存続およびライセンス料について影響を及ぼさない」といった趣旨の規定を設けることも考えられる[24]。【3-4-C】

サンプル条文

【3-4-A】ライセンス対象特許権のすべてが失効したような場合においては、ロイヤルティは、ライセンス対象ノウハウに関する料率に変更されるものとする。

In the event that: (a) all issued claims within Licensed Patents are judicially held invalid or unenforceable; and (b) no claims within Licensed Patents are still pending in any application; and (c) all applicable appeals have run; then <u>thereafter the license shall be one to Licensed Know How only and the royalty rate</u> under Section 3.1 (b) and	（a）ライセンス対象特許権のすべてについて司法上無効または執行力がないと判断された場合で、（b）ライセンス対象特許権について出願手続の最中であるものもない場合で、かつ、（c）（当該司法の判断に関する）すべての上訴手段が尽きた場合、ライセンスはライセンス対象ノウハウについてのみ行われるものと理解される。結果として、以降の（すな

[22] Aronson v. Quick Point Pencil, Co., 440 U.S. 257 (1979)（Aronson 氏が特許権申請中であったキー・ホルダーの形状に関して、Quick 社に、当該形状を用いたキー・ホルダーの独占的な製造・販売権を付与した契約に関する事案。当該契約におけるロイヤルティについては、当該キー・ホルダーの販売価格の 5％とされていたものの、5 年内に当該特許権が取得できない場合においては、ロイヤルティ料率は 2.5％となることも規定されていた。結果として、当該形状は特許権として認められなかったものの、Quick 社は 2.5％のロイヤルティの支払いを継続していた。しかし、そののち、Quick 社は、競争事業者との競争が激化したことなどを理由として、当該契約は執行不可能であって、ロイヤルティ支払い義務はないと主張したうえで訴訟を提起した。連邦最高裁判所は、当該契約は特許出願中の発明に基づいた交渉の結果成立した契約であって、当該契約およびロイヤルティに関する規定を有効であるとした）。

[23] CANNADY, *supra* note 2, at 206.

[24] *Id*. at 207.

| (c) shall, <u>from that point forward (but not retroactively)</u>, be the Licensed Know How rate. | わち遡及することなしに）3.1（b）および（c）条におけるライセンス料は<u>ライセンス対象ノウハウに関する料率</u>によるものとする。 |

【3-4-B】 ライセンス対象特許権の一部が失効したような場合、ライセンシーは、ロイヤルティの減額またはライセンス契約の終了を選択できるものとする。

| With respect to the Licensed Patents, Licensee shall pay royalties as set forth in the Royalty Schedule at Schedule A to this Agreement. <u>If one or more of the Licensed Patents is invalidated by the judgment of a court in the United States, Licensee will have the option</u> of paying the reduced royalties set forth in the Royalty Schedule or terminating this Agreement and all rights to the Licensed Patents therein. | ライセンス対象特許権に関して、ライセンシーは、本契約のスケジュールAにおけるロイヤルティ表に定めるロイヤルティを支払わなければならない。<u>仮に、ひとつもしくはそれ以上のライセンス対象特許権についてアメリカの裁判所における判決によって無効であるとされた場合、ライセンシーは、</u>ロイヤルティ表に定める減額されたロイヤルティを支払う、または、本契約ならびに本契約におけるライセンス対象特許権についてのすべての権利を終了させることを<u>選択することができる</u>。 |

【3-4-C】 ライセンス料の設定は両当事者の合意によるものであって、ライセンス対象権利の失効などは、ライセンス契約の解除事由とならないものとする。

| In this License Agreement, the Parties have bargained for a license to a bundle of Licensed Patents in order to make, have made, use, sell, offer for sale, and import the Licensed Products. The consideration for such license is based on the best assessment of the Parties at the time of execution of this Agreement. <u>The Parties agree that any expiration, invalidation or other termination of any particular Licensed Patents will not be cause for termination or breach of this Agreement</u>. | 本契約において、両当事者は、ライセンス対象製品の製造、製造委託、使用、販売、販売の申し入れ、および輸入のためにライセンス対象特許権をまとめてライセンスする取引を行った。当該ライセンスのための対価は、本契約締結時における両当事者の最善の判断に基づいている。両当事者は、ライセンス対象特許権のうちいずれの特許権についてであろうとも、<u>いかなる期間満了、無効、もしくはその他の解除も本契約の解除または違反の原因とはならないこと</u>に合意する。 |

3-5	ライセンス対象権利の無効性が確認された場合、ライセンシーの支払い済みライセンス料についてはどのように取り扱うべきか。

実務上の対応

➤ライセンス対象権利が無効であるとされた場合における支払い済みのライセンス料の取り扱いについては、その返金を認めるかどうかという点が争点となりうる。

➤そこで、当事者としては、支払い済みライセンス料の返金を認めるかどうかについて定めておくことが紛争防止につながる。

➤たとえば、頭金を含む支払い済みライセンス料については返金しないものとする一方、その後のロイヤルティについては減額するといったものが考えられる。

検討のポイント

　ライセンシーからライセンサーにライセンス料がいったん支払われると、ライセンサーとしては終局的に自己のものであるとの合理的期待のもとで当該金銭を取り扱うのが通常であろう。一方で、ライセンシーとしては、当該金銭の返還を求めたい事情が生じる場合もある。当該事情としては、たとえば、ライセンス料の計算に誤りがあった場合が挙げられるが、特に問題となってきたのは、ライセンス対象権利が無効であると判明した場合などにおける取り扱いである[25]。

　この点、ライセンシーによる支払い済みのライセンス料については、ライセンス対象権利が無効であるとの判断があったとしても、ライセンサーは当該ライセンス料の返還義務を負わないとした事案がある[26]。当該事案はライセンス対象権利の無効が当該ライセンス契約書外の第三者によって提起された手続に起因するところ、ライセンシー自身は（自ら無効確認の訴えを起こす、または、当該第三者の手続に参加するといった）格

---

[25] この点は、ライセンス契約におけるライセンス料の支払いが特定の権利と関連付けられている場合において特に問題となる。*See e.g.*, Miotox LLC v. Allergan, Inc., 2015 U.S. Dist. LEXIS 58896 (C.D. Cal. 2015)（ライセンサーがライセンシーに対して、片頭痛の治療技術に関するライセンス契約に基づき、ライセンス料の支払いを求める訴訟を提起したところ、ライセンシーはライセンス対象特許権の無効性に関する反訴を提起したため、ライセンサーが当該反訴の却下を求めた事案。カリフォルニア州中央地区連邦地方裁判所は、「ライセンス対象製品」とは「ライセンス対象特許権を実施している製品」であると定義されていることから、当該特許権の有効性に関する判断はライセンサーの請求の可否を判断するうえでも必要であるとして、ライセンサーによるライセンシーの反訴の却下の申立てを退けた）。

[26] Troxel Mfg. Co. v. Schwinn Bicycle Co., 465 F.2d 1253 (6th Cir. 1972).

別の行動もとらなかったことを重視したほか、実質的にはライセンシーは当該ライセンス料をその顧客に転嫁しているから、ライセンサーに当該ライセンス料を返還する義務を負わせる必要性も乏しいとしたのである[27]。

　これに対して、ライセンサーに、ライセンシーによる支払い済みライセンス料の返還義務を負わせた事案もある[28]。当該事案においては、ライセンス対象権利の無効確認の訴え自体をライセンシーが提起しており、また、ライセンス料の支払いもライセンシーが当該無効確認の訴えの係属中に裁判所の命令のもとで暫定的に行ったものであることを考慮したのである[29]。

　このように、ライセンス対象権利が無効となった場合においては、当該ライセンス料の返還に関する紛争も生じうるから、それを避ける趣旨で、当該ライセンス料の返金を否定する条項を設けることもある。【3-5-A】このようなライセンス料の返金の否定は、特に、頭金（initial fee または up-front fee）に関して定められることが多いように思われる。

　これに対して、ロイヤルティとの関係については、たとえば、無効に関する判断以降は、ロイヤルティ料率を（低いものに）変更するといったことも考えられる。【3-5-B】

アドバンスド

3-5-X　ライセンサーは、ライセンス対象権利の無効性について、ライセンシーが争わないよう義務付けることが可能か。

　ライセンス対象権利が無効であると判断された場合に備える趣旨で、そのような事情が生じた場合におけるロイヤルティに関する規定をおくことのほか、ライセンサーは、ライセンシーとの間で紛争が生じないよう、さらなる手当てを試みたいところである。

　従来、当該手当ては、ライセンシーの禁反言の理論（doctrine of licensee estoppel）によって代替できるとも考えられた。当該理論は、ライセンシーがライセンス対象権利のライセンスを受けるという選択をしたという経緯をふまえ、以降、ライセンシーが当該ライセンス対象権利について無効であると主張することは認められないとする[30]。

　しかし、一方で連邦政府においては、無効な特許権に関する技術などについては完全かつ自由な利用を公衆に認めたいという強い意向があり（そして、当該特許権に関して

---

[27] *Id*. at 1259-60.

[28] Broadcom Corp. v. Qualcomm Inc., 585 F.Supp. 2d 1187 (C.D. Cal. 2008).

[29] *Id*. at 1193-94.

[30] STEPHEN M. MCJOHON, INTELLECTUAL PROPERTY 322 (fifth ed. 2015).

十分な知見を有するライセンシーに当該無効性に関する主張を認めることは当該意向に沿うものであるから）、現在においては、ライセンシーの禁反言の理論に基づいて、ライセンシーによるライセンス対象権利の無効に関する主張を妨げることは認められないのが原則である[31]。そして、このような考え方は、ライセンシーが当該ライセンス契約を解除することなく、ライセンス料の支払いを継続中に、当該権利の無効性を争った場合にも妥当するとされる[32]。

　そこで、ライセンサーとしては、ライセンサーによる当該権利の無効に関する主張を契約によって具体的に手当てしたいところであり、その代表格として不争条項（No Challenge Clause などという）が挙げられる[33]。

　この点、不争条項とは、ライセンシーが、ライセンサーに対して、ライセンス対象権利の無効性について争わないことを確約する条項をいう。不争条項は、大きく2種類に分類でき[34]、ライセンス契約において、それらは次のように機能する。

　ひとつは、ライセンシーによるライセンス対象権利の無効性に関する主張を直接的に制約するものである。【3-5-C】もっとも、ライセンシーが不争条項に反してライセンス対象権利の無効性を主張することを事実上も妨げることまではできないから、そのような場合に備えるべく、不争条項違反に関するライセンサーの救済手段（たとえば、損害賠償の予定〈liquidated damages〉を設定する）を定めることも検討に値する[35]。

---

[31] Lear v. Adkins, 395 U.S. 653 (1969).

[32] MedImmune, Inc. v. Genentech, Inc., 549 U.S. 118 (2007)（ヒト抗体の製造のために細胞株を活用するプロセスに関して、MedImmune 社は Genentech 社との間で特許権のライセンス契約を締結のうえ、ライセンス料を継続的に支払っていたが、当該契約期間内において、並行して、ライセンス対象特許権の無効および執行力の欠缺を主張した事案。連邦最高裁判所は、ライセンス料の支払いを継続していること自体をもっては、ライセンス対象権利の無効性を主張しないことの確約であると解釈することはできないとした。ただし、当該事案においては、ライセンス契約に不争条項の定めはないことから、ライセンス契約に不争条項が含まれている場合については当該判決の射程の範囲外であると評価されている）; *see also* CANNADY, *supra* note 2, at 188.

[33] MedImmune 事件を受けて、ライセンサーは、不争条項をライセンス契約に追加し始めたと紹介するものもある。*See* Jessamyn Berniker, *Licensing tips from a patent litigator* (Feb. 21, 2017), https://www.lifesciencesipreview.com/article/licensing-tips-from-a-patent-litigator.

[34] Thomas K. Cheng, *Antitrust Treatment of No Challenge Clauses*, 5, NYU J. OF INTELL. PROP. AND ENT. L., 439, 441-44 (Spring 2016), https://jipel.law.nyu.edu/wp-content/uploads/2016/06/NYU_JIPEL_Vol-5-No-2_5_Cheng_AntitrustTreatmentNoChallengeClause.pdf.

[35] *But see e.g.*, Rates Technology, Inc. v. Speakeasy, Inc., 568 U.S. 1122 (2013), *certi denied*（「ライセンシーがライセンサーの有する特許権について無効性を主張をした場合には $12 million〈および当該金員を回収するためにライセンサーの要するすべての弁護士費用〉の損害賠償を行う」との規定について、その執行力が争いとなった事案〈もっとも、裁判所は当該事案との関係において当該判断は必要ないとした〉）。

　もうひとつは、たとえば、ライセンシーが無効性に関する主張を行った場合はライセンサーに当該ライセンス契約の解除権が生じるといった[36]、ライセンシーによるライセンス対象権利の無効性に関する主張を間接的に制約するものである。【3-5-D】

　なお、不争条項と類似するものとして、不主張条項（Non-assertion Clause）がある。不主張条項は、一方当事者が他方当事者に自己の知的財産権の侵害に関する主張を行わないとの確約を行うものであり[37]、ライセンス契約においては、ライセンシーがライセンサーに当該確約を提供する形式が見受けられうる。【3-5-E】【3-5-F】

　ただし、不争条項および不主張条項については、独占禁止法上の課題があることの認識は欠かせない[38]。この点をふまえて、そもそも、不争条項などを定めることは回避すべきとの見解もある[39]。

---

[36] このような条項を特に防御的解除条項（Defensive Termination Clause）などと呼称する。*See* CANNADY, *supra* note 2, at 187. *See also* 12 − 4『ライセンシーがライセンス対象権利の有効性に関する争いを提起した場合において、ライセンサーにライセンス契約の解除権を認めることは可能か』

[37] *See* U.S. Dep't of Justice and the F.T.C., *Antitrust Enforcement and Intellectual Property Rights: Promoting Innovation and Competition* (Apr. 2007), ch. 4, II. NON-ASSERTION CLAUSE, https://www.justice.gov/atr/antitrust-enforcement-and-intellectual-property-rights-promoting-innovation-and-competition.

[38] アメリカにおいては、不争条項について独占禁止法上の問題が指摘された事案は確認されていない。Cheng, *supra* note 34, at 447-48. アメリカにおいても、不争条項の執行力を否定する裁判例は見受けられるが、それは特許権の無効性の発見による利益は、当該紛争に関する訴訟の取り扱いなどに伴う費用・労力などのもたらす不利益を上回り、公共の福祉にかなうものであるから、妨げられるべきでないといったことを根拠とするのである。Michal S. Gal & Alan D. Miller, *Patent Challenge Clauses: A New Antitrust Offense?*, 102 IOWA L. REV. 1477, 1477 (2017); *e.g.*, Rates Tech., Inc. v. Speakeasy, Inc., 437 Fed. Appx 940, n.8 (Fed. Cir. 2011). これに対して、ヨーロッパ連合においては、独占禁止法上の課題があるとして、実務上、不争条項の設定を回避する傾向にある。中国においては、自国の企業がライセンシーの立場にあることが依然として多いといったことなどをふまえた政策的な判断もあり、不争条項は当然違法（per se illegal）として取り扱われる。Cheng, *supra* note 34, at 448-49. 不主張条項については、独占禁止法上の問題を生じるものと判断する国もある。*See e.g.*, 公取委審判審決平成 20 年 9 月 16 日審決集 55 巻 380 頁〔マイクロソフト非係争条項事件〕（Microsoft Corporation が、自社のソフトウェアの販売事業者から、当該ソフトウェアによる特許権侵害に基づく訴訟を提起しないことの確約をとりつけていた事案。当該行為は、市場における公正な競争秩序に悪影響を及ぼすおそれを有するものであり、公正競争阻害性を有し、不公正な取引方法に該当すると判断した）。アメリカにおいては、不主張条項は、非独占的クロス・ライセンス契約と同様の機能を有し、（当事者間における）訴訟を回避できるといった利益は認められるものの、両当事者による市場の独占などを意図した（長期にわたったり、または、不主張の対象権利が無制限であったりするような）広範囲な不主張条項については、独占禁止法上の懸念もあるとの見解も見受けられる。*See* U.S. Dep't of Justice, *supra* note 37.

[39] *See* CANNADY, *supra* note 2, at 189.

サンプル条文

【3-5-A】 ライセンス契約に基づいて支払われた金員については、一律に返金は認められないものとする。

All amounts paid to Licensor by Licensee under this Agreement <u>shall be non-refundable</u>.	本契約に基づいてライセンシーからライセンサーに支払われたすべての金員については、<u>返金は認められない</u>。

【3-5-B】 ライセンス対象特許権が無効であるなどと判断された場合、ライセンシーは、ロイヤルティの減額、または、ライセンス契約の解除を選択できるものの、ライセンス料の返還は請求できないものとする。

If a part of the Licensed Patents is held by a court of competent jurisdiction to be invalid or otherwise unenforceable, <u>Licensee will have the option of paying the reduced royalties set forth in the Schedule A, or terminating this Agreement</u>. However, <u>Licensee shall not be entitled to claim refund the payment previously made to Licensor</u> prior to the date of the judgment.	仮にライセンス対象特許権の一部について、管轄裁判所によって無効またはその他効力がないものと判断された場合、<u>ライセンシーは、スケジュールAに定める減額されたロイヤルティの支払い、または、本契約の解除を選択することができる</u>。ただし、<u>ライセンシーは、当該判断の以前までに行ったライセンサーへの支払い金額の返金を求める権利は有さない</u>。

【3-5-C】 不争条項：　ライセンシーは、ライセンス対象特許権の有効性について争わないものとする。

<u>Licensee shall not challenge</u> or cause any third party to challenge the validity or enforceability of the Licensed Patents.	ライセンシーは、自己または第三者をして、ライセンス対象特許権の有効性もしくは執行力について<u>争わない</u>。

【3-5-D】 不争条項（防御的解除条項）：　ライセンシーがライセンス対象特許権の有効性に関して争う場合、ライセンサーは当該ライセンス契約を解除しうるものとする。

In the event that Licensee commences	ライセンシーがライセンス対象特許権の有効

legal action to challenge the validity of the Licensed Patents, <u>Licensor has the right to terminate this Agreement</u>.	性に関する司法手続を開始した場合、<u>ライセンサーは当該ライセンス契約を解除することができる</u>。

【3-5-E】不主張条項：　ライセンシーは、ライセンス対象製品に関してライセンシーが有する知的財産権に関する主張をライセンサーに対して行わないものとする。

During and after the term of this Agreement, <u>Licensee shall not assert</u>, nor shall Licensee authorize, assist, or encourage any third party to assert, against Licensor, its board members, officers, employees and its affiliates, <u>any patent infringement or other intellectual property infringement claim regarding any Licensed Products</u>.	本契約の期間中および終了後、<u>ライセンシーは</u>、ライセンサー、その取締役、執行役、従業員、および関連会社に対して、<u>ライセンス対象製品に関する特許権侵害またはその他の知的財産権侵害を主張せず</u>、かつ、いかなる第三者へも当該主張を承認、補助、または助長しない。

【3-5-F】不主張条項：　ライセンサーは、標準必須特許に関してライセンシーがライセンサーに対する主張を行った場合、ライセンス契約を解除できる場合があるものとする。

<u>Should Licensee sue Licensor</u> or its Affiliates <u>for an alleged infringement of any Standard Essential Patent, Licensor shall be entitled to terminate this Agreement</u> if Licensor or its Affiliates previously made a good faith request to Licensee for a license under such Essential Patent on fair, reasonable and non-discriminatory terms. For purposes of this Agreement, "Standard Essential Patent" means as applied to a patent or patent application owned by Licensee that it is not possible on technical (but not commercial) grounds, taking into account normal technical practice and the state of the art generally available to make, have made, use, sell, offer to sell, or import the products which comply with a standard or widely accepted	万が一<u>ライセンシーがライセンサー</u>またはその関係会社に対して<u>標準必須特許の侵害の疑いに関する訴訟を提起した場合</u>、ライセンサーまたはその関係会社がライセンシーに当該特許権に関して公平・合理的・非差別的条件によるライセンスの誠実な申し出を行っていることを条件として、<u>ライセンサーは本契約を解除する権利を有するものとする</u>。本契約において、「標準必須特許」とは、通常の技術の実践および公知の技術水準をもって、当該特許権または特許出願の内容を侵害することなしに、標準または広く受け容れられている仕様に従った製品の製造、製造委託、使用、販売、販売の申し入れ、もしくは輸入を行うことを、技術的に（商業的にではなく）不可能とするライセンシーの有する特許権もしくは特許出願をいう。

| specifications without infringing that patent or patent application. | |

第4章

ロイヤルティ報告・監査・支払い

Reports, Audits, and Payments

イントロダクション

　ライセンスの対価となるロイヤルティについては、ライセンシーは、ライセンサーにその金額の算定に関する情報をロイヤルティ報告書として提供することが通常といえる。また、ライセンサーは、当該ロイヤルティ金額の算定の正確性を検証するべく、監査を実施する場合もある。

　第4章においては、ロイヤルティ報告書の記載事項（4－1）および監査に関する条件の設定（4－2）について紹介するほか、ライセンス料の支払いにあたって配慮すべき事項（4－3）についてもふれる。

4-1　ロイヤルティ報告書の記載事項としては、何を含めるべきか。

実務上の対応

➢ロイヤルティ報告書においては、ロイヤルティの算定に必要となる情報を含むことになるが、あらかじめ、当該情報の内容について合意しておく、または、ロイヤルティ報告書の書式自体について合意しておくといったことが考えられる。

➢両当事者の業務の円滑性を図る趣旨からも、ロイヤルティの支払いがない場合においても、ロイヤルティ報告書自体は提出するようにしておくことがのぞましい。

検討のポイント

　ロイヤルティ報告条項は、ライセンシーにロイヤルティ金額およびその根拠となる情報の提供を義務付けることにより、ライセンサーに、当該金額の正確性に関する確認の機会を確保するものである。

　ライセンシーとしては、ロイヤルティ報告書がライセンサーにとって必要かつ正確な情報を含むよう配慮することがのぞましい。そのような配慮は、ライセンス契約に基づく当事者の良好な関係の維持のほか、ライセンサーによる監査に伴う対応を容易にすることにもつながる（ひいては、そもそもライセンサーが当該監査の必要性を感じないことにもなりうる）。

　そこで、製品ロイヤルティの場合にはライセンス対象製品の販売数量、総売上高基準ロイヤルティの場合にはライセンス対象製品の販売数量および販売金額、総利益基準ロイヤルティの場合にはそれらに加えて売上原価、また、純利益基準ロイヤルティの場合においては税金など当該ライセンス契約において売上高から差し引くことが認められている諸経費に関する情報をライセンサーに提供することになる。【4-1-A】

　さて、ロイヤルティ報告に含まれるべき情報に関して、当事者間の認識の齟齬を予防する趣旨からは、ライセンス契約においてロイヤリティ報告書に含むべき情報を列挙する、または、ロイヤルティ報告書のモデル書式を添付する[1]といった対応が考えられる。【4-1-B】

　また、当事者間でライセンス対象製品の販売状況に関する理解を共有する趣旨からも、ロイヤルティの支払いがない場合においてもロイヤルティ報告自体は行うものとす

---

[1] *See* Cynthia Cannady, Technology Licensing And Development Agreements 161 (2013 ed.).

ることが適当と思われる。【4-1-B】

クイック・リファレンス

【ロイヤルティ報告書に含むべき情報の例】

ロイヤルティ算定基準	（ライセンス対象製品に関して）提供すべき情報
数量（Units）	販売数量
総売上高（Gross Sales）	販売数量／販売金額
総利益（Gross Profits）	販売数量／販売金額／販売原価
純利益（Net Profits）	販売数量／販売金額／販売原価／営業費用／税金

サンプル条文

【4-1-A】定義条項：「純利益」を定義する。

"Net Profits" means the amount billed or invoiced on sales, rental, lease, or use, however characterized, by Licensee and Sublicensees for the Licensed Products, less (a) discounts allowed in amounts customary in the trade; (b) outbound transportation prepaid or allowed; (c) amounts refunded or credited on returns; (d) costs of materials and utilities related to production; (e) operating expenses, including costs like rent, depreciation, and employee salaries; and (f) sales tax, tariffs, duties and use tax included in bills or invoices with reference to particular sales and actually paid by Licensee to a governmental unit.	「純利益」とは、ライセンシーまたはサブライセンシーがライセンス対象製品の販売、期間の定めのない貸与、有期の貸与、もしくは使用に関して発行した明細書または請求書の金額から、（a）当該取引の慣習として割り引くことが認められている金額；（b）ライセンス対象製品の発送費用の前払い金額もしくは負担金額；（c）返品に伴う返金済み金額または返金予定金額；（d）製造に関係する材料費および光熱費；（e）賃料、減価償却費用、および給与のような経費を含む営業費用；ならびに（f）消費税、関税、輸入関税、または使用税のうち、特定のライセンス対象製品の販売に際して明細書もしくは請求書に記載されたもので、かつ、ライセンシーが政府機関に実際に支払った金額を差し引いたものをいう。

【4-1-B】純売上高基準におけるロイヤルティ報告書の提出を求める。

After the First Commercial Sale, Licensee	最初の市場販売が開始されて以降、ライセン

shall provide a quarterly report to Licensor within thirty (30) days after each Royalty Period closes (including the close of the Royalty Period immediately following any termination of this Agreement). The quarterly report shall include: (a) number of Licensed Products manufactured and sold by Licensee and all Sublicensees; (b) total billings for Licensed Products sold by Licensee and all Sublicensees; (c) deductions applicable as provided in the definition for Net Sales in Section 1.7; (d) any consideration due on additional payments from Sublicensees under Section 3.1(c); (e) total running royalties due; (f) names and addresses of all Sublicensees; and (g) the amount of all payments due, and the various calculations used to arrive at those amounts, including the quantity, description, country of manufacture and country of sale of Licensed Products. If no payment is due, Licensee shall so report.

シーは、四半期報告書を、それぞれのロイヤルティ対象期間（本契約が終了した場合には、当該終了日の属するロイヤリティ対象期間を含む）が終了してから 30 日内に、ライセンサーに提供する。当該四半期報告書には、（a）ライセンシーおよびすべてのサブライセンシーによって製造・販売されたライセンス対象製品の数量；（b）ライセンシーおよびすべてのサブライセンシーによるライセンス対象製品の販売金額；（c）本契約 1.7 条に定める純売上高の定義に沿って控除した金額；（d）本契約 3.1（c）条に定めるサブライセンシーからのその他の支払いを受領した場合には当該金額；（e）ランニング・ロイヤルティの総額；（f）すべてのサブライセンシーの名称および住所；ならびに（g）すべての未払い金額、ならびに、ライセンス対象製品の数量、説明、製造国、および販売国を含むそれら金額に至った計算を含むものとする。ライセンシーがライセンサーに支払う金額がない場合においてはその旨を報告する。

4-2	ロイヤルティ金額に関する監査については、どのような条件を設定すべきか。

問題の所在

➢ ライセンサーとしては、ライセンシーによるロイヤルティ報告に加えて、当該報告の正確性を検証できるよう、ロイヤルティ金額に関する監査の機会を設けたいところである。

➢ 当該監査については、実施の時期、監査の対象、および監査人などを定めることになる。

検討のポイント

（1）監査の実施時期

監査内容によるところもあるが、監査対応に関するライセンシーの負担をふまえると、監査の実施時期については、定期、または、個別に当事者間で設定した時期としておくことがのぞましい。

また、同様の観点から、監査をライセンシーの事業所において実施する場合には、その実施はライセンシーの営業時間内に限る旨を規定することも考えられる。【4-2-A】

さらに、ライセンシーとしては、いつまでもロイヤルティ報告に関する情報を保持する負担を負うことのないよう、ライセンサーの監査権の存続期間を制限すべきである[2]。【4-2-B】

（2）監査の対象

ライセンス対象製品に関する会計書類の確認といったものからライセンス対象製品の図面・サンプルの確認といったものまで、その範囲はいかようにも設定しうる。

この点、ライセンシーによるロイヤルティ報告が僅少である場合などにおいては、ライセンサーは、ライセンシーが本当にライセンス対象権利を活用していないのかどうかを実際に確認する必要も生じうるであろうし[3]、そのような監査はライセンシーの事業所

---

[2] Peter J. Kinsella, *Royalty and Payment Terms, Audits and Alternative Structures, in* 33rd Ann. Privacy & Tech. L. Inst,, Oct. 2018, ch. 11, at 19, https://www.gabar.org/membership/cle/upload/10038_33rd_Annual_Privacy_and_Technology_10-19-18-compressed.pdf（ライセンシーは、ライセンサーの監査権の存続期間について、2-3 年内に制限することを希望する場合が多いと紹介する）。

[3] CANNADY, *supra* note 1, at 161（ライセンサーは、ライセンシーから、「今後はライセンス対象権利を使用する見込みがない」といった連絡を受けた場合などにおいては、たとえばライセンシーの代替製品がライセンス対象権利を実施するものではないかどうかを確認する機会を確保すべきであるとする）。

に赴いて行うほうが効率的であるともいえる。

　したがって、監査の対象および方法については、ライセンシーの事業状況などと相関させて、その範囲を変えることも考えられる。

（3）監査人

　監査人を単にライセンサーの従業員とした場合には経理部門の者のほか、開発部門の者なども含みうるから、広範な監査の実行が可能となるであろう。一方、監査人を第三者の会計専門家とした場合にはロイヤルティ金額に関する詳細な検証が可能となるであろう。

　したがって、監査人についても、監査の対象をふまえたうえで選定するほうが適切といえる。

　なお、第三者の会計専門家などの起用は費用を伴うことになるからその取り扱いも課題となるが、ライセンサーの意向によって当該専門家を起用する場合などにおいては、ライセンサーが当該費用を負担することを原則としつつ、ライセンシーにより報告されたロイヤルティ金額と検証後のロイヤルティ金額の差が大きい場合については、ライセンシーが当該費用を負担するものとすることが実務上は多いと思われる。【4-2-B】

クイック・リファレンス

【ロイヤルティ報告の監査に関する検討事項・選択肢】

実施時期	監査対象	監査人
•ライセンサーの都合に応じていつでも •ライセンサーとライセンシーで合意した時期；または •ロイヤルティ報告に疑義があるとき	•会計書類 •顧客別の売上高 •ライセンス対象製品の原価構成；および／または •ライセンシーのライセンス対象製品以外の製品に関する図面・サンプル	•ライセンサーの従業員（経理部門） •ライセンサーの従業員（開発部門）；および／または •第三者である会計専門家

サンプル条文

【4-2-A】ロイヤルティ監査の実施時期・監査の対象・監査人について定める。

Licensor may notify Licensee of its intention to audit the records by either Licensor auditor(s) or an independent certified accountant selected by Licensor, for the purpose of verifying the amount of payments due. Licensee shall permit such audit its premises during business hours and shall cooperate fully by permitting Licensor to inspect the records containing all data reasonably required for the computation and verification of payments due under this Agreement.	ライセンサーは、ライセンシーによる支払い金額の検証を行うために、ライセンシーに、ライセンサーの監査人またはライセンサーの選任した独立した公認会計士によって、会計記録を調査する意思を通知する場合がある。ライセンシーは、事業時間内の事業所における調査に応じなければならず、また、本契約に基づく支払い金額の計算および検証のために合理的に必要となるすべてのデータを含む記録の調査に十分に協力するものとする。

【4-2-B】監査費用の負担に関する取り扱いを定める。

The terms of this Article shall survive any termination of this Agreement for the period of three (3) years. Licensor is responsible for all expenses of such audit, except that if any audit reveals an underpayment greater than five percent (5%) of the amounts due Licensor for any Royalty Period, then Licensee shall pay all expenses of that audit and the amount of the underpayment and interest to Licensor within twenty (20) days of written notice thereof.	本条における条件は、本契約が終了してからもなお3年間存続するものとする。ライセンサーは、当該監査に要する費用のすべてを負担する。ただし、当該監査の結果、当該ライセンス対象期間においてライセンサーに支払うべきであった金額よりも5%を超えて下回る金額しか支払いがされていないことが判明した場合、ライセンシーは、書面による通知を受領後20日内に、当該監査費用のすべて、ならびに、未払い金額および利息を支払わなければならない。

4-3	ライセンス料の支払い条項においては、どのような事項に配慮すべきか。

問題の所在

➤国際ライセンスにおいては、ライセンス料に関する二重課税の問題が生じかねないが、それは租税条約によって解決されうる。

➤そこで、ライセンサーは、租税条約の適用を受けられるよう、ライセンシーに所定の手続の履践を義務付けることが必要となる。

検討のポイント

　国際ライセンス契約においては、ライセンス料の支払い手続に関しても配慮を要する。すなわち、ライセンサーとライセンシーが異なる国に所在する場合、ライセンサーは、自己の受け取るライセンス料について、ライセンシーの所在する国における源泉地国課税とライセンサーの所在する国における居住地国課税という、二重課税の負担を被ることになりかねないのである。

　この点、アメリカは、68か国と条約（以下、「租税条約」という）を締結し、締結国間における二重課税の問題を排除している。これは日本との関係においても同様であり[4]、たとえば、ライセンシーの所在する国における源泉地国課税は免税とされる[5]。

　もっとも、租税条約の定める税率の適用は、所定の手続を経た場合にはじめて可能となる[6]。したがって、ライセンサーとしては、（源泉地国における手続に明るい）ライセンシーが当該手続を履践するよう定めておくべきであり、また、その場合、ライセン

---

[4] Convention for the Avoidance of Double Taxation and the Prevention of Fiscal Evasion with Respect to Taxes on Income, U.S.-Japan, Nov. 6, 2003, S. TREATY Doc. No. 108-14：所得に対する租税に関する二重課税の回避及び脱税の防止のための日本国政府とアメリカ合衆国政府の間の条約。

[5] *Id.* § 12.1（「一方の締結国内において生じ、他方の締結国の居住者が受益者である使用料に対しては、当該他方の締結国においてのみ租税を課することができる。」）．なお、「使用料」については、「…著作権、特許権、商標権、意匠、模型、図面、秘密方式若しくは秘密工程の使用若しくは使用の権利の対価として…受領されるすべての種類の支払金等をいう」と定義される。*Id.* § 12.2.

[6] 租税条約等の実施に伴う所得税法、法人税法及び地方税法の特例等に関する法律の施行に関する省令（昭和四十四年大蔵省・自治省令第一号）第2条, 第14条の2（ライセンサーは、最初にライセンス料の支払いを受ける日の前日までに、ライセンシーを経由してライセンシーの納税地の所轄税務署長に、租税条約に関する届出書を書面または電磁的方法により提出する必要がある）。

シーは、当該手続に必要となる情報がライセンサーから提供されるよう手当しておくべきである。【4-3-A】

【4-3-A】ライセンス料などに課される税金の免税手続などについては、ライセンシーが対応するものとしつつ、ライセンサーにも一定の協力義務を課す。

Each Party shall be solely responsible for the payment of any and all taxes levied on its income arising directly or indirectly under this Agreement. <u>The Parties will make a reasonable effort to take advantage of any available exemption or applicable taxation treaty to obtain the lowest tax rate under applicable laws.</u> If applicable laws require that taxes be deducted and withheld from a payment made by Licensee to Licensor, <u>Licensee shall (i) deduct those taxes from the payment; (ii) pay the taxes to the proper taxing authority; and (iii) send evidence of the obligation together with proof of payment to Licensor within sixty (60) days following that payment.</u>	各当事者は、本契約に基づき、直接的または間接的に生じる収入に課せられるすべての税金について、単独で責任をもって対応するものとする。<u>両当事者は、適用法における最低税率が適用されるよう、適用されうる免税措置または租税条約のいかなるものも活用できるよう、合理的な努力を尽くす。</u>適用法がライセンシーからライセンサーに行われる支払いからの税額の控除または留保を要求している場合、ライセンシーは、(i) 当該支払いから税額を控除し；(ii) 適切な税務当局に税金を支払い；かつ (iii) 当該税金の支払いから 60 日内に、当該税金に関する義務を示す証拠と当該税金の支払いに関する証票をライセンサーに送付する。

第**5**章

開発に関する専念義務

Diligent Developments

イントロダクション

　ライセンス対象権利の侵害に関する和解契約としてのライセンス契約を締結したような場合でない限り、ライセンス契約を締結したとしても、ライセンシーが、ライセンス対象製品の開発を直ちに完了し、市場における販売とそれに相応するランニング・ロイヤルティの支払いを開始するといったことは想定しがたい。

　そこで、第5章においては、ライセンス契約の締結からランニング・ロイヤルティの支払いの開始に至るまでの期間に関する対処について紹介する（5－1）（5－1－X）。

| 5-1 | ライセンス対象製品が未完成である場合においては、どのような事項に配慮すべきか。 |

実務上の対応

➤ライセンサーは、ライセンシーによるライセンス対象製品の開発が進まないことによってロイヤルティ収入を得る機会を失うことのないよう、当該開発の進捗に関する報告を受けられるようにしておくべきである。

➤さらに、当該開発の進捗によっては、ライセンサーがライセンス契約の解除権を行使できるようにしておくことも検討に値する。

検討のポイント

　ライセンス契約の締結時においては、ライセンス対象製品はいまだ開発途中であるといったことも十分に想定できるところ、ライセンサーとしては、当該開発が遅滞することなどによって、いつまでもロイヤルティ収入が期待できないといった状況を予防する必要がある。

　そこで、まず、ライセンシーによるライセンス対象製品に関する開発の進捗について、報告を受けられるように手当てしておくことがのぞましい。【5-1-A】

　さらに、たとえば、ライセンシーによる開発活動が合理的な理由もなしに滞っているような場合においては、ライセンサーに、ライセンス契約の解除権を確保しておくことも考えられる。【5-1-B】

　これらは、ライセンサーのロイヤルティ収入がもっぱらライセンシーに依存することになる独占的ライセンス契約の場合においては特に重要となる。

アドバンスド

| 5-1-X | 開発行為は特許権侵害を構成するか。 |

　格別の権利を有さない者が、あるアメリカの特許権の有効期間内に、アメリカ国内において、特許権の対象である発明の作成、使用、販売の申し入れ、販売、または輸入を行った場合、当該行為は当該特許権の侵害を構成するとされる[1]。

---

[1] 35 U.S.C. § 271.

したがって、研究・開発に際して特許権の対象となる製品または特許権の対象となるプロセスを用いた実験を実施することも、特許権侵害を構成することになるのが原則であり[2]、その例外は、先例または制定法において認められる場合に限られる[3]。

まず、先例においては、特許権は第三者による哲学的探究または当該特許権の効用の確認を行うことまでを排除する趣旨ではないとし[4]、もっぱら、哲学的な趣向もしくは好奇心を満足させるため、または、単なる娯楽として、特許権を活用した実験を行うことは当該特許権の侵害を構成しないとする[5]。

もっとも、当該実験が商業的性質を帯びている場合には、もはや先例における例外に該当するとはされず[6]、それは、当該実験の成果である製品の販売などを行っていないとしても変わらない[7]。したがって、実務上、当該例外の適用を主張できる場面はそれほど多くないといえる。

次に、制定法[8]においては、もっぱら薬剤など[9]の製造などを規制する連邦法を遵守するために必要となる開発および情報の提供に合理的に関連する特許権の利用行為は当該

[2] Alicia A. Russo and Jason Johnson, *Research Use Exemption to Patent Infringement for Drug Discovery and Development in the United States* (Feb. 2015), https://www.ncbi.nlm.nih.gov/pmc/articles/PMC4315915/.

[3] *Id.*

[4] *Id.* (citing Whitmore v. Cutter, 29 F. Cas. 1120, 1121 (C.C.D. Mass. 1813)).

[5] *Id.* (citing Poppenhusen v. Falke, 19 F. Cas. 1048, 1049 (C.C.S.D.N.Y. 1861)).

[6] Roche Prods. v. Bolar Pharm. Co., 733 F.2d 858, 863 (Fed. Cir. 1984) ("We cannot construe the experimental use rule so broadly as to allow a violation of the patent laws in the guise of 'scientific inquiry,' when that inquiry has definite, cognizable, and not insubstantial commercial purposes.").

[7] *See* Embrex, Inc. v. Service Engineering Corp., 216 F.3d 1343, 1349 (Fed. Cir. 2000) ("Just because SEC was unsuccessful in selling its machines does not confer infringement immunity upon SEC for its infringing acts."); *see also* Monsanto Co. v. E. I. DuPont de Nemours & Co., No. 09-CV-686 (E.D. Mo. Aug. 6, 2012) (DuPont 社が商業目的で行った製品開発について、Monsanto 社が当該活動は自己の特許権を侵害していると主張した事案。ミズーリ州東地区連邦地方裁判所は、当該活動には、一定の行為に関して特許権侵害に伴う責任を免責するアメリカ特許法の規定〈35 U.S.C. § 271(e)(1)〉〈以下、「特許法 271 条」という〉の適用はないとしたうえで、DuPont 社に対して、Monsanto 社からのライセンスなしに行った当該活動に関する合理的なロイヤルティの支払いを命じた)。

[8] Drug Price Competition and Patent Term Restoration Act であり、35 U.S.C. § 271 (e)(1) などによって成文化されているところ、当該制定法の範囲においては、*Roche*, 733 F 2d 事件の判決は覆されたと評価される。*See* U.S. Pat. and Trademark Off. ("USPTO"), *2750 Patent Term Extension for Delays at other Agencies under 35 U.S.C. 156[R-10.2019]*, https://www.uspto.gov/web/offices/pac/mpep/s2750.html.

[9] ここにおける「薬剤など」には、医療機器なども含まれる。*See* Eli Lilly & Co. v. Medtronic, Inc., 496 U.S. 661 (1990) (Medtronic 社が心臓病治療向けの医療機器の試験・拡販活動を行っていたところ、Eli Lilly 社は、当該行為は Eli Lilly 社の有するアメリカ特許権を侵害するとして、当該行為の差し止めを求めた事案。連邦最高裁判所は、特許法 271 条は、医療機器についても適用があるとした)。

特許権の侵害を構成しないとする[10]。当該制定法の趣旨は、アメリカ食品医薬品局の認証を取得するまでに長期を要することをふまえ、特許権の有効期間中から、第三者によるジェネリック医薬品の開発行為を可能とすることなどにある[11]。

　これらからすると、開発行為についても特許権侵害に配慮すべき場面は少なくないといえる。したがって、他者の特許権を開発活動に活用する場合においては、当該開発の対象物を確認したうえで、当該特許権者から開発との関係におけるライセンスを得る、または、当該特許権者とライセンス対象製品に関するライセンス契約を締結し、当該契約内において、開発活動に関してはロイヤルティの対象外であることを明示しておくといったことも考えられる。【5-1-C】

サンプル条文

【5-1-A】ライセンシーによるライセンス対象製品の上市・販売活動に関する義務を設定する。

<u>Licensee shall use commercially reasonable efforts</u> (including, without limitation, commitment of funding and personnel) <u>to bring one or more Licensed Products to market to commercial use</u> through a thorough, vigorous and diligent program for exploiting the Licensed Patents and <u>to continue active and diligent marketing efforts for one or more Licensed Products</u> throughout the life of this Agreement.	ライセンシーは、ひとつ以上のライセンス対象製品を商業目的で<u>上市させる</u>ため、ライセンス対象特許権の活用に向けて、万全の、活発な、入念な計画をもっての、<u>商業上合理的な努力</u>（資金の拠出および人員の配置に関する責任を含むがこれらに限られない）<u>を尽くす</u>とともに、本契約の有効期間中を通じて、<u>ひとつ以上のライセンス対象製品の販売活動を、継続して、積極的かつ入念に行う努力を尽くさなければならない</u>。

---

[10] 35 U.S.C. § 271(e)(1) ("It shall not be an act of infringement to make, use, offer to sell, or sell within the United States or import into the United States a patented invention (other than a new animal drug or veterinary biological product (as those terms are used in the Federal Food, Drug, and Cosmetic Act and the Act of March 4, 1913) which is primarily manufactured using recombinant DNA, recombinant RNA, hybridoma technology, or other processes involving site specific genetic manipulation techniques) solely for uses reasonably related to the development and submission of information under a Federal law which regulates the manufacture, use, or sale of drugs or veterinary biological products.").

[11] *Eli Lilly & Co.*, 496 U.S., 670.

【5-1-B】ライセンシーによるライセンス対象製品の上市・販売活動が予定のとおりに進まない場合において、ライセンサーは、ライセンス契約の解除権を有するものとする。

If Licensee fails to meet any Milestone within sixty (60) days after the date specified in Section 5.3, Licensor may notify Licensee of this breach. <u>If Licensee does not achieve the Milestone within thirty (30) days of receipt of this notice, Licensor may terminate this Agreement.</u>	ライセンシーが、マイルストーンのいずれかについて、5.3 条において定める期日から 60 日内に達成できなかった場合、ライセンサーはライセンシーに当該違反の事実を指摘する場合がある。<u>ライセンシーが当該指摘を受けてから 30 日内になお当該マイルストーンを達成できない場合、ライセンサーは本契約を解除できる。</u>

【5-1-C】ライセンス対象製品の研究・開発活動については、（ライセンス対象製品の販売に関するロイヤルティの支払いに関する合意をもって）ロイヤルティの支払いが不要であるものとする。

In consideration of the payment of royalties and fees to Licensor by Licensee, <u>Licensor hereby waives, releases and agrees not to sue Licensee for any claim in connection with, arising out of, or in any way related to research and development activities</u> that Licensee undertakes to innovate and introduce Licensed Products.	ライセンシーがライセンサーに向けて支払うロイヤルティおよび費用の対価として、<u>ライセンサーは、ライセンス対象製品を革新し、市場に売り出すための研究および開発活動に関係する、生じる、または何らかの形で関連するライセンシーに対する請求をここに放棄し、免責し、かつ、ライセンシーに対する訴訟を提起しないことに合意する。</u>

第**6**章

サブライセンス権

Right to Sublicense

イントロダクション

　サブライセンス権は、ライセンシーが、ライセンサーから許諾を受けたライセンスを第三者（サブライセンシー）に実施させる権利である[1]。

　第6章においては、ライセンシーのサブライセンス権の付与に関する検討事項（*6 - 1*）、および、サブライセンス権を付与する場合における条件（*6 - 2*）を紹介しつつ、それらに付随するものとして、ライセンス契約にサブライセンス権に関する規定のない場合の取り扱い（*6 - 1 - X*）、および、ライセンス契約が解除された場合におけるサブライセンス契約の取り扱い（*6 - 2 - X*）についてもふれる。

　そのうえで、サブライセンス権と混同の生じやすいその他の権利との異同についても整理する（*6 - 3*）。

---

[1] *See* BLACK'S LAW DICTIONARY: POCKET EDITION 723 (4th ed. 2011).

6-1　ライセンサーは、いかなる場合にサブライセンス権を付与すべきか。

実務上の対応

➢ライセンサーにとって、ライセンシーにサブライセンス権を認めることの大きな課題のひとつは、サブライセンシーの選定をどのようにコントロールするかということである。

➢したがって、ライセンシーとしては、サブライセンス権を希望するライセンシーに対して、サブライセンシーの選定が適切に行われるような手当を要求することが考えられる。

➢独占的ライセンス契約の場合においては、ライセンサーとしても、ライセンシーにサブライセンス権を認める意義は特に高くなる。

検討のポイント

　ライセンサーは、サブライセンス権のもたらす利益または不利益を衡量のうえ、ライセンシーにサブライセンス権を付与するかどうかを判断することになるが、当該利益または不利益については、次のようなものが挙げられる。

　まず、ライセンサーの利益としては、（サブライセンサーの合意を条件とした）追加のロイヤルティ収入、ライセンス対象権利の普及、および、（自己がサブライセンシーに直接ライセンスした場合と比較した場合の）ライセンスの管理に関する負担の軽減などがある。また、ライセンシーの利益としては、ロイヤルティ収入のほか、当該ライセンス対象権利を活用したサブライセンシーとの協業可能性の拡大などがある[2]。

　これに対して、ライセンサーの不利益としては、サブライセンシーが自己にとって好ましくない者であった場合において受けるさまざまな影響が考えられる。もっとも、この点は、サブライセンス権の許諾条件として、ライセンサーがサブライセンシーの選定に関与できる旨を追加することによってある程度解消しうるから、当該手当が適切に行えた場合にはサブライセンス権を許容しやすくなるものと思われる。【6-1-A】

　なお、ライセンス契約が独占的ライセンス契約である場合においては、ライセンサーはライセンス対象権利を他に活用する途はないわけであるから、サブライセンス権を許容する意義も高くなるといえる。

---

[2] Cynthia Cannady, Technology Licensing and Development Agreements 133-34 (2013 ed.).

アドバンスド

6-1-X	格別の規定のない場合、サブライセンス権についてはどのように取り扱われるか。

ライセンス契約において、ライセンシーにサブライセンス権を付与する旨の明示のない限り、サブライセンス権は認められない[3]。

また、サブライセンス権を付与する場合においても、ライセンサーとしては、ライセンス対象権利に関する管理の観点から、サブライセンシーおよびサブライセンス契約の内容などを把握したいと考える場合は少なくない。

そこで、ライセンシーがサブライセンス権を行使するに際しては、ライセンシーにそれらの内容を通知するよう要求することが考えられる[4]。【6-1-B】

サンプル条文

【6-1-A】ライセンス許諾条項： ライセンシーにサブライセンス権を付与するとしつつ、サブライセンスの付与にあたっては、ライセンサーの同意を得ることを義務付ける。

During the term of this Agreement, Licensor hereby grants and agrees to grant, to Licensee an irrevocable, non-exclusive, royalty-bearing license to use any Intellectual Property Right, to make, have made, use, sell, offer for sale and import the Licensed Products in the Territory and only in the Field of Use, with right to sub-license subject to	本契約の期間中、ライセンサーは、ライセンシーに、撤回不可能・非独占・ロイヤルティ支払い義務あり・サブライセンス可能（ただし、ライセンシーはサブライセンシーの身元をライセンサーに通知したうえで、ライセンサーの〈合理的判断のもとになされる〉同意を得る必要がある。なお、ライセンサーが当該申し入れに対する返答を5日内に行

---

[3] *E.g.*, Miller v. Glenn Miller Prods., 454 F.3d 975, 978 (9th Cir. 2006)（著作権および特許権については、ライセンサーの明示の許諾がなければサブライセンス権は認められないとのルールが確立しているほか、当該ルールは、商標権および肖像権についても及ぶとした）("In his well-reasoned opinion, District Judge A. Howard Matz ruled that a licensee of trademark and related publicity rights may not sublicense those rights to third parties without express permission from the original licensor . . . . We agree with this extension of the well-established 'sublicensing rule' from copyright and patent law to the licensing of trademark and related publicity rights such as occurred here, and with the district court's reasons for extending the rule").

[4] *See* Emily R Lowe and Morgan Oksana Dudkewitz, *Contract Corner: Drafting Sublicense Provisions in Intellectual Property Licenses* (July 12, 2019), Morgan, Lewis & Bockius LLP., https://www.morganlewis.com/blogs/sourcingatmorganlewis/2019/07/contract-corner-drafting-sublicense-provisions-in-intellectual-property-licenses.

the consent of Licensor, which consent shall not be unreasonably withheld after Licensor has been notified of the identity of the proposed sub-licensee. If Licensor does not respond to the request of Licensee within five (5) calendar days, the sub-license shall be deemed approved.	わない場合、サブライセンスに関する同意があったものとみなされる）との条件のもとで、ライセンス対象知的財産権を用いたうえで、ライセンス対象地域内かつライセンス対象分野内において、ライセンス対象製品を製造する、製造させる、使用する、販売する、販売の申し入れを行う、および輸入するといった権利をここに付与し、かつ、付与することに同意する。

【6-1-B】サブライセンス権を行使した場合には、ライセンサーにその内容を添えて通知を行うことを義務付ける。

Licensee shall notify Licensor in writing and shall send Licensor a copy of every sublicense agreement and each amendment thereto within thirty (30) days after their execution.	ライセンシーは、サブライセンス契約を締結した場合、当該締結から 30 日内に、ライセンサーにその旨を書面によって通知するとともに、当該サブライセンス契約および修正契約のコピーを送付する。

6-2	サブライセンス権を付与する場合、その条件はどのように定めるべきか。

実務上の対応

➤ライセンス契約に関する取り扱いに支障をきたすことのないよう、サブライセンス契約の条件は、ライセンス契約と整合したものとなるようにすべきである。

➤そこで、ライセンス契約においては、サブライセンス契約の条件についても指定しておくべきである。

検討のポイント

ライセンス契約とサブライセンス契約の間で離齬があると、サブライセンス契約を認めた結果として、ライセンス契約に関する取り扱いが複雑化することになってしまいかねない。

たとえば、ライセンシーが、ライセンス契約（ヘッド・ライセンス〈head license〉などと呼称される）においてライセンサーに対するロイヤルティ報告書の提出義務の負担に合意したにもかかわらず、サブライセンス契約においてサブライセンシーに同様の義務を課すことを怠ってしまうと、ヘッド・ライセンス契約におけるロイヤルティ報告書の提出義務を果たせなくなりかねないのである。

そこで、ライセンサーとしても、ライセンシーによる円滑な契約上の義務の履行を図るべく、サブライセンス契約の条件は（ロイヤルティ料率などを除けば）ライセンス契約の条件と実質的に同一となるよう要求したいところである。【6-2-A】

この点については、ライセンス契約にサブライセンス契約の書式を添付するなど、具体的にサブライセンス契約の条件を指定するような場合も見受けられる[5]。

アドバンスド

6-2-X	ライセンス契約が解除された場合、サブライセンス契約はどのように取り扱われるか。

ヘッド・ライセンス契約とサブライセンス契約の関係を考えるうえで注意を要するのが、ヘッド・ライセンス契約が解除された場合におけるサブライセンス契約の取り扱いである。

---

[5] CANNADY, *supra* note 1, at 135.

　この点、ヘッド・ライセンス契約が解除された場合におけるサブライセンス契約の帰趨については明確なルールが定まっておらず、当該ヘッド・ライセンス契約の解釈によるとされているから[6]、ヘッド・ライセンス契約においては、当該取り扱いについても明示しておくべきといえる[7]。【6-2-B】

サンプル条文

【6-2-A】 サブライセンス契約については、ライセンス契約と類似の内容とすることを義務付ける。

<u>Licensee shall</u> contemporaneously <u>certify to Licensor</u> in writing that each sublicense: (a)　<u>is consistent with the terms and conditions of this Agreement;</u> (b)　contains the Sublicensee's acknowledgment of the disclaimer of warranty and limitation on Licensor's liability, as provided by Article 9 below; and	ライセンシーは、同時に、<u>それぞれのサブライセンス契約が次の条件を満たすことを書面によって誓約する</u>： (a)　<u>本契約と条件が整合していること</u>； (b)　本契約 9 条において定める非保証およびライセンサーの責任の免除についてサブライセンサーの同意があること；ならびに

---

[6] *See* Fraunhofer-Gesellschaft Zur Förderung Der Angewandten Forschung E.V., v. Sirius XM Radio Inc., 940 F.3d 1372, 1380-81 (Fed. Cir. 2019)（Fraunhofer-Gesellschaft 社がライセンサーであり、WorldSpace International Network Inc.（以下、「WorldSpace 社」という）がライセンシー、Sirius 社がサブライセンシーであった事案。WorldSpace 社が倒産してから 6 年が経過した後に、Fraunhofer-Gesellschaft 社は Sirius 社に対して、ヘッド・ライセンスが終了したのであるから、Sirius 社によるライセンス対象特許権の実施は特許権侵害であるとの通知を行った。連邦巡回区控訴裁判所は、ヘッド・ライセンスが終了した場合においてサブライセンス権が自動的に存続するルールはないから、当該サブライセンス権の存続の有無については、ライセンス契約の解釈によって確認することになるとした）（"We first note that law does not provide for automatic survival of a sublicense. . . . In short, the survival of sublicensee's rights depends on the interpretation of the Master Agreement"）.

[7] 本論点については、ヨーロッパにおける取り扱いがさまざまであることも留意したい。たとえば、ドイツにおいては、サブライセンシーのサブライセンス権に向けた資本の投下という事実、および、ヘッド・ライセンス契約の解除というサブライセンシーの予見できない事情によって不利益を被らせることは酷であることを理由として、ヘッド・ライセンス契約が解除されたとしてもサブライセンス権は有効に存続するものとしている。そして、その場合、サブライセンシーのサブライセンス料の支払いは、以降、ヘッド・ライセンサーに向けて行われるべきであるとする。これに対して、イングランドにおいては、サブライセンス契約の解除または終了は、サブライセンス権の解除を伴うものとする。Luke Kempton and Peter Koch, *Does a sub-license continue after its head license terminates? A comparison of the German and UK positions* (July 8, 2012), Wragge & Co LLP., https://s3.amazonaws.com/documents.lexology.com/ f03087c2-0766-431f-bab6-1c75c4e6b1cb.pdf.

(c)　contains provisions under which the Sublicensee accepts duties at least equivalent to those accepted by the Licensee in the following Articles (the titles are for reference purposes only): 4.4 (duty to keep records); 9.4 (duty to avoid improper representations or responsibilities); 10.1 (duty to defend, hold harmless, and indemnify Licensor); 11 (duty to obtain and maintain insurance); 13.9 (duty to properly mark Licensed Products with patent notices); and 13.13 (duty to comply with applicable laws).	（c）本契約の次の条項と少なくとも同程度の義務をサブライセンシーが負う条項が含まれていること：4.4 条（記録の保管義務）；9.4 条（不適切な表明を行わず、かつ、不適切な責任を引き受けない義務）；10.1 条（ライセンサーを防御・免責・補償する義務）；11 条（保険の付保・維持に関する義務）；13.9 条（特許表示を適切に行う義務）；および 13.13 条（法令順守に関する義務）

【6-1-B】ライセンス契約が解除された場合には、サブライセンス契約も解除されるよう、サブライセンス契約に規定することを義務付ける。

<u>Each sublicense granted by Licensee under this Agreement shall provide for its termination upon termination of this Agreement</u> unless Licensee has previously assigned its rights and obligations under the sublicense to Licensor and Licensor has agreed at Licensor's sole discretion in writing to such assignment.	本契約に基づいてライセンシーによって許諾されるサブライセンス権については、ライセンシーがサブライセンスに関する権利および義務をライセンサーに譲渡する申し出を行い、ライセンサーが自己の自由な判断のもとで当該申し入れに書面によって同意していない限り、<u>本契約の終了をもって終了する。</u>

クイック・リファレンス

【サブライセンス権の条件に関する検討事項】

サブライセンス条件	検討事項
1）サブライセンシーの確定	• サブライセンシーの確定にはライセンサーの関与を必要とするか（ライセンサーからの同意の取得またはライセンサーへの通知などを含む）。
2）サブライセンス権の範囲	• ライセンスの範囲と齟齬がないか（ライセンスの独占性、ライセンス対象地域、またはライセンス対象分野などを含む）。 • サブライセンシーにさらなるライセンスを認めるか。

3）サブライセンス条件の確認	•サブライセンス契約の条件をどのように確認するか（サブライセンス契約の提出などを含む）。
4）サブライセンシーからのロイヤルティの回収	•サブライセンシーから支払われるロイヤルティをどのように回収するか。 ➢当該ロイヤルティの支払いをライセンサー自ら受領しうるものとするか。 ➢当該ロイヤルティをライセンサー・ライセンシー間でどのように按分するか。
5）ライセンスとの関係	•ライセンス契約が解除された場合、サブライセンス契約についても解除されるものとするか。 ➢サブライセンス契約も解除されたものとして取り扱う場合、サブライセンシーがそれまでに製造した在庫などの取り扱いはどうするか。 ➢サブライセンス契約は解除されないものとする場合、当該サブライセンス条件の見直しは不要であるか。
6）サブライセンス権の対価	•ライセンサーは、ライセンシーにサブライセンス権の対価を要求するか。 ➢ライセンシーにサブライセンス権の対価を要求する場合、その支払い方法はどのようにするか。

| 6-3 | サブライセンス権とライセンス契約上の地位の譲渡、製造委託権、または製造権はどのように区別すべきか。 |

実務上の対応

➤サブライセンサーは、サブライセンシーにサブライセンスが付与された以降もなお、ライセンス対象権利を実施する権利を有する。

➤ライセンシーは、ライセンス契約上の地位を譲渡した場合、以降、ライセンス対象権利を実施する権利を有さない。

➤製造委託権は、ライセンサーから許諾を受けたライセンスを、ライセンシーが自己のために第三者に実施させる権利をいう。ライセンシーに製造委託権を認めない場合には、ライセンス契約においてその旨を明示する必要がある。

➤製造権（ファウンドリー権）は、製造者が、製造受託に関して、ライセンス対象権利を実施する権利をいう。

検討のポイント

　サブライセンス権と類似した権利として、ライセンス契約上の地位の譲渡および製造委託権（have made rights）が挙げられるが[8]、それらの異同については正確に理解しておきたいところである。

　まず、ライセンス契約上の地位の譲渡は、当該譲渡以降、譲渡人は当該ライセンスに関する権利を有さないことになり、譲受人が当該権利を有することになる。これに対して、サブライセンス権を設定した場合においては、サブライセンサーはサブライセンスを付与した後もなお当該ライセンス対象権利を実施することはできるし、また、サブライセンシーも当該ライセンス対象権利の全部または一部を実施できる。

　次に、製造委託権とは、ライセンサーから許諾を受けたライセンス対象権利をライセンシーが自己のために第三者に実施させる権利をいう[9]。すなわち、製造を受託する第三者にはライセンシー以外の者のための実施行為は認められていないわけであり、この点

---

[8] Syracuse U. Coll. of L., N. Y. St. Sci. & Tech. L. Ctr., *TECHNOLOGY LICENSING GUIDEBOOK*, https://nysstlc.syr.edu/wp-content/uploads/2019/04/Licensing-2-Pages-For-Web-2-4.pdf, at 10-11. *See also* 13－5『ライセンス契約の一方当事者は、当該契約上の地位を自由に第三者に譲渡できるか』

[9] *See* Michael P. Bregenzer, *"Have Made" Rights －A Trap for the Unwary*, Intell. Prop. Today (July 2003), https://www.kirkland.com/siteFiles/kirkexp/publications/2466/Document1/Have%20Made%20Bregenzer.pdf.

においてサブライセンシーとは異なる[10]。

　なお、製造委託権は、ライセンス対象製品を「製造、使用、または販売（make, use, and sell）」する権利に本来的に含まれており、このような理解は明確な反対の意思が示されている場合に限って覆すことができるとされる[11]。

　したがって、ライセンサーとしては、製造委託権を認めない場合においては当該権利の除外を明示する必要がある。【6-3-A】なお、製造委託権を認める場合においても、製造受託者を把握する趣旨で、その開示を求めることが考えられる[12]。

　最後に、製造を受託する者が、ライセンス対象製品の製造を受託する権利を有している場合、それは製造権（foundry rights）と呼称されることがある[13]。すなわち、製造権とは、ライセンシーが第三者のために製品を製造することに関して自ら有するライセンスであるといえる[14]。

サンプル条文

【6-3-A】ライセンス許諾条項：　ライセンスには製造委託権を含まない旨を明示する。

During the term of this Agreement, Licensor hereby grants and agrees to grant, to Licensee	本契約の期間中、ライセンサーは、ライセンシーに、撤回不可能・非独占・ロイヤル

---

[10] *E.g.*, CoreBrace LLC v. Star Seismic LLC, 566 F.3d 1069, 1073 (Fed. Cir. 2009) ("[A] right to have made is not a sublicense, as the contractor who makes for the licensee does not receive a sublicense from the licensee.").

[11] *Id*. at 1073 (citing Carey v. United States, 164 Ct. Cl. 304 (1964)("In *Carey*, the Court of Claims, one of our predecessor courts, whose decisions bind us, *see South Corp. v. United States*, 690 F.2d 1368, 1370-71 (Fed. Cir. 1982), held that a license to 'produce, use, and sell' a product inherently includes the right to have it made by a third party."). ライセンスについては、当該ライセンスが独占的ライセンスであるか、または、非独占的ライセンスであるかを問わず、製造委託権が含まれているとする。*Id*. at 1073-74. ("Regarding the distinction between having an exclusive and non-exclusive license, a nonexclusive licensee who could make, use, and sell would still be entitled to have a product made for itself by another party in order to use or sell the product without making it, even if the patent owner granted other licenses.").

[12] Jane Song & Julia Miller, *A license to "make, Use, and Sell" a Patented Product Inherently Includes "Have Made" Rights, Stay Current* (June 2009), Paul, Hastings, Janofsky & Walker LLP, 2, https://www.paulhastings.com/docs/default-source/PDFs/1333.pdf.

[13] *CoreBrace LLC*, 566 F.3d, 1071, 1072 ("The court distinguished *Intel Corp. v. U.S. International Trade Commission*, 946 F.2d 821 (Fed. Cir. 1991), as a case that was primarily about 'foundry' rights, or a licensee's rights to make a product and sell it under a third party's name . . . . Star also asserts that the facts of *Intel* differ from this case, as the question in *Intel* was whether the licensee could operate as a foundry, *i.e.*, make the product for a third party and sell it under the third party's name.").

[14] *See e.g.*, Intel Corp. v. United States ITC, 946 F.2d 821, 826 (Fed. Cir. 1991).

<table>
<tr><td>

an irrevocable, non-exclusive, royalty-bearing, term-limited, non-transferable license, under the intellectual property right, to make, use, sell, offer for sale, or import the Licensed Products in the Territory and only in the Field of Use, without right to have made.

</td><td>

ティ支払い義務あり・期間制限あり・譲渡不可能との条件のもとで、知的財産権を用いたうえで、ライセンス対象地域内かつライセンス対象分野内において、ライセンス権対象製品を製造する、使用する、販売する、販売の申し入れを行う、または輸入するといった権利を、製造委託する権利を伴うことなしに、ここに付与し、かつ、付与することに同意する。

</td></tr>
</table>

クイック・リファレンス

【サブライセンス権／ライセンス契約上の地位の譲渡／製造委託権／製造権の異同】

	サブライセンス権	ライセンス契約上の地位の譲渡	製造委託権	製造権
権利の所在	サブライセンサー	ライセンシー	製造委託者（ライセンシー）	製造受託者（ライセンシー）
権利の内容	サブライセンシーにライセンスの実施を認める。	自己のライセンス契約上の地位を第三者に譲渡する。	自己のために第三者に製造（ライセンス対象権利の実施行為）を委託する。	自己が第三者のために製造（ライセンス対象権利の実施行為）を受託する。
権利行使後において、ライセンス対象権利を自己のために活用できるか	サブライセンサー ○	譲渡人 ×	製造委託者 ○	製造委託者 ×
	サブライセンシー ○	譲受人 ○	製造受託者 ×	製造受託者 ×

第 7 章

特許の出願および維持に関する対応

Patent Prosecution and Maintenance

イントロダクション

　ライセンス契約を締結したにもかかわらず、ライセンス対象権利の権利化に関する手続が適切に行われない、または、ライセンス対象権利が失効するなどといった事態が生じると、ライセンシーとしては当該契約関係に入った意義が著しく損なわれてしまう。

　特許権の出願・維持対応条項は、そのような事態を予防するべく、主として、ライセンサーにライセンス対象権利の適切な出願、維持、および管理などを義務付けるものである[1]。

　第 7 章においては、ライセンス対象権利の維持・管理義務の内容（7 - 1）、および、商標権（7 - 2）またはノウハウ（7 - 3）との関係において維持・管理に関して配慮すべき事項を紹介する。

---

[1] CYNTHIA CANNADY, TECHNOLOGY LICENSING AND DEVELOPMENT AGREEMENTS 177 (2013 ed.).

7-1 ライセンス対象権利の維持・管理については、どのような事項を定めるべきか。

実務上の対応

➤ ライセンス対象権利の価値を確保する趣旨で、ライセンサーには、ライセンス対象権利の維持・管理に関する義務を負担させることがのぞましい。

➤ ライセンス対象権利の維持・管理に関する費用についてはライセンサーが負担する場合が多いようであるが、独占的ライセンス契約の場合においてはライセンシーが負担する場合もありうる。

検討のポイント

　ライセンス対象権利の維持・管理に関する義務の内容には、アメリカ特許商標庁との応答、ライセンス対象権利の維持・更新費用の納付、および、それらに付随して生じる弁護士費用の負担などを含めるべきである。【7-1-A】また、ライセンス対象権利の維持・管理に関する問題が生じた場合においては、当該義務者から他方当事者への報告を求めることも考えられる。【7-1-B】

　これらライセンス対象権利の維持・管理に関する費用の負担（以下、「権利維持に関する費用の負担」という）については、とりわけ、非独占的ライセンス契約の場合においては、ライセンス対象権利の保有者が負担することが合理的であるといえるが、独占的ライセンス契約の場合においては、ライセンサー・ライセンシー間の交渉事項のひとつとなりうるようである[2]。

　なお、教育機関については、権利維持に関する費用の負担について、独自の方針を有する。すなわち、教育機関が独占的ライセンス契約におけるライセンサーである場合、ライセンシーに権利維持に関する費用の負担を求めるほか、当該教育機関がライセンス対象権利の権利化に要した費用についても、遡って、ライセンシーにその填補を求めることが多いとされる[3]。【7-1-C】

　また、ライセンサーが特許権の維持・管理義務に違反した場合における救済についても、（その結果ライセンシーが被った損害を示すことの困難性をふまえると）あらかじめ設定しておくことが考えられるところ、たとえば、ロイヤルティの料率を下げるといった案が挙げられる。

---

[2] *Id*. at 178, 371.

[3] *Id*. at 179.

サンプル条文

【7-1-A】 ライセンサーが、ライセンス対象特許権の維持・管理に関する義務を負うものとする。

<u>Licensor</u> is the owner of the Licensed Patents and <u>shall have exclusive responsibility</u> for the preparation, filing, prosecution and maintenance of the Licensed Patents.	ライセンサーはライセンス対象特許権の所有者であり、ライセンス対象特許権に関する準備、出願、手続対応、および維持についての<u>全責任を負う</u>。

【7-1-B】 ライセンサーは、ライセンス対象特許権の維持・管理に関する進捗報告をライセンシーに行うものとする。

<u>Licensor shall notify Licensee of all official communications</u> received by Licensor relating to the filing, prosecution and maintenance of the patents within the Licensed Patents, including any lapse, revocation, surrender, invalidation or abandonment of any of the patents which form the basis for the Licensed Patents, and shall make reasonable efforts to allow Licensee to review and comment upon such communications.	ライセンサーはライセンス対象特許権に含まれる特許権に関する出願、手続、および維持についての公式な連絡（たとえば、ライセンス対象特許権を構成する特許権のいずれかについての失効、撤回、放棄、無効、または取り下げ）を受領した場合、<u>それらすべての公式な連絡をライセンシーに通知する</u>とともに、ライセンシーが当該連絡に関する検証および意見を述べる機会を確保するため合理的な努力を尽くすものとする。

【7-1-C】 ライセンシーは、ライセンサーがライセンス対象特許権の維持・管理に要した費用をライセンサーに支払うものとする。

<u>Licensee shall reimburse Licensor</u> for all past and future legal fees and other costs relating to the filing, prosecution and maintenance of the Licensed Patents. Such reimbursement shall be made within thirty (30) days of receipt of Licensor's invoice.	ライセンシーは、ライセンス対象特許権の出願、手続、および維持に関する過去または現在の弁護士費用のすべてならびにその他の費用を、<u>ライセンサーに填補する</u>。当該填補は、ライセンサーからの請求書を受領した後30日内に行うものとする。

| 7-2 | 商標権ライセンスの場合において、ライセンサーによる商標権の維持・管理に関して特に配慮すべき事項は何か。 |

実務上の対応

➤商標権ライセンスにおいて、ライセンス対象製品の品質管理体制に関する責任の所在が曖昧である場合、当該商標権自体が放棄されたものと取り扱われかねない。
➤そこで、ライセンサーは、ライセンス対象製品の品質管理体制についても手当てしておく必要がある。

検討のポイント

　ライセンス対象権利が商標権である場合においては、商標法独特のルールである「商標権使用に関する管理を欠いたライセンス」（naked license）も当該商標権の維持・管理に関係してくる。ここに、「商標権使用に関する管理を欠いたライセンス」とは、商標権のライセンス対象商品の品質管理に関する手当なしに行われた商標ライセンスを指す[4]。

　裁判所は、「商標権使用に関する管理を欠いたライセンス」の対象である商標権について、商標権者による権利の放棄があったものとして取り扱う場合がある。これは、商標は対象製品の有する品質の確かさを示すものであるところ、当該品質の維持に向けた手当が確保されていない場合においてはもはや当該商標を権利として認める必要はないはずであるとの理解に基づく[5]。

　商標権者が「商標権使用に関する管理を欠いたライセンス」の存在に関する疑念を払拭するためには、①当該ライセンス契約においてライセンサーのライセンス対象製品に関する品質管理権限が規定されていること、②ライセンサーによるライセンス対象製品の品質管理が現実に実施されていること、または、③ライセンサーとライセンシーの間の密接な関係をふまえると、ライセンサーがライセンシー自身によるライセンス対象製品の品質管理能力を信頼することが相当といえることのいずれかを示す必要がある[6]。

　したがって、商標ライセンス契約においては、ライセンサー・ライセンシーの間でライセンス対象製品の品質管理に関する責任の分担についても適切に定める必要がある。
【7-2-A】

---

[4] *See* FreecycleSunnyvale v. Freecycle Network, 626 F.3d 509, 515-16 (9th Cir. 2010).

[5] *See e.g.*, Barcamerica Int'l USA Trust v. Tyfield Imps., Inc., 289 F.3d 589, 596 (9th Cir. 2002).

[6] *See FreecycleSunnyvale*, 626 F.3d at 520 n.1.

サンプル条文

【7-2-A】ライセンス対象製品について、ライセンシーに、所定の品質基準に従った商品管理を行うことを義務付ける。

In order to preserve the inherent value of the licensed trademark ("Licensed Mark"), <u>Licensee agrees to use reasonable efforts to ensure that it maintains the quality of Licensed Products thereof equal to the standards prevailing in the operation of Licensee's business.</u> Licensee further agrees to use the Licensed Mark in accordance with such quality standards as may be reasonably established by Licensor and communicated to Licensee from time to time in writing, or as may be agreed to by Licensor and Licensee from time to time in writing. At Licensor's request, Licensee shall provide Licensor with samples of Licensee's or any Sublicensee's use of the Licensed Mark and, if such use does not conform to such standards, Licensor shall make such change as shall be requested by Licensor within thirty (30) days of written notice from Licensor.	ライセンス対象商標権（「ライセンス対象マーク」という）の本来的価値を維持するため、<u>ライセンシーは、ライセンシーの事業領域における標準的な基準と等しい程度に、ライセンス対象製品の品質を維持するよう、合理的な努力を行うことに同意する。</u>ライセンシーは、さらに、ライセンス対象マークを、ライセンサーによって合理的に定められ適宜ライセンシーに書面によって伝達される、または、適宜ライセンサーとライセンシーの間で書面によって合意に至った品質基準に従って活用することに同意する。ライセンサーの要求があった場合、ライセンシーは、ライセンシーまたはサブライセンシーのライセンス対象マークの使用サンプルを提供する。当該サンプルが品質基準を満たさない場合、ライセンシーは、ライセンサーの書面による通知を受領後 30 日内に、ライセンサーの要求に従った変更を加える。

| 7-3 | ノウハウ・ライセンスの場合において、ライセンサーによるノウハウの維持・管理に関して特に配慮すべき事項は何か。 |

実務上の対応

➢ノウハウ・ライセンスの場合、ライセンシーは、当該ライセンスの価値が毀損されないよう、秘密性の保持・管理などをライセンサーに要求すべきである。

➢ライセンサーとしても、ライセンシーに秘密性の保持・管理を要求することも検討に値する。

検討のポイント

ライセンス対象権利がノウハウである場合においては、当該ノウハウの価値が毀損されないようにされなければ、ライセンシーとしては、ライセンス料を支払う意義に欠けてしまう。

この点、ノウハウは、トレード・シークレットとして保護を受けうるが[7]、当該保護を受けるための要件は、①当該情報が公知ではなく、かつ、容易に取得できるものでもないこと、および、②当該情報の秘密性を確保するため、（その環境における）合理的な措置がとられていることであるから[8]、これらをふまえたライセンス対象ノウハウの保持・管理を要求したいところである。【7-3-A】

また、ライセンサーとしても、ライセンシーがライセンス対象ノウハウをぞんざいに扱うことのないよう、同様の保持・管理を要求することも合理的であると考えられる。【7-3-B】

サンプル条文

【7-3-A】ライセンス対象ノウハウについて、ライセンサーに、トレード・シークレットとしての保護を受けるに足りる管理を行うことを義務付ける。

| In order to preserve the inherent value of | ライセンス対象ノウハウの本来的価値を維持 |

---

[7] STEPHEN M. MCJOHN, INTELLECTUAL PROPERTY 487 (fifth ed. 2015).

[8] *See* UNIFORM TRADE SECRET ACT § 1(4) ("'Trade secret' means information, including a formula, pattern, compilation, program device, method, technique, or process, that: (i) derives independent economic value, actual or potential, from no being generally known to, and not being readily ascertainable by proper means by, other persons who can obtain economic value from its disclosure or use, and (ii) is the subject of efforts that are reasonable under the circumstances to maintain its secrecy.").

| the Licensed Know How or in the event that Licensor decides not to pursue patent, copyright or trademark protection for any discovery or creation made by Licensor, and instead decides to protect the discovery or creation pursuant to the trade secret laws of any jurisdiction, at Licensor's expense, <u>Licensor shall take whatever steps are necessary to sustain Licensor's claim to such trade secrets</u>, including but not limited to maintaining the confidential nature of any such discoveries or creations. | するため、または、ライセンサーがライセンサーのなした発見もしくは創案について特許権、著作権、もしくは商標権による保護ではなくいずれかの法域におけるトレード・シークレットとしての保護によることを選択した場合、ライセンサーの費用をもって、<u>ライセンサーは、当該トレード・シークレットとしてのライセンサーの主張を維持するため必要となる手続（当該発見もしくは創案の秘密性を保持することを含むがそれに限られない）のすべてをとるものとする</u>。 |

【7-3-B】 ライセンス対象ノウハウについて、両当事者に、トレード・シークレットとして保護を受けるに足りる管理を行うことを義務付ける。

| During and after the term of this Agreement, <u>the Parties shall hold the Licensed Know How in strict confidence and shall not disclose the Licensed Know How to anyone</u> except other employees of the Party who have a need to know the Licensed Know How in connection with this Agreement. | 本契約の契約期間の間およびその後、<u>両当事者は、ライセンス対象ノウハウを厳格に秘密として保持し、また、本契約に関係してライセンス対象ノウハウを知る必要のある当事者の従業員以外には何人にも開示してはならない</u>。 |

第**8**章

ライセンス対象権利の行使

Licensed Rights Enforcement

イントロダクション

　ライセンス対象権利が第三者によって無断で活用されているにもかかわらず、それが放置されているとしたならば、ライセンシーとしては、自己のロイヤルティの支払い義務について納得がいかないことになるであろう。

　特許権行使条項（Patent Enforcement Clause）は、そのような事態を予防すべく、第三者によるライセンス対象特許権の侵害行為に関する対応（以下、「権利行使に関する義務」という）を定めるものである。

　第8章においては、当事者間における権利行使に関する義務の配分（8－1）、権利行使の結果、第三者から損害の賠償があった場合における当該金員の取り扱い（8－2）、ライセンシーが権利行使する場合の注意事項（8－3）、権利行使における損害賠償の請求範囲（8－4）、および損害賠償額の増額に関する予防策（8－4－X）について紹介する。

8-1 第三者に対するライセンス対象権利の行使については、ライセンサーとライセンシーのいずれが責任を持つべきか。

実務上の対応

➤ ライセンス対象権利の行使に関する義務をライセンサー・ライセンシーのいずれが負うかについては、当該権利行使に伴う負担および当事者適格との関係などをふまえたうえで決定することになる。

➤ さらに、ライセンサーが権利行使に関する義務を引き受けたとしても、真摯な義務の履行が期待できない場合も想定されるため、ライセンシーのロイヤルティ支払い義務に関する手当、または、ライセンシーによる権利行使に関する権利の確保なども検討が必要である。

検討のポイント

　権利行使に関する義務をライセンサーまたはライセンシーのいずれが負うかについては、当該権利行使に伴う負担および当事者適格との関係[1]などをふまえたうえで決定することになる[2]。

　この点、権利行使に関する義務を負った場合、訴訟などの遂行に要する費用・労力の負担が少なくないことに特に留意が必要となるが、実務上は、ライセンサーが当該義務（およびそれに付随する費用）を負担しつつ、当該権利行使の結果として第三者から支払われる損害賠償金のすべてを取得する場合が多いようである[3]。

　もっとも、ライセンサーが権利行使に関する義務の引き受けをよしとしない場合もある。

　まず、たとえば教育機関のように、ライセンサーが、権利行使に関する義務の引き受けを許容しないとの方針を持つ場合がある[4]。【8-1-A】

　また、ライセンサーが権利行使に直接の意義を見いださない場合もある。たとえば、権利行使によってライセンシーの競合事業者による特許権の侵害行為を防止した場合、ライセンシーは自己の利益を（競合製品がなくなった結果、製品価格を値上げするなどによって）拡大できる可能性はあるが、（たとえば製品ロイヤルティによるならば）ライセンサーのロイヤルティ収入には大きな変動がない場合も想定できる。

---

[1] *See 8 − 3*『ライセンシーは、無条件で第三者に対してライセンス対象権利を行使できるか』

[2] CYNTHIA CANNADY, TECHNOLOGY LICENSING AND DEVELOPMENT AGREEMENTS 178 (2013 ed.).

[3] Syracuse U. Coll. of L., N. Y. St. Sci. & Tech. L. Ctr., *Technology Licensing Guidebook* (2017), at 24, https://www.med.wmich.edu/sites/default/files/Licensing-2-Pages-For-Web-2-4.pdf.

[4] *Navigate carefully around duty-to-enforce clauses in license agreements*, Tech Transfer Tactics (Feb. 2016), https://techtransfercentral.com/reprints/ttt/216-duty-to-enforce-clauses/.

110

　このような事情によって、ライセンサーが権利行使に関する義務を引き受けない場合、（当事者適格があることを前提として）ライセンシーは、自己に当該権利行使に関する権利を確保することも考えられる[5]。【8-1-B】

　これに対して、ライセンサーが権利行使に関する義務を引き受けたにもかかわらず、それを履行しない場合については、ライセンス契約違反を構成するから、損害の賠償請求が認められうるが、それに加えて、ライセンシーによるロイヤルティの支払い義務の免除または留保が認められるといった定めをおくことも考えられる[6]。【8-1-C】

サンプル条文

【8-1-A】ライセンサーは、権利行使に関する義務を負わないものとする。

Licensor shall have no obligation to institute any action or litigation against third party for the infringement of any Licensed Patent.	ライセンサーは、第三者に対して、ライセンス対象特許権の侵害に関する責任を追及する行為または訴訟などを提起する義務を負わない。

【8-1-B】ライセンシーが権利行使に関する権利を有するものとする。

Licensee has the first option to police the Licensed Patents against infringement by third parties within the Territory in the Field of Use, but Licensee shall notify Licensor in writing thirty (30) days before filing any litigation. This right to police includes settling a dispute at Licensee's expense and through counsel of Licensee's selection, except that Licensee shall make any such settlement only with the advice and consent of Licensor.	ライセンシーは、ライセンス対象地域内かつライセンス対象分野内における第三者のライセンス対象特許権の侵害行為を監視する権利を有し、30日前のライセンサーへの通知をもって、訴訟提起することができるものとする。当該権利は、ライセンシーの費用によってライセンシーが選任したカウンセルによる和解を行う権利を含むが、当該和解については、ライセンサーの助言と同意を条件とする。

---

[5] *Id.*

[6] CANNADY, *supra* note 2, at 179.

【8-1-C】ライセンサーが権利行使に関する義務を履行しない場合、ライセンシーが当該権利行使に関する権利を有するものとし、当該費用の資金としてロイヤルティの一部の支払いを留保できるものとする。

If Licensor fails to take action to abate an alleged infringement of Licensed Patents within sixty (60) days of a request by Licensee to do so (or within a shorter period if required to preserve the legal rights of Licensor under applicable law), then Licensee has the right to take such action at Licensee's expense, and Licensor shall use reasonable efforts to cooperate in such action, at Licensee's expense. If Licensee undertakes to enforce the Licensed Patents, <u>Licensee may withhold up to fifty percent (50%) of running royalties due to Licensor to reimburse up to fifty percent (50%) of Licensee's out-of-pocket litigation expenses</u>, including reasonable attorneys' fees, but not including salaries of Licensee's employees. If Licensee recovers damages in the litigation, the award shall be applied first to satisfy Licensee's unreimbursed expenses and legal fees for the litigation, next to reimburse Licensor for any payments under Section 3 which are past due or were withheld pursuant to this Section 8, and then to reimburse Licensee for any other unreimbursed expenses and legal fees for the litigation. The remaining balance shall be divided equally between Licensee and Licensor.

ライセンサーがライセンシーの依頼を受けてから 60 日内（または適用法において当該権利の確保のためにより短期の権利行使が要求されている場合には当該期間内）にライセンス対象特許権の侵害に関する対応を開始しない場合、ライセンシーは自己の費用をもって当該対応を開始できるものとし、ライセンサーは当該対応について、ライセンシーの費用をもって、協力する合理的な努力を行う。ライセンシーが当該対応を行う場合、<u>ライセンシーは最大でロイヤルティの 50％までの支払いを留保し、それを最大でライセンシーの訴訟費用（合理的な弁護士費用を含むがライセンシーの従業員の給与は含まない）の 50％までに充当できる</u>。ライセンシーが訴訟を通じて損害の賠償を受けることができた場合、当該賠償金は、まずライセンシーが当該訴訟に要した費用および弁護士費用などに充当され、次に、3 条における支払いのうち、期限を徒過しているまたは本 8 条の定めにより留保されているライセンサーへの支払いに充当され、最後に、ライセンシーが当該訴訟のために要したその他の支出または裁判費用のうち填補されていない費用に充当される。さらに残額がある場合においては、当該金員は、ライセンシーとライセンサーで均等に分ける。

8-2 第三者に対するライセンス対象権利の行使の結果、第三者から支払われた損害賠償金については、ライセンサーとライセンシーの間でどのように取り扱うべきか。

実務上の対応

➤ライセンサーがライセンス対象権利を行使した結果、第三者から支払われた損害賠償金については、ライセンサーに帰属するものとすることが多い。

➤これに対して、ライセンシーがライセンス対象権利を行使した場合においては、第三者から支払われた損害賠償金を、ライセンサーとライセンシーの間で分配することもある。

検討のポイント

ライセンサーまたはライセンシーが、ライセンス対象権利を第三者に対して行使した結果として、第三者から損害の賠償などを受けた場合、当該金員をどのように取り扱うかについて定めることも考えられる。

この点、ライセンサーがライセンス対象権利を第三者に対して行使した場合においては、当該権利行使によって得たすべての損害賠償金をライセンサーが得るとすることが多いようである[7]。

これに対して、ライセンシーがライセンス対象権利を第三者に対して行使した場合などにおいては、ライセンシーとライセンサーの間で損害賠償金を分配することもある[8]。これはライセンス対象権利に関するライセンサーの貢献およびライセンス対象権利の行使に関するライセンシーの貢献をそれぞれ考慮したものといえるが、具体的な分配比率については、当該ライセンス契約のロイヤルティ料率を基礎として算出するといったことが考えられる[9]。【8-2-A】

---

[7] Syracuse U. Coll. of L., N. Y. St. Sci. & Tech. L. Ctr., *supra* note 3, at 24

[8] *Id.*

[9] *Id.* at 19-20, 24-25（ライセンス対象製品の価格の内訳について、純売上高のうち、利益が40％、製造費用が25％、非製造関係費用が35％を占める場合を想定する。そして、さらに、当該非製造関係費用の内訳として、ライセンス対象特許権の研究開発に関する部分が〈ライセンス対象製品の価格のうちの〉12％を占め、当該ライセンス対象特許権のライセンス対象製品の拡販に関する貢献度が50％であると想定する。この場合におけるロイヤルティ料率は、純売上高の6.8％〈40 × 0.34 × 0.5（0.34 は 12/35 による）〉が相当であるとする。そして、その場合、第三者によるライセンス対象特許権の侵害行為に関する損害賠償金〈第三者が当該侵害行為によって得た利益を基礎とする〉の配分については、ライセンサーは17％〈0.34 × 0.5〉、そして、ライセンシーは83％〈100 − 17〉とすることが相当であるとする）。

　また、ライセンシーがライセンス対象権利の行使に伴う費用を確保できるよう、ライセンサーに支払う予定のロイヤルティを当該費用に充当できるようにするといった取り扱いも考えられる。

サンプル条文

【8-2-A】ライセンシーにライセンス対象権利の第三者に対する行使を許容しつつ、両当事者が当該手続に関与した場合においては、損害賠償金は両当事者間で分配するものとする。

Licensee have the right, but not the duty, to institute patent infringement actions against third parties based on any Licensed Patent under this Agreement. Any award paid by third parties as a result of such an infringement action (whether by way of settlement or otherwise) shall be paid to the Party who instituted and maintained such action, or, if the Parties instituted and maintained such action, <u>such award shall be allocated among the Parties in proportion to their respective contributions to the costs and expenses incurred in such action</u>.	ライセンシーは、本契約におけるライセンス対象特許権に基づき、第三者に対して特許権侵害訴訟を提起する権利（ただし義務ではない）を有するものとする。当該侵害訴訟の結果第三者によって支払われた金員（和解またはその他の解決であるかどうかを問わない）については、当該訴訟を提起し進めた当事者に帰属するものとし、仮に両当事者が当該訴訟を提起し進めた場合においては、<u>当該金員は当該訴訟に関して生じたコストおよび経費の出捐の比率に応じて、両当事者で分配する</u>ものとする。

8-3	ライセンシーは、無条件で第三者に対してライセンス対象権利を行使できるか。

問題の所在

➢ ライセンス対象権利を第三者に対して行使するためには、訴訟提起に関する当事者適格が必要となりうる。

➢ ライセンサーは、ライセンス対象権利に関する当事者適格を有するのが原則である。

➢ ライセンシーは、独占的ライセンシーであり、かつ、「すべての実質的権利」を有している場合に限って、単独での当事者適格を有する。

➢ ライセンシーが独占的ライセンシーであるが、「すべての実質的権利」を有さない場合においては、ライセンス対象権利の保有者を当該訴訟の共同原告とする必要がある。

検討のポイント

　訴訟における当事者適格についてはアメリカ憲法がその基本的要件（憲法上の当事者適格〈constitutional standing〉）を定めているが[10]、個別の訴訟の性質との兼ね合いから、裁判所はそれらのほかにも追加の要件（諮問的な当事者適格〈prudential standing〉）を求めることがある[11]。

　たとえば、第三者による特許権侵害がある場合、当該特許侵害に関する訴訟の当事者適格は特許権者に認められるのが原則であるが[12]、特許権の譲受人または当該特許権のライセンシーについても当該特許権侵害行為に重大な利害関係を持つ場合があるため[13]、当事者適格が認められることがある。

　この点、独占的ライセンスのライセンシー（以下、「独占的ライセンシー」という）は、特許権の譲受人と同等の権利たる「すべての実質的権利」（all substantial rights）を有している場合に限り、単独での当事者適格が認められる[14]。独占的ライセンシーに「すべて

---

[10] U.S. CONST. art. III.

[11] *See* Micah J. Revell, *Prudential Standing, the Zone of Interests, and the New Jurisprudence of Jurisdiction*, 63 Emory L.J., 221, 223 (2013-2014), http://law.emory.edu/elj/content/volume-63/issue-1/comments/prudential-standing.html. 本論点については、拙文「Grant Clause に関する米国法上の法的論点と実務上の対応」（『知財管理』，Vol. 70, No.7, 2020, at 906-16・日本知的財産協会）の一部を基礎としている。

[12] 35 U.S.C. § 281, § 100(d).

[13] *See* FED. R. CIV. P. § 17 (a)(1).

[14] *E.g.*, Morrow v. Microsoft Corp., 499 F.3d, 1332, 1339-40 (Fed. Cir. 2007) ("Unquestionably, a patentee who holds all the exclusionary rights and suffers constitutional injury in fact from infringement is one entitled to sue for infringement in its own name. Additionally, if a patentee

の実質的権利」を要求する趣旨は、独占的ライセンシー以外の者による別訴の提起を回避すること、および、当該別訴の提起の結果としての第三者の（特許権侵害に関する）二重の責任を回避することにある。

　この点、独占的ライセンシーが「すべての実質的権利」を有しているかどうかについては、①独占的ライセンシーはサブライセンス権を有しているか②独占的ライセンシーによるライセンス契約違反が認められた場合に、ライセンサーはライセンスの撤回権を有しているか③独占的ライセンシーが第三者に対する特許訴訟を提起した結果として得た損害賠償金の一部について、ライセンサーに分配するような仕組みとなっているか④独占的ライセンスの付与されている期間は長期間であるか⑤ライセンサーは独占的ライセンシーのライセンスに基づく活動に関する監督権を有しているか⑥ライセンス対象権利の維持費用はライセンサーが負担することとなっているか⑦独占的ライセンシーがライセンスを譲渡することに関する制約はあるか、および、⑧ライセンサーはライセンス対象権利を侵害する第三者に対して訴訟を提起する権利を有しているかなどを考慮して判断すべきであるとされ、これらのうち、特に⑧を重視するようである[15]。

　これに対して、独占的ライセンシーが「すべての実質的権利」を有していない場合においては、憲法上の当事者適格は認められるものの、諮問的な当事者適格は認められないものと整理されている。したがって、その場合、当該独占的ライセンシーには単独での当事者適格は認められない。

　もっとも、この当事者適格の欠缺は、特許権者たるライセンサーを共同原告とすることによって治癒できるとされる[16]。【8-3-A】そこで、独占的ライセンシーとしては、自己のライセンス条件が単独での訴訟提起には十分でないと思われる場合において、ライセンサーが当該訴訟に参加することを義務付ける規定をライセンス契約に加えるといった対応をとることが考えられる[17]。

---

transfers 'all substantial rights' to the patent, this amounts to an assignment or a transfer of title, which confers constitutional standing on the assignee to sue for infringement in its own name alone. *Intellectual Prop. Dev.*, 248 F.3d at 1345. When a party holds all rights or all substantial rights, it alone has standing to sue for infringement").

[15] *See* Alfred E. Mann Found. for Sci. Research v. Cochlear Corp., 604 F.3d 1354, at 1360-61 (Fed. Cir. 2010) ("Under the prior decisions of this court, the nature and scope of the licensor's retained right to sue accused infringers is the most important factor in determining whether an exclusive license transfers sufficient rights to render the licensee the owner of the patent").

[16] *E.g.*, *Morrow*, 499 F.3d, 1340 ("The second category of plaintiffs hold exclusionary rights and interests created by the patent statutes, but not all substantial rights to the patent. As the grantee of exclusionary rights, this plaintiff is injured by any party that makes, uses, sells, offers to sell, or imports the patented invention . . . . However, these exclusionary rights 'must be enforced through or in the name of the owner of the patent,' and the patentee who transferred these exclusionary interests is usually joined to satisfy prudential standing concerns").

[17] *But see e.g.*, Indep. Wireless Tel. Co. v. Radio Corp., 269 U.S. 459, 469 (1926)（独占的ライセンスのライセンサーについては、先例上もライセンシーによるライセンス対象権利の侵害者に対

　なお、独占的ライセンシーの有する独占性がライセンス対象地域に関するものである場合にはライセンシーは単独での当事者適格を有するとする一方、ライセンシーの独占性がライセンス対象分野の範囲内で認められているにすぎない場合にはライセンシーは単独での当事者適格を有さないとした事案がある[18]。

　これに対して、非独占的ライセンスのライセンシーは、そもそも憲法上の当事者適格を満たしていないため、当事者適格を有さない。そしてこの当事者適格の欠缺は、たとえライセンサーを共同原告としたとしても治癒できない[19]。

サンプル条文

【8-3-A】ライセンサーは、ライセンシーによる訴訟提起に共同原告として参加するものとする。

Licensor agrees that Licensor may join as a party plaintiff if Licensee finds it necessary in any litigation which Licensee may institute involving the Licensed Patents.	ライセンサーは、ライセンシーがライセンス対象特許権に関する訴訟を提起するにあたって必要であると判断した場合、当該訴訟に原告当事者として参加することに合意する。

する権利行使に協力する義務を観念できるところ、たとえライセンス契約が当該義務について定めていないとしても、当該権利行使のためにライセンサーの名義の使用をライセンシーに許可する黙示の義務を負っているとする）。(It seems clear, then, on principle and authority, that the owner of a patent who grants to another the exclusive right to make, use, or vend the invention which does not constitute a statutory assignment holds the title to the patent in trust for such a licensee to the extent that he must allow the use of his name as plaintiff in any action brought at the instance of the licensee in law or in equity to obtain damages for the injury to his exclusive right by an infringer, or to enjoin infringement of it. Such exclusive licenses frequently contain express covenants . . . . But, without such express covenants, the implied obligation of the licensor to allow the use of his name is indispensable to the enjoyment by the licensee of the monopoly which by personal contract the licensor has given").

[18] Int'l Gamco, Inc. v. Multimedia Games, Inc., 504 F.3d 1273, 1278-79（ライセンス対象地域に関する独占的ライセンスの場合においては、当該地域における当該知的財産権の侵害はあくまでひとつしか発生しないから同一の訴訟が複数発生するといったおそれがないことを理由とし、ライセンス対象地域に関する独占的ライセンスとライセンス対象分野に関する独占的ライセンスの間での取り扱いを別にした）。

[19] E.g., Intell. Prop. Dev., Inc. v. TCI Cablevision of Cal. Inc., 248F.3d, 1333, 1345（非独占的ライセンシーおよび単なるライセンシー〈bare licensee〉についてはそもそも法的保護に値する損害が認められないため憲法上の当事者適格を満たさない旨を示した。なお、ここに単なるライセンス〈bare license〉とは、ライセンサーは、ライセンシーによるライセンス対象権利の実施に関して訴訟提起を行わない旨の確約を行うものの、その他の制約を受けることのないライセンスを指す）。; see e.g., Morrow, 499 F.3d, 1340-41.

クイック・リファレンス

【独占的ライセンシーの当事者適格に関する判断基準】

	判断基準	関連する契約条項例	当事者適格を認める方向に働くか
(1)	独占的ライセンシーはサブライセンス権を有しているか	・ライセンス許諾条項 ・サブライセンス条項	○
(2)	独占的ライセンシーによるライセンス契約違反が認められた場合に、ライセンサーはライセンスの撤回権を有しているか	・ライセンス許諾条項 ・解除条項	×
(3)	独占的ライセンシーが第三者に対する特許訴訟を提起した結果として得た損害賠償金の一部について、ライセンサーに分配するような仕組みとなっているか	・ライセンス対象権利行使条項	×
(4)	独占的ライセンスの付与されている期間は長期間であるか	・ライセンス許諾条項 ・期間条項	○
(5)	ライセンサーは独占的ライセンシーのライセンスに基づく活動に関する監督権を有しているか	・ロイヤルティ監査条項	×
(6)	ライセンス対象権利の維持費用はライセンサーが負担することとなっているか	・特許権維持対応条項	×
(7)	独占的ライセンシーがライセンスを譲渡することに関する制約はあるか	・ライセンス許諾条項 ・契約譲渡条項 ・支配権異動条項	×
(8)	ライセンサーはライセンス対象権利を侵害する第三者に対して訴訟を提起する権利を有しているか	・ライセンス対象権利行使条項	× （最も重視されがちである）

8-4	第三者に対してライセンス対象特許権を行使する場合、どのような損害の賠償請求が可能であるか。

実務上の対応

➤特許権者は、当該特許権を侵害する第三者に対して、逸失利益に基づく損害賠償の請求、または、確立済みのロイヤルティに基づく損害賠償の請求が認められうる。

➤また、第三者の特許権侵害の態様によっては、当該損害賠償額の増額が認められる場合もある。

➤さらに、特許権侵害訴訟において勝訴した場合においては、当該訴訟に費やした弁護士費用についても、被告である第三者に請求することが認められる場合もある。

検討のポイント

（1）特許権侵害に関する損害賠償：総論

連邦地方裁判所における特許権侵害に関する損害の賠償請求については、裁判所が当該特許権侵害の事実を認めたのちに、裁判所または陪審員によってその金額が決定される[20]。

その場合、当該金額は、当該侵害によって被った損害を補償するために適切といえるかどうかを基準として算定するものとしつつ[21]、それは当該特許権の実施に関して想定される合理的なロイヤルティ（reasonable royalty）に基づいて算出される金額（以下、「合理的ロイヤルティ金額」という）を下回ってはならないとされる[22]。さらに、裁判所は当該損害の賠償金額を当該損害の3倍に至るまで増額することもできる[23]。そのほか、格別の事由が認められる場合、裁判所は、勝訴当事者が要した合理的な弁護士費用の補填を命じることもある[24]。これら損害に関しては、近時の裁判例によって、さまざまな

---

[20] Grant Shackelford, *Calculating Damages for Patent Infringement in Different Jurisdictions*, ch. United States, Ass'n of Intell. Prop. Firms Pat. Comm. (Oct. 7, 2019).

[21] 特許権者は当該特許権侵害によって被った損害の完全な補償を受ける権利を有する。*See e.g.*, GM Corp. v. Devex Corp., 461 U.S. 648, 654-55 (1983) ("Congress sought to ensure that the patent owner would in fact receive full compensation for 'any damages' he suffered as a result of the infringement.").

[22] 35 USC § 284 ("Upon finding for the claimant the court shall award the claimant damages adequate to compensate for the infringement, but in no event less than a reasonable royalty for the use made of the invention by the infringer, together with interest and costs as fixed by the court.").

[23] 35 U.S.C. § 284 ("In either event the court may increase the damages up to three times the amount found or assessed"). ただし、当該損害賠償額の増額に関する規定は当該特許権が暫定権利（provisional rights）である場合には適用されない。*Id*.; 35 U.S.C. § 154(d).

[24] 35 U.S.C. § 185 ("The court in exceptional cases may award reasonable attorney fees to the

判断が示されているところであり、具体的には、次のとおりである。

(2) 特許権侵害に関する損害賠償：各論

(i) 損害の算定 ── 特許権者の逸失利益

特許権侵害に関する損害については、まず、特許権者の逸失利益を基礎とした算定が試みられる。

この点、特許権者には、①当該特許権対象製品に関する需要が存在すること②当該特許権を侵害しない代替製品が存在しないこと③当該需要を満たすための製造能力・販売能力を特許権者が有していること④当該特許権侵害がなかったならば特許権者が得ることができたであろう利益の金額のすべてを証明すること（Panduitテストと呼称される）が要求される[25]。

さて、事業活動のグローバル化は、特許権者の逸失利益の算定に関しても影響を及ぼしている[26]。すなわち、たとえば、アメリカから部品を輸出したうえで、アメリカ国外において当該部品を組み立てた場合において、①当該組み立て行為がアメリカで行われたならばアメリカの特許権を侵害し、②当該部品の輸出者は当該特許権侵害の可能性を知っており、かつ、③当該部品は当該特許権侵害行為のほかには有効な活用手段が存在しないといえる場合には、アメリカ国外における当該組み立て品に関する逸失利益についても、特許権者の損害として認めた事案もあるのである[27]。

(ii) 損害の算定 ── 合理的ロイヤルティ金額

合理的ロイヤルティ金額に基づく損害の補償は、特許権者が逸失利益に関する証明責

---

prevailing party.").

[25] Panduit Corp. v. Stahlin Bros. Fibre Works, 575 F.2d 1152, 1156 (6th Cir. 1978). ただし、特許権者と特許権侵害者のみが当該特許権対象製品の市場における供給事業者であるといえる場合、Panduitテストのうち、①および②に関する証明は不要とされる。Micro Chem., Inc. v. Lextron, Inc., 318 F.3d 1119, 1124 (Fed. Cir. 2003).

[26] 伝統的には、アメリカ特許法の射程範囲は、特許権侵害に関するすべての行為がアメリカ国内で行われた場合に限られるとの理解であった。See Deepsouth Packing Co. v. Laitram Corp., 406 U.S. 518 (1972)（Deepsouth社が、エビの皮むき器をアメリカ国外で組み立てる目的のもと、アメリカ国内で製造した組み立て用の部品を輸出した行為に関して、Laitram社が自己の有する特許権の侵害を主張した事件。アメリカ最高裁判所は、Deepsouth社による部品の輸出行為はLaitram社の特許権侵害には該当しないとした。当該特許権の対象は皮むき器の最終組み立て工程に関して具体化するものであるところ、当該組み立て工程はアメリカ国外で実施される以上、Deepsouth社に直接侵害は認められないと判断した）。しかし、Deepsouth事件を契機として、アメリカ特許法は改正され、アメリカ国外における行為についても特許権侵害が成立しうることになった。E.g., 35 U.S.C. § 271(f).

[27] WesternGeco LLC v. ION Geophysical Corp., 138 S. Ct. 2129 (2018); see 35 U.S.C. § 271(f)(2).

任を果たすに至らない場合において特に用いられるが、合理的ロイヤルティ金額のほう
が逸失利益よりも大きい場合には合理的ロイヤルティ金額に基づく補償が行われる。

　したがって、特許権者には、そのような可能性がある場合においても、合理的ロイヤ
ルティ金額に関する証明を行う意義が認められる[28]。

　ここに合理的ロイヤルティ金額については、まず、当該特許権についてある程度受容
されていると評価できるロイヤルティ金額がある場合にはそれに従うことになる（確立
済みロイヤルティ〈established royalty〉と呼称される）[29]。次に、確立済みロイヤルティ
の設定が困難である場合においては、当該特許権の侵害行為の開始時において、特許権
者と当該特許権のライセンスを希望する者のライセンスに関する交渉が行われたと想定
したうえで、裁判所が当該ロイヤルティの算定を行う[30]。その場合、裁判所は、特許権
者が第三者から当該特許権の実施に関して受領しているロイヤルティ、ライセンシーが
当該特許権と類似した特許権の実施に関して支払っているロイヤルティ、ライセンス契
約の内容（独占権の有無、ライセンス対象地域もしくはライセンス対象製品の販売に関
する制限の有無、または、ライセンスの期間など）、および、両当事者の関係（同種の
事業に関して同じ地域における競合事業者であるかどうかなど）を考慮する（Georgia-
Pacific factorと呼称される）とされる[31]。

---

[28] Laura B. Pincus, *The Computation of Damages in Patent Infringement Actions*, 5, Harvard J. of L.
& Tech., 95, 120 (1991).

[29] *See e.g.*, Faulkner v. Gibbs, 199 F.2d 635, 638 (9th Cir. 1952) ("In order that a royalty may be
accepted as 'established' it must have been paid prior to the infringement complained of; it must have
been paid by such a number of persons as to indicate a general acquiescence in its reasonableness by
those who have had occasion to use the invention; and it must have been uniform at the places where
licenses were issued").

[30] *Shackelford*, *supra* note 20.

[31] *Id.*; Georgia-Pacific Corp. v. United States Plywood Corp., 318 F. Supp. 1116, 1120 (S.D.N.Y.
1970)（合理的ロイヤルティを定めるにあたって、15の事項を考慮の対象として挙げる）("A
comprehensive list of evidentiary facts relevant, in general, to the determination of the amount of
a reasonable royalty for a patent license may be drawn from a conspectus of the leading cases. The
following are some of the factors *mutatis mutandis* seemingly more pertinent to the issue herein: 1.
The royalties received by the patentee for the licensing of the patent in suit, proving or tending to
prove an established royalty. 2. The rates paid by the licensee for the use of other patents comparable
to the patent in suit. 3. The nature and scope of the license, as exclusive or non-exclusive; or
as restricted or non-restricted in terms of territory or with respect to whom the manufactured
product may be sold. 4. The licensor's established policy and marketing program to maintain his
patent monopoly by not licensing others to use the invention or by granting licenses under special
conditions designed to preserve that monopoly. 5. The commercial relationship between the
licensor and licensee, such as, whether they are competitors in the same territory in the same line of
business; or whether they are inventor and promotor. 6. The effect of selling the patented specialty in
promoting sales of other products of the licensee; the existing value of the invention to the licensor
as a generator of sales of his non-patented items; and the extent of such derivative or convoyed

(iii) 損害の算定 ― 特許権者の逸失利益と合理的ロイヤルティ金額の関係

　特許権者の逸失利益に基づく損害額と合理的ロイヤルティに基づく損害額については、その大きいほうが選択的に認められることになるが、当該選択も特許権者に有利となるように柔軟に行われる傾向にある[32]。すなわち、たとえば、特許権侵害者の特許権侵害が 9 年間にわたって行われていた場合、初めの 2 年間については合理的ロイヤルティ、次の 4 年間については特許権者の逸失利益、そしてその後の 3 年間については合理的ロイヤルティに基づいた損害額を算出するといったことも行われるのである[33]。

(iv) 損害の賠償請求に関する制約と他方当事者による反論

　特許権者による損害の回復についても無制約ではない。すなわち、回復可能な損害は、当該特許権侵害に関する訴訟を提起したときから遡って 6 年分の特許権侵害行為に限られる[34]。

　次に、特許権者の損害の請求に対する他方当事者の反論としては、当該特許権の有効性に関するものが典型であり[35]、当該有効性が争点となった訴訟において特許権が無効で

---

sales. 7. The duration of the patent and the term of the license. 8. The established profitability of the product made under the patent; its commercial success; and its current popularity. 9. The utility and advantages of the patent property over the old modes or devices, if any, that had been used for working out similar results. 10. The nature of the patented invention; the character of the commercial embodiment of it as owned and produced by the licensor; and the benefits to those who have used the invention. 11. The extent to which the infringer has made use of the invention; and any evidence probative of the value of that use. 12. The portion of the profit or of the selling price that may be customary in the particular business or in comparable businesses to allow for the use of the invention or analogous inventions. 13. The portion of the realizable profit that should be credited to the invention as distinguished from non-patented elements, the manufacturing process, business risks, or significant features or improvements added by the infringer. 14. The opinion testimony of qualified experts. 15. The amount that a licensor (such as the patentee) and a licensee (such as the infringer) would have agreed upon (at the time the infringement began) if both had been reasonably and voluntarily trying to reach an agreement; that is, the amount which a prudent licensee who desired, as a business proposition, to obtain a license to manufacture and sell a particular article embodying the patented invention would have been willing to pay as a royalty and yet be able to make a reasonable profit and which amount would have been acceptable by a prudent patentee who was willing to grant a license."); *see also* Fish & Richardson P.C., *Methodologies for Determining Reasonable Royalty Damages*, https://www.fr.com/reasonableroyalty/.

[32] *Pincus*, *supra* note 28, at 99.

[33] *E.g.*, H. K. Porter Co. v. Goodyear Tire & Rubber Co., 536 F.2d 1115, at 1122 (6th Cir. 1976)（Porter 社が 1965 年に提起した訴訟において、裁判所は、1962 年から 1963 年および 1968 年から 1970 年の間については 8％の合理的ロイヤルティを基礎とした損害賠償額、ならびに、1964 年から 1967 年までの間については逸失利益を基礎とした損害賠償額を算出したうえで、Goodyear 社への支払いを命じた）。

[34] 35 U.S.C. § 286.

[35] 具体的には、たとえば特許権の適格性に関しては新規性、有用性、および非明白性が求めら

あると判断されたものは実に 46％にのぼったとの統計もある[36]。この点については、当該特許権の登録に関する審査を行うアメリカ特許商標庁よりも、特許権侵害訴訟の被告のほうが当該特許権の無効資料を調査する必要性が高いこと、および、アメリカ連邦裁判所のほうがより多くの時間を当該調査にかけること[37]などがその理由として挙げられる。

そのほか、他方当事者による反論としては、衡平法上の禁反言（equitable estoppel）が考えられる。当該反論は、特許権者の振る舞いが、他方当事者に対する特許権の不行使を示唆していたといえる状況が認められ、かつ、他方当事者が当該示唆を信頼して当該特許権の侵害行為を行ったといえる場合に認められる[38]。

さらに、かつては、特許権者が当該特許権の侵害に関する訴訟提起を不合理に理由もなく遅延させていた事情があり、それが被告に重大な不利益をもたらしたといえる場合には、損害の請求を認めない[39]（権利行使懈怠の法理〈laches〉と呼称される）との考えもあったが、現在は否定されている[40]。

（v）損害の増額に関する判断

特許権者の逸失利益または当該特許権に関する合理的ロイヤルティ金額の大きいほうを基礎とした特許権者の損害額については、裁判所は、最大で 3 倍にまで増額させる（enhanced damages）ことが可能である[41]。

3 倍までの損害賠償額の増額は、特許権侵害者に、「通常の特許権侵害を超えた甚だ

れるところ、新規性がない（35 U.S.C. 102(a), (e)）（発明の時点において、当該発明はすでに公知であるもしくはアメリカにおいて一般に使用されている、または、世界のどこかにおいて特許権となっているもしくは公表されている〈このような場合を予見ありの状況（anticipation）という〉）、または、非明白性が認められない（35 U.S.C. 103(a)）（先行技術〈prior art〉をふまえると当該発明は明白である〈obvious〉）との主張が認められた結果、当該特許権の無効性が確認されることが多いようである。このような結果は、アメリカ特許商標庁における特許権の登録手続において、先行技術に関する検討が行われないことが理由であるとされる。*See* STEPHEN M. MCJOHN, INTELLECTUAL PROPERTY, 266, 290-91 (fifth ed. 2014).

[36] Mark A. Lemley, *Rational Ignorance at the Patent Office*, 96 Nw. U. L. Rev. 1495, 6 (2001).

[37] *Id*. at 5-6（アメリカ特許商標庁における特許権の出願審査手続にかける時間は 1 件あたり約 18 時間であるとする）。

[38] *See e.g.*, High Point SARL v. Sprint Nextel Corp., 817 F.3d 1325, 1331 (Fed. Cir. 2016).

[39] MCJOHN, *supra* note 35, at 349.

[40] SCA Hygiene Prods. Aktiebolag v. First Quality Baby Prods., LLC, 137 S. Ct. 954 (2017)（著作権に関する損害の請求との関係において、著作権法に「請求権を有してから 3 年内に訴訟提起しなかった場合には当該権利に関する訴訟提起を認めない」旨の規定があるところ、当該規定は専属的に訴訟提起に関する時間的制約を課したものであり、権利行使懈怠の法理の適用はないとした事案〈Petrella v. MGM, 572 U.S. 663 (2014)〉を参考として、特許法も同種の規定を有するから、同じく権利行使懈怠の法理の適用はないとした）; *see* 17 U.S.C. § 507(b), 35 U.S.C. § 286.

[41] 35 U.S.C. § 284.

しい非行」[42] が認められる場合に、裁判所の裁量のもとで命じられる[43]（このような場合における特許権の侵害は特許権の故意侵害〈willful infringement〉などと呼称される）。

　この点、「通常の特許権侵害を超えた甚だしい非行」については、明確な基準はなく、当該解釈に関する裁量は裁判所に与えられていると評価できるが[44]、近年においては、特許権侵害者の当該侵害に関する主観的要件については従来よりも緩やかに解される傾向にあり、これは特許権者の保護を厚くする方向に働く[45]。

（vi）弁護士費用

　裁判所は、「例外的な場合」（exceptional cases）ではあるものの、敗訴当事者に、合理的な弁護士費用を勝訴当事者に補償するよう判断する場合もある[46]。

　ここに「例外的な場合」とは、当該訴訟の準拠法および事実関係をふまえたときに、勝訴当事者に訴訟上著しく有利な立場が認められた場合、または、当該訴訟の遂行が不合理な手段によって行われた場合をいうとしたものがある[47]。したがって、「例外的な場合」に該当するかどうかについては、訴訟ごとに総合的な事情をふまえた判断が行われることになるが[48]、たとえば、訴訟を提起したものの敗訴した特許権者に対して弁護士

---

[42] Halo Elecs., Inc. v. Pulse Elecs., Inc., 136 S. Ct., 1923, 1935 (2016) ("Those principles channel the exercise of discretion, limiting the award of enhanced damages to egregious cases of misconduct beyond typical infringement.").

[43] *Halo Elecs., Inc.*, 136 S. Ct., 1935 ("Section 284 gives district courts the discretion to award enhanced damages against those guilty of patent infringement . . . In applying this discretion, district courts are 'to be guided by [the] sound legal principles' developed over nearly two centuries of application and interpretation of the Patent Act") （損害賠償金の増額の要否については、裁判所は、特許法の適用および解釈に関する裁判例をふまえつつ判断すべきであるとし、それまでの基準〈Seagate テスト〉を否定した。なお、Seagate テストとは、特許権侵害者が当該行為は特許権侵害を高い確率で構成するとの認識を有していたこと、および、当該侵害者が当該侵害の危険性を知っていたかもしくは知るべきであったことが明白であるということについて、特許権者が明白かつ疑いのない証明を行う必要があるとする基準をいう。*See* In re Seagate Technology, LLC, 497 F.3d 1360, 1371 (2007); *see also* Veronica Corcoran, *Determining Enhanced Damages After Halo Electronics: Still a Struggle?*, 22, Marq. Intell. Prop. L. Rev., 291, 292-96, https://scholarship.law.marquette.edu/cgi/viewcontent.cgi?article=1330&context=iplr.

[44] Corcoran, *supra* note 43, at 297, 307.

[45] *Id*. at 292.

[46] 35 U.S.C. § 285.

[47] Octane Fitness, LLC v. ICON Health & Fitness, Inc., 545, 554 (2014) ("We hold, then, that an 'exceptional' case is simply one that stands out from others with respect to the substantive strength of a party's litigating position (considering both the governing law and the facts of the case) or the unreasonable manner in which the case was litigated. District courts may determine whether a case is 'exceptional' in the case-by-case exercise of their discretion, considering the totality of the circumstances.).

[48] *See* Blackbird Tech LLC v. Health In Motion LLC, 944 F.3d 910 (Fed. Cir. 2019).

費用の補償を命じるにあたっては[49]、①わずかな調査をもってしても、訴訟において特許権者が勝訴する見込みが低いことを理解できたといえるかどうか、②特許権者によって低額な和解金を条件とした和解案の提示があったかどうか[50]、および③特許権者の過去の行為などをふまえると[51]、特許権者に弁護士費用を負担させることが、今後の特許権者による類似の行為を予防することになるかどうかなどが指標となると思われる。

なお、損害賠償額の増額と弁護士費用の補償はともに一方当事者の真摯性に欠けた振る舞いに対する制裁的な意義を有するが[52]、必ずしもこれらは統一的に判断されるものではなく[53]、一方のみが認められるといったこともある[54]。

アドバンス

8-4-X	裁判所によって損害賠償額が増額される事態を予防するには、どのように対応すべきか。

万が一、自己の活動が第三者の特許権を侵害してしまった場合に備える意味では、少なくとも、「通常の特許権侵害を超えた甚だしい非行」への該当性を否定できるようしておきたいところである。

この点、裁判所は、諸般の事情を総合的に勘案するとされるものの、特許権侵害者が特許調査を実施したうえで、当該特許権は無効である、または、自己の行為は当該特

---

[49] *See* Dennis Crouch, *Attorney Fees Designed to Deter Future Wasteful Litigation (Dec. 16, 2019)*, https://patentlyo.com/patent/2019/12/attorney-designed-litigation.html.

[50] *E.g., Blackbird Tech LLC*, 944 F.3d（原告から被告に対しては、幾度かにわたって、〈80,000 ドルからはじまり、最終的には 15,000 ドルに至る和解金の支払いを条件とした〉和解案の提示が行われたところ、被告が訴訟に要する費用よりもはるかに低額である当該和解申し入れは原告の不誠実さおよび「例外的な場合」への該当性の考慮に影響を与えうるとした）; *See also e.g.,* Eon-Net LP v. Flagstar Bancorp, 653 F.3d 1314 (Fed. Cir. 2011).

[51] *E.g., Blackbird Tech LLC*, 944 F.3d（原告は弁護士が所有およびコントロールする会社であり、特許権を購入したうえで、2014 年以降で 100 件を超える特許権侵害訴訟を提起していたほか、それら訴訟はすべてが本案判決には至っていなかったところ、これらをふまえると、原告による勝訴の見込みの低い訴訟提起を抑止する必要性は認められる〈したがって、「例外的な場合」への該当性を認めることも許容される〉とした）。

[52] *See Pincus, supra* note 28, at 131, 133-34.

[53] Livesay Window Company v. Livesay Industries, 251 F.2d 469, 475 (5th Cir. 1958) ("Whether such principle is automatically applied mechanically to the obviously different situation of the unsuccessful defendant, we do not believe, as the Infringer contends, that allowance of attorney's fees is necessarily synonymous with permissible allowance of punitive damages for willful infringement.").

[54] *Id*.

許権の侵害に該当しないとの誠実な信念を有していたかどうかを重要視する[55]。そこで、当該信念を裏付けるため、特許弁護士による（当該特許権の無効または対象行為の特許権の非侵害に関する）意見を取得しておくことが特に重要となる。

　そのほか、ライセンシーにとっては、ライセンス契約において、ライセンサーから、「ライセンス対象製品に関するライセンス対象権利の実施行為について、第三者の知的財産権を侵害するものとは認識していない」といった表明保証を取り付けることも一定の意義が認められると思われる。【8-4-A】【8-4-B】

サンプル条文

【8-4-A】表明保証条項：　ライセンサーは、ライセンス対象権利の実施が第三者の権利を侵害するものではないことを表明し、保証する。

<u>Licensor represents and warrants</u> to Licensee that, to the best knowledge of Licensor, <u>the Licensee's exercise of the Licensed Patents</u>, in accordance with the terms and conditions set forth in this Agreement, <u>shall not infringe or misappropriate</u> any patents or any proprietary rights of third parties.	ライセンサーは、ライセンサーの知る限りにおいて、本契約に定める条件に従ったライセンシーによる<u>ライセンス対象特許権の実施</u>は第三者のいかなる特許権もしくはいかなる財産権を<u>侵害もしくは盗用するものではないことを</u>、ライセンシーに、<u>表明し、また、保証する</u>。

【8-4-B】表明保証条項：　ライセンサーは、ライセンス対象特許権の実施またはライセンス対象製品の実施が第三者の権利を侵害するものではないことのほか、当該侵害に関する訴訟などのないことを表明し、保証する。

<u>Licensor hereby represents and warrants</u> to Licensee that Licensee's exercise of Licensed Patents in accordance with the terms and conditions set forth in this Agreement, the Licensed Products and the receipt, distribution, sale, offer for sale, or use of the Licensed Products by Licensee and Licensee's customers and end users <u>do not infringe</u>, whether indirectly (contributorily	ライセンサーは、ライセンシーによる本契約の条件に従ったライセンス対象特許権の実施、ライセンス対象製品、および、ライセンシー、ライセンシーの顧客、または最終消費者によるライセンス対象製品の受領、頒布、販売、販売の申し入れ、もしくは使用がアメリカ国内における、いかなる著作権、商標権、トレード・ドレス（出所表示）、トレード・シークレット、特許権、もしくは第三者

---

[55] Brain S. Mudge and Shawn W. O'Dowd, *Opinions of Counsel Once Again Key to Avoiding Enhanced Damages* (Apr. 27, 2017), 11, No. 10, THE NAT'L L. REV., (citing Read Corp. v. Portec, Inc., 970 F.2d 816, 827 (Fed. Cir. 1992), https://www.natlawreview.com/article/opinions-counsel-once-again-key-to-avoiding-enhanced-damages.

or by induced infringement) or directly, upon any copyright, trademark, trade dress, trade secret or patent or other proprietary or intellectual property right of any third party in the United States. Licensor hereby represents and warrants to Licensee that <u>there are no suits or proceedings, pending or threatened</u> (or for which any basis exists) <u>alleging any such infringement</u>.

のその他の所有権もしくは知的財産権を、間接的（寄与侵害もしくは誘引的侵害によって）または直接的であるかどうかにかかわらず、<u>侵害しないことをここに表明し、また、保証する</u>。ライセンサーは、ライセンシーに、係属中もしくは言いがかり（何らかの根拠を伴うものも含む）であるかどうかにかかわらず、<u>当該侵害を主張する訴訟または手続のないことを表明し、また、保証する</u>。

第**9**章

表明保証および責任の制限

Representations and Warranties and Limitations on Liability

　ライセンス契約においても、表明保証条項（Representations and Warranties Clause）が設けられることは多い。そして、「表明」と「保証」は異なる意義および効果を有するため、並列的に規定される傾向にある。

　すなわち、まず、表明（representations）は、現在または過去の事実に関して、他方当事者の信頼を得るべく行われる[1]。そして、表明違反は、契約法または不法行為法における虚偽表示（misrepresentation）を構成しうるものであり、当該表明違反が重大な事項に関するものである場合、または、当該表明が真実でないことについて表明者が知っていた、もしくは知っているべきであったといった事情がある場合には、当該契約を無効としたうえでの原状回復の請求、または、当該表明に関して被った損害の賠償[2]を請求することができる[3]。

---

[1] TINA L. STARK, DRAFTING CONTRACTS HOW AND WHY LAWYERS DO WHAT THEY DO 140-41 (2d ed. 2013); *see also* 米国法商取引, 89-91.

[2] このような虚偽表示を詐欺的虚偽表示（fraudulent misrepresentation）という。RESTATEMENT (SECOND) OF CONTRACTS § 162(1), 164; RESTATEMENT (SECOND) OF TORTS § 525. *See* STARK, *supra* note 1, at 17（損害賠償の請求については逸失利益もその範囲に含めることができるとするのが多数説であると紹介する）。

[3] STARK, *supra* note 1, at 17-18（詐欺的虚偽表示に対して、表明内容が真実でないことについて表明者が善意〈innocent representation〉もしくは過失があるに過ぎなかった場合〈negligent misrepresentation〉においては、他方当事者は当該契約を無効としたうえで原状回復を請求できるにとどまる〈ただし、信頼利益の範囲で損害賠償の請求を認めた事案もあるようである〉と紹介する）。*See* BRIAN A. BLUM, CONTRACTS EXAMPLES & EXPLANATIONS, 443-44 (6th ed. 2013)（伝統的には契約の撤回〈rescission〉およびその効果としての原状回復については契約法上の救済であり、損害の賠償請求については不法行為上の救済であると整理されてきたが、近時に

　次に、保証（warranties）は、保証内容が現在または過去の事実に照らして正確であることに関して提供される[4]。保証違反は、契約違反を構成し[5]、他方当事者は自己の逸失利益を含めた損害の賠償請求が可能となりうる[6]。なお、契約違反に関しては、当該保証内容が正確でないことのみをもって（違反当事者が当該不正確性を知っていた、または知っているべきであったといった事情は要求されることなしに）責任が生じる厳格責任である[7]。

　第9章においては、表明保証条項における表明保証の内容（9 − 1）、補償条項と表明保証条項の関係（9 − 1 − X）、および、表明保証に関する責任範囲の制限（9 − 2）について紹介する。

おいては、そのような取り扱いは柔軟性に欠けるとして、裁判所は、当事者が契約法上または不法行為上の救済のいずれを求めているかにかかわらず、適切な救済を与える傾向にあると紹介する）; *see also* Stephen L. Sepinuck, *The Virtue of "Represents and Warrants": Another View* (Nov. 15, 2015), Am. Bar Ass'n, https://www.americanbar.org/groups/business_law/ publications/blt/2015/11/06_sepinuck/.

[4] 表明保証条項における「保証」は現在または過去の事実に関して提供されることが多いものの、将来にわたっての「保証」を提供することも可能である。*See* STARK, *supra* note 1, at 142, 138（表明保証は、当該契約の締結日現在を基礎として提供されるのが通常であるとする）。

[5] KENNETH A. ADAMS, A MANUAL OF STYLE FOR CONTRACT DRAFTING 108 ¶ 3.379 (4th ed. 2017).

[6] Sepinuck, *supra* note 3.

[7] *Id.*

| 9-1 | ライセンサーは、ライセンス対象権利に関して、どのように表明保証を行うべきか。 |

実務上の対応

➤ライセンス契約においては、ライセンス対象権利の実施と第三者の知的財産権との関係に関する表明保証が最も重要なもののひとつといえるが、ライセンサーとしては、当該表明保証について一定の制限をかけたいところである。

➤そこで、「ライセンサーの知る限りにおいて」表明保証を行う、または、ライセンス対象権利の性質に応じた表明保証を行うといったことも考えられる。

検討のポイント

　ライセンス契約における「表明保証」は主にライセンサーによって提供される。具体的には、ライセンサーが当該ライセンス契約を締結する権限を有していること（たとえば、ライセンス対象権利を有していること、および、〈独占的ライセンス契約の場合においては〉その他の第三者にライセンスを付与していないこと）などであるが、これはライセンサーとしても表明保証を行いやすい事項であると思われる。これに対して、たとえば、ライセンス対象権利が一定の技術的特性をもたらすといった表明保証の提供は受け容れがたいであろう[8]。【9-1-A】

　ライセンス契約において最も議論の対象となるのは、ライセンス対象権利と第三者の権利の関係についての表明保証（たとえば、ライセンス対象権利の実施が第三者の権利を侵害しないこと、または、ライセンス対象権利は有効なものであること）である。

　この点、ライセンサーとしては、第三者の権利に関する調査の困難性も考慮して、「ライセンサーの知る限りにおいて」表明保証を提供することが多い[9]。【9-1-B】

　ライセンシーとしては、当該表明保証も一定の意義を有しうるが[10]、さらに、ライセ

---

[8] *See* STARK, *supra* note 1, at 164-65（ライセンス契約はライセンシーにライセンス対象権利を実施する権利を付与するものであって、製品に一定の性能が確保されていることが前提となる売買契約または開発契約とは異なることを指摘する）。

[9] Rahul Kapoor and Shokoh H. Yaghoubi, *Contract Corner: Knowledge Qualifiers in IP Representations and Warranties*（Jun. 28, 2019）, TECH & SOURCING@MORGAN LEWIS, https://www.morganlewis.com/blogs/sourcingatmorganlewis/2019/01/knowledge-qualifiers-in-ip-representations-and-warranties.

[10] たとえば、ライセンシーとしては、ライセンス対象権利の実施が第三者の特許権を侵害した場合において、損害賠償額の増額を免れうる根拠となるともいえる。*See* KLEMCHUCK LLP, *Top Intellectual Property (IP) Traps to Avoid in Contracts*（Mar. 9, 2020）, https://www.klemchuk.com/ideate/top-intellectual-property-traps-avoid-contracts. *See also* 8 － 4 － X『損害賠償額の増額

ンシー自身の知見のみでなく「通常有しているべき知見によっても」（ライセンス対象製品の製造などの）ライセンス対象権利の実施が第三者の権利を侵害しないことに関する表明保証を要求することが考えられる[11]。【9-1-C】

　また、表明保証に「ライセンサーの知る限りにおいて」といった制限（以下、「ライセンサーの知見に関する制限」という）を付すことについては、表明保証の対象となる権利をふまえたものとすることも考えられる。すなわち、表明保証の内容が「ライセンス対象権利の実施が第三者の著作権またはトレード・シークレットを侵害しない」といったものである場合、それらの権利侵害については権利侵害者（ライセンサー）の主観が要件とされていることをふまえると[12]、（ライセンサーの知見に関する制限を表明保証に付したとしても、結局、表明保証の範囲に変わりは生じないから）ライセンシーとしては、ライセンサーの知見に関する制限を受け容れたとしても実質的な不利益はないといえる[13]。

　これに対して、表明保証が「ライセンス対象権利の実施は第三者の特許権または商標権を侵害しない」といったものである場合はどうであろうか。

　この点、特許権および商標権の権利侵害については権利侵害者の主観は要件とされていない[14]。したがって、ライセンサーは、ライセンサーの主観においては当該表明保証が可能であるが、完全な第三者の権利調査は困難であって、その他の場合に関する表明保証は提供できないと主張することの意義はいっそう高いものといえる。【9-1-D】その裏返しとして、当該表明保証はライセンシーにとっては不十分な面を有することにもなるが、特に損害賠償額の増額の要件である「通常の特許侵害を超えた甚だしい非行」への該当性を否定することなどとの関係においては一定の意義が認められるといえる[15]。

を課される事態を防止するにはどのように対応すべきか』

[11] Kapoor, *supra* note 9.

[12] *See* STEPHEN M. MCJOHN, INTELL. PROP. 163-64, 525-26 (2015 fifth ed.); THE UNIF. TRADE SECRETS ACT § 1(2).

[13] Kapoor, *supra* note 9.

[14] 35 U.S.C. § 217; 15 U.S.C. § 1114; MCJOHN, *supra* note 12, at 328-29, 442.

[15] Kapoor, *supra* note 9.

アドバンスド

| 9-1-X | 補償条項があるにもかかわらず、ライセンス対象権利に関する表明保証条項を設ける意義は何か。 |

　ライセンス契約においては、ライセンス対象権利の実施が第三者の知的財産権を侵害することになった場合の取り扱いを補償条項（Indemnification Clause）において定めることが通常である。そして、補償条項において、ライセンシーは、当該知的財産権の侵害に伴って自己が被る損害に関する補償をライセンサーから受けうることになる。

　その場合、補償条項とは別にライセンサーから、ライセンス対象権利の実施が第三者の知的財産権を侵害しないといった表明保証を取り付けることの意義が問題となるが、それは補償条項と表明保証条項の効果の差異から説明できる。

　すなわち、補償義務は、当該知的財産権の侵害によってライセンシーが現実に損害を被った場合に初めて生じる義務である。これに対して、表明保証は、当該知的財産権の侵害の事実があった時点でその違反を構成することになり[16]、ライセンシーはそれを根拠としたライセンス契約の解除などの主張も可能となりうるのである[17]。

　したがって、補償条項に加えて表明保証を受けることも、救済の選択肢を増やすという観点において意義があるといえる。

サンプル条文

【9-1-A】非表明保証条項：　一切の表明保証（ライセンス対象製品が一定の技術的特性をもたらすかという点を含む）を行わないものとする。

Licensor, its board members, officers, employees and agents <u>make no representations</u>, and <u>extend no warranties of any kind</u>, either express or implied, including but not limited to implied warranties of	ライセンサー（その取締役会の構成員、執行役員、従業員、および代理人を含む）は、いかなる表明も行わず、黙示の商品性の保証または特定の目的に適合することの保証を含むあらゆる種類の保証を明示的にも黙示的に

---

[16] この点、補償条項において防御義務も定めてある場合においては、当該知的財産権の侵害の事実があった時点から、ライセンサーによる防御の提供という早期の救済を（表明保証と同様に）受けることも可能である。*See* 10 − 4『補償条項において、「補償する（indemnify）」との定め以外に、「免責する」（hold harmless）または「防御する（defend）といった定めも必要か』

[17] Amit Singh, *COMMERCIAL AGREEMENTS: REPRESENTATIONS AND WARRANTIES AND INDEMNIFICATION* (Nov. 11, 2020), at 27, https://www.acc.com/sites/default/files/program-materials/upload/11.11%20Indemnification%20and%20Reps%20Warranties.pdf.

| *merchantability or fitness for a particular purpose, and assume no responsibilities whatever with respect to design, development, manufacture, use, sale or other disposition by licensee or sublicensees of Licensed Products.* | も行わないほか、ライセンシーまたはサブライセンシーによるライセンス対象製品の設計、開発、製造、使用、販売、もしくはその他の取り扱いについて責任を引き受けない。 |

【9-1-B】表明保証条項： 表明保証を「ライセンサーの知る限り」において提供する。

| Licensor represents and warrants that, <u>to the extent of its knowledge,</u> (a) Licensor is the sole owner of the Licensed Patents and the Licensed Know How, and has not granted to any third party any license or other interest in the Licensed Patents or Licensed Know How in the Field of Use within the Territory, (b) Licensor is not aware of any third-party patent, patent application or other intellectual property rights that would be infringed by making, using, importing or selling Licensed Products, and (c) any of Licensed Patents have not expired, lapsed, or been held invalid, unpatentable or unenforceable by court or other authority of competent jurisdiction in the issuing country in a decision which is not subject to pending appeal or is no longer appealable. | ライセンサーは、<u>ライセンサーの知る限りにおいて</u>、（a）ライセンサーはライセンス対象特許権およびライセンス対象ノウハウの唯一の所有者であり、ライセンス対象地域内におけるライセンス対象分野との関係において、ライセンス対象特許権およびライセンス対象ノウハウに関するライセンスまたはその他の権利を第三者に付与していないこと、（b）ライセンサーは、ライセンス対象製品の製造、使用、輸入、または販売によって権利侵害の生じるような第三者の特許権、特許出願、またはその他の知的財産権を認識していないこと、ならびに、（c）いずれのライセンス対象特許権も期間満了を迎えていないこと、失効していないこと、または当該権利を付与した管轄権のある裁判所もしくはその他の当局によって無効、特許性なし、もしくは執行力なしといった判断が、控訴審が係属していない状況、もしくは、控訴期間を徒過している状況において行われていないことを表明し、保証する。 |

【9-1-C】表明保証条項： 表明保証を「ライセンサーの知る限り」のみでなく、「（ライセンサーが）通常有しているべき知見」においても提供する。

| Licensor represents and warrants that, <u>regardless of whether Licensor's actual knowledge or constructive knowledge,</u> | ライセンサーは、<u>ライセンサーの現実の認識またはライセンサーが有しておくべき認識のいずれであるかにかかわらず</u>、ライセンス対 |

Licensor is not aware of any third-party patent, patent application or other intellectual property rights that would be infringed by making, using, importing or selling Licensed Products.	象製品の製造、使用、輸入、または販売によって権利侵害の生じるような第三者の特許権、特許出願、もしくはその他の知的財産権を認識していないことを表明し、保証する。

【9-1-D】表明保証条項：　表明保証のうち、ライセンス対象製品による第三者の特許権および商標権の侵害に関しては、「ライセンサーの知る限り」において、提供されるものとする。

Licensor represents and warrants that Licensor is not aware of any third-party intellectual property rights that would be infringed by making, using, importing or selling Licensed Products, <u>provided however that the foregoing representations and warranties are made to Licensor's knowledge with respect to third-party patents, patent applications, trademarks, trademark applications, service marks, or service mark applications</u>.	ライセンサーは、ライセンス対象製品の製造、使用、輸入、または販売によって権利侵害の生じるような第三者の知的財産権を認識していないことを表明し、保証する。<u>ただし、上記の表明保証は、第三者の特許権、特許出願、商標権、商標出願、サービス・マーク、またはサービス・マーク出願に関しては、ライセンサーの認識の範囲において提供されるものとする。</u>

クイック・リファレンス

【表明保証の対象およびその内容の例】

対象	内容
契約の締結権限	・ライセンサーの契約締結者がライセンス契約の締結権限を正当に有していること
契約の履行能力	・ライセンサーがライセンス契約における義務を履行する能力のあること ・ライセンス契約が独占的ライセンス契約である場合において、ライセンサーは第三者にライセンスを付与していないこと ・ライセンサーによるライセンス契約における義務の履行が、ライセンサーと第三者の間の契約違反を構成するものではないこと

ライセンス対象権利またはライセンス対象製品	・ライセンサーがライセンス対象権利を正当に有していること ・ライセンサーは、第三者から、ライセンス対象権利の無効性に関する主張を受けていないこと ・ライセンサーは、第三者から、ライセンス対象製品が第三者の知的財産権を侵害するとの主張を受けていないこと ・ライセンス対象権利の実施は、ライセンス対象製品の性能を確保するに適していること

| **9-2** | 当事者の表明保証などに関する責任範囲を制限する方法として、どのようなものが考えられるか。 |

実務上の対応

➤当事者の表明保証などに関する責任範囲を制限する方法としては、（1）補償者による補償対象となる損害の種類に制限をかける、（2）補償者による補償の金額に制限をかける、または（3）被補償者が補償者に対して補償責任を追及できる法的根拠に制限をかけるといったものが考えられる。

検討のポイント

　ライセンサーとしては、何らの表明保証を提供することもなしに（さらには補償義務を負うこともなしに）ライセンス契約の締結に至ることができれば万全であろう。【9-2-A】

　もっとも、そのような場合は極めてまれであるから、ライセンサーとして目指すべきは、補償が無制限となることを避けるべく、補償に関する制限をかけることである[18]。

　まず、補償者による補償対象となる損害の種類に制限をかけるという方法がある。たとえば、補償の対象は、被補償者の被った直接損害（direct damages）に限るものとし、付随的損害（incidental damages）、派生的損害（consequential damages）、または懲罰的損害（punitive damages）といった損害についての責任を否定するのである。【9-2-B】【9-2-C】【9-2-G】

　また、補償者による補償の金額に制限をかけるといった方法も考えられる。たとえば、自己の責任金額について、対象取引の金額または特定の金額を上限とするのである。【9-2-D】【9-2-E】【9-2-F】【9-2-G】

　この点、契約法などを根拠として負う補償責任に関する制限を設けるかどうかについては当事者間の交渉事項となるのが原則である[19]。

　ライセンス契約の場合、当該交渉にあたっては、当該ライセンス契約において受ける補償者の利益をひとつの指標とすることができる。すなわち、ライセンサーが補償者である場合においては、当該ライセンス契約に基づいて受領するライセンス料、ライセンシーが補償者である場合においては、ライセンス対象製品の販売などによる収益が目安となる。

---

[18] *See* 米国法商取引, 86-88, 119-21.

[19] *See* ADAMS, *supra* note 5, at 364 ¶ 13.407, 13.408.

なお、それら補償責任の制限については、その実効性を確保する趣旨で、契約法に基づく責任の追及に限られず、たとえば、不法行為法に基づく責任の追及など、その他の根拠に基づく責任に関しても適用があるものとしておくべきである。【9-2-H】【9-2-I】

アドバンスド

_9-2-X_	補償者の責任を制限する条項について、形式上の配慮は必要か。

　補償責任を制限する責任制限条項（Limitations on Liability Clause）に関しては、当該条項のすべてが大文字で記載されていることが相当に多いと思われるが、事業者間におけるライセンス契約については、責任制限条項を大文字などで記載することが必須であるまではいいがたい[20]。

　もっとも、契約書における大文字またはイタリック体などの利用は、売買契約を中心として、契約違反当事者に当該違反に伴う責任を全うさせるという契約法の原則に対応する側面を有するから[21]、万全を期する意味で、実務上、それらの利用を選択することも妥当といえる[22]。

---

[20] _See e.g._, Nat'l Information Solutions, Inc. v. Cord Moving & Storage Co., 475 S.W.3d 690, 692 (Ct. App. Miss. 2015)（両当事者が同程度の契約交渉能力を有する事業者であるような場合においては、不明瞭な部分を有する責任制限条項も有効であると理解される旨を示唆した）。

[21] _See_ U.C.C. § 2-719(3) cmt. 1, § 2-302 cmt. 1（物品の売買取引に関して州法の参考とされているアメリカ統一商法典においては、抑圧的対応または不公正な不意打ちを防止する趣旨から、当事者の派生的損害に関する責任を除外する、または、派生的損害に関する責任金額を制限するといった契約上の措置については非良心的〈unconscionable〉なものではない必要があり、これを満たさない場合、当該規定は存在しないものとして取り扱う。_See also_, J.H.A., _Unconscionable Contracts under the Uniform Commercial Code_, 109 U. of PENN. L. REV. 401, 412 (1961), www.jstor.org/stable/3310496（非良心的であるかどうかが争点となった訴訟の大部分は、対象となる規定の重要性を目立たせないなどの目的のもと、当該規定が小さな文字で示されている事例であることを紹介する）。

[22] _See, e.g._, _Nat'l Information Solutions, Inc._, 475 S.W.3d, 692（自己の過失に基づく行為に関する責任についても責任制限条項の対象とするためには、その旨を明確に規定する必要があるとした）（"In general, for a party to effectively release itself from or limit liability for its own negligence, the language of the contract must be clear, unequivocal, conspicuous and include the word 'negligence' or its equivalent."）。

サンプル条文

【9-2-A】非表明保証条項：　ライセンサーは、当該ライセンス契約は、ライセンシーによって取り扱われるライセンス対象製品が第三者の知的財産権を侵害するものではないとの表明保証を行うものではないとする。

The license granted herein is provided "AS IS" and without warranty of merchantability or warranty of fitness for particular purpose or any other warranty, express or implied. Licensor makes no representation or warranty that the Licensed Product will not infringe any other patent or other proprietary rights of third parties. Nothing in this Agreement shall be construed as Licensor's representation or warranty that anything made, used, sold or otherwise disposed of under any license granted under this Agreement is or shall be free from infringement of patents of third parties.	本契約において付与されるライセンスは「現状有姿」で提供され、明示的にも黙示的にも、商品適格性の保証、特定の目的への適合性の保証またはその他の保証はないものとして提供される。ライセンサーは、ライセンス対象製品が第三者の特許権またはその他の財産権を侵害しないことについて、何らの表明および保証を行うものではない。本契約は、本契約において付与されるライセンスに基づいて実施される、製造、使用、販売、またはその他の取り扱いのいかなるものも第三者の特許権を侵害しておらず、かつ、侵害しないものであるとのライセンサーによる表明または保証であると理解されてはならない。

【9-2-B】責任制限条項：　ライセンサーの責任については、ライセンシーの被った間接損害などには及ばないものとする。

In no event Licensor be liable for any indirect, special, incidental or consequential damages (including, without limitation, damages for loss of profits or expected saving or other economic losses, or for injury to persons or property) arising out of or in connection with this Agreement or its subject matter, regardless whether Licensor knows or should know of the possibility of such damages.	ライセンサーは、いかなる場合においても、本契約またはその内容に関連して生じるもしくは関連する、間接、特別、付随的、もしくは派生的損害（逸失利益、期待された節減もしくは経済的損失、または、人もしくは物に対する損害を含むがそれらに限られない）については、ライセンサーが当該損害について知っていたかどうかまたは当該損害の可能性を認識すべきであったかどうかにかかわらず、責任を負わないものとする。

【9-2-C】責任制限条項：　両当事者について、特定の条項に関する責任以外との関係では、間接損害などについての責任を負わないものとする。

Except to the extent awarded to a third party in a judgment against which the Party is entitled to indemnification (Article 10) or to the extent arising out of a breach of confidentiality (Article13), neither Party shall be liable to the other Party for any indirect, incidental, special, consequential, or punitive damages (including damages for loss of profit) arising out of this Agreement.	判決による裁定が第三者に下された結果、当事者が補償を請求する権利（第10条）を有することになる場合、または、秘密保持違反（第13条）から生じる損害を請求する場合を除き、いずれの当事者も、他方当事者に対して、本契約から生じる、いかなる間接、付随的、特別、派生的、もしくは懲罰的損害（逸失利益に関する損害賠償を含む）についても責任を負わない。

【9-2-D】責任制限条項：　本契約に関するライセンサーの責任については、ライセンサーがライセンス契約で受領した支払い金額を上限とする。

Licensor's aggregate liability for all damages of any kind relating to this Agreement or its subject matter shall not exceed the amount paid by Licensee to Licensor under this Agreement.	本契約またはその内容に関するあらゆるすべての損害についてのライセンサーの責任の総計は、本契約に基づいてライセンシーがライセンサーに支払った金額を超過しない。

【9-2-E】責任制限条項：　保証および補償義務に関するライセンサーの責任について一定金額を上限とする。

Under no circumstances shall Licensor be liable to Licensee for breach of warranty or indemnity for more than US$ 2million.	いかなる場合においても、本契約における保証違反または補償責任に基づいて、ライセンサーがライセンシーに負う責任は200万USドルを超過しない。

【9-2-F】責任制限条項：　両当事者の責任について、一定金額または一定期間内にライセンサーが受領した金額の総額のうち、大きいほうを上限とする。

The aggregate liability of each Party arising out of or relating to this Agreement (excluding sums payable pursuant to Section 3 (Consideration) of this Agreement), whether in contract, tort or otherwise, shall not exceed the greater of (a) US$ 2million or (b) the cumulative amount of payments paid to Licensor during the immediately preceding twelve (12) months period.	本契約によって生じるまたは関連する各当事者の責任の総額（ただし、本契約第 3 条〈対価〉に従って行われる支払金額を除く）は、契約、不法行為またはその他に基づくかどうかにかかわらず、(a) 200 万 US ドル、または、(b) 直前の 12 か月内においてライセンサーに支払った金額の累計額のいずれかのうち大きい額を超えない。

【9-2-G】責任制限条項：　両当事者の責任について、他方当事者の直接損害に限るとともに、一定の金額を上限とする。

The Parties' respective total liability to each other Party for any claim whatsoever, including but not limited to claim based upon contract, negligence, or strict liability in tort, that arises out of or in connection with this Agreement, shall be limited to proven direct damages in an amount not to exceed US$ 2million.	どのような請求であるとしても（契約、過失、または不法行為における厳格責任を含むがそれらに限られない）、当事者それぞれが本契約によって生じるまたは関連して他方当事者に対して負う責任の総額は、200 万 US ドルを超えない証明済みの直接損害の範囲に限られる。

【9-2-H】責任制限条項：　ライセンサーは、その根拠を問わず、ライセンス対象製品に関する責任を負わないものとする。

Licensee and Sublicensees assume the entire risk as to performance of Licensed Products. In no event shall Licensor, including its board members, officers, employees and agents, be responsible or liable for any direct, indirect, special, incidental, or consequential damages or lost profits or other economic loss or	ライセンシーおよびサブライセンシーは、ライセンス対象製品の性能に関するすべての危険を引き受ける。ライセンサー（その取締役会の構成員、執行役員、従業員、および代理人を含む）は、いかなる場合においても、その法的根拠にかかわらず、ライセンス対象製品に関して、ライセンシー、サブライセン

damage with respect to Licensed Products to Licensee, Sublicensees or any other person or entity <u>regardless of legal theory</u>. The above limitations on liability apply even though Licensor, its board members, officers, employees or agents may have been advised of the possibility of such damage.	シー、またはその他の個人もしくは法人の被った直接、間接、特別、付随的、もしくは派生的損害、または、逸失利益もしくはその他の経済的損失もしくは損害について<u>義務および責任を負うものではない</u>。上記の責任の制限は、ライセンサー、その取締役会の構成員、執行役員、従業員、または代理人が当該損害の可能性について知らされていたとしても適用があるものとする。

【9-2-l】責任制限条項：　契約上定めた責任除外または責任制限は、契約法を含むあらゆる根拠に基づく請求について適用があるものとする。

The foregoing exclusions and limitations shall apply to all claims and actions of any kind, <u>whether based on contract, tort (including but not limited to negligence), or any other grounds</u>.	上述の責任除外もしくは責任制限は、<u>当該責任の追及が契約法、不法行為法（過失に起因するものを含むがそれに限られない）、またはその他の根拠に基づくかどうかにかかわらず、すべての請求またはあらゆる種類の行為に適用される</u>。

第 **10** 章

損害の補償

Indemnification

イントロダクション

　ライセンス契約に基づいて発生しうる損害については、その填補を他方当事者に求めたいところであり、それは主に、補償条項（Indemnification Clause）において規律される[1]。

　ライセンス契約との関係において一方当事者から他方当事者に向けた補償が必要となりうる典型例としては、次のようなものが考えられる。

　まず、たとえば、ライセンシーが、ライセンサーから特定の製品の製造・販売に関するライセンスを受けた場合に関するものがある[2]。すなわち、ライセンシーが第三者からライセンス対象製品の製造・販売が当該第三者の知的財産権を侵害するといった通告を受けた場合、ライセンシーとしては、ライセンサーにその対処に要する費用の補償を求めたいところであろう[3]。【10-1-A】

　次に、たとえば、ライセンシーが、ライセンス対象分野またはライセンス対象地域を超えてライセンス対象権利を実施した場合がある。この場合、ライセンサーは、当該分野または地域における自己によるライセンス対象製品の販売機会の喪失、または、別のライセンシーからライセンス料を受領する機会の喪失などを理由として、ライセンシー

---

[1] 被補償者としては、補償条項についての解釈は、被補償者に厳格な方向で解釈される傾向にあるという事実を認識したうえで、補償条項を設ける必要もある。*See e.g.*, Angelo Iafrate Const., LLC v. Potashnick Const., Inc., 370 F.3d 715, 721 (8th Cir. 2004) (quoting Chevron U.S.A. Inc. v. Murphy Exploration & Prod. Co., 356 Ark. 324, 330 (Sup. Ct. Ark. 2004)) ("Indemnity agreements are construed strictly against the party seeking indemnification.").

[2] *See* CYNTHIA CANNADY, TECHNOLOGY LICENSING AND DEVELOPMENT AGREEMENTS 172 (2013 ed.) (ライセンス契約の補償条項においては、ライセンサーが補償者となることが多いと紹介する)。

[3] *See id*. at 169.

にその補償を求めたいところであろう[4]。【10-2-A】

　最後に、たとえば、ライセンシーがライセンス対象権利を実施して開発・販売したライセンス対象製品について欠陥があり、当該製品の購入者が人身損害を受けた場合がある。ライセンサーおよびライセンシーは、当該被害者から当該欠陥に伴う損害を請求される可能性があるが、ライセンス対象権利自体は当該欠陥と無関係であるような場合において、ライセンサーは、ライセンシーにその対応を求めたいところであろう[5]。【10-2-B】

　第 10 章においては、補償条項の必要性（10 − 1）、商標権ライセンスと補償条項の関係（10 − 2）、補償条項に基づく弁護士費用の請求（10 − 3）、補償義務の履行の請求に要した弁護士費用の請求（10 − 3 − X）、補償条項における補償義務、免責義務、および防御義務の関係（10 − 4）、防御義務に関する交渉事項（10 − 5）、ならびに、補償義務の対象外とすべき事項（10 − 6）について紹介する。

クイック・リファレンス

【補償条項における検討項目と検討対象および選択肢の案】

検討項目	検討対象・選択肢の案
補償者（indemnitor）／被補償者（indemnitee）	• ライセンサーまたはライセンシーのいずれが補償義務を負うか。 ➤ 被補償者の範囲はどのように設定するか（被補償者の役員／従業員／代理人／顧客／サブライセンシーなどを含めるか）。 ➤ 商標権ライセンスの場合におけるライセンサーの潜在的責任についてどのように考えるか。
補償義務の種類	• 補償条項において、どのような義務を負うか（補償義務〈indemnity〉／免責義務〈hold harmless〉／防御義務〈defense〉）
補償対象となる請求（claim）	• 第三者のどのような権利に基づく請求を補償の対象とするか（特許権侵害／著作権侵害[6] など）。

---

[4] これらのほか、ライセンシーによるライセンス対象特許権の侵害行為によってライセンス対象製品の価格に関する競争が生じたため、ライセンサーのライセンス対象製品の販売価格を下げざるをえなくなったという事情がある場合、当該販売価格の下落分の補償を求めることも考えられる。*See e.g.*, Chrystal Semiconductor Corp. v. Tritech Microelectronics Int'l, Inc., 246 F.3d 1336, 1360 (Fed. Cir. 2001).

[5] *See*, MELVIN JOSEPH DEGEETER, TECHNOLOGY COMMERCIALIZATION MANUAL: STRATEGY, TACTICS, AND ECONOMICS FOR BUSINESS SUCCESS 443 (2004).

[6] *See* Joseph Peterson & Ashford Tucker, *The Buck Stops Where? Avenues to Indemnification in the Copyright Context*, 21, INTELL. PROP. LITIG., 4 (first citing Elektra Entm't Group Inc. v. Santangelo, 2008 U.S. Dist. LEXIS 11845, at 6 (S.D.N.Y. 2008); and then citing Lehman Bros., Inc. v. Wu, 294

	➢第三者からの請求が特許権侵害に関するものである場合、当該特許権侵害の根拠に基づいて補償の対象を区分するか（直接侵害／誘引侵害／間接侵害）。 •第三者による当該第三者の権利に基づく請求について： 　（1）補償者の責任が終局的に認められていなくとも、補償者の補償義務の対象とするか。 　　➢単に第三者から当該第三者の権利に基づく請求があった場合（訴訟には至っていない場合）についても（alleged infringement）、補償者の補償義務の対象とするか。 　（2）請求の原因が被補償者にある場合においても、補償者の補償義務の対象とするか。 　（3）ライセンス対象権利の対象国における請求に限って、補償者の補償義務の対象とするか。
補償対象となる損害 （damages）	•被補償者が第三者に損害賠償責任を負う金額（damages）。 •被補償者が第三者からの請求の結果失った利益（losses）。 •被補償者が第三者からの請求の対応に要した費用（costs and expenses）（弁護士費用／裁判関係費用〈証言録取費用・資料のコピー代金など〉）。 ➢そもそも、ライセンサーまたはライセンシーのいずれが第三者からの請求に対応するか。 　▪第三者からの請求に対応する者に、他方当事者の同意なくして、当該請求を解決する権限を認めるか。
補償条項の適用除外 （carve-outs）	•補償義務者が補償義務を負う必要のない場合を列挙するか（ライセンス対象製品とその他の技術を活用した製品の組み合わせの結果が、第三者による請求の原因である場合）。
補償義務の制限 （limitations on liability）	•被補償者の損害のうち、特定の損害については補償義務の範囲外とするか（exemptions）（派生的損害〈consequential damages〉／付随的損害〈incidental damages〉）。 •被補償者への補償金額について上限を設けるか（caps）（補償時までに受領したライセンス料すべて／補償時の直近 X 年分のライセンス料／固定金額〈$Xmillion〉）。

F. Supp. 2d 504, 505 (S.D.N.Y. 2003)）（著作権について、著作権法または判例法を根拠とした補償請求は認められないとする）("Courts have held that no such rights [to indemnity or contribution] exist under either the Copyright Act or federal common law.")。

【補償条項本文（責任制限条項などを除く）に関する（補償者であるライセンサーによる）修正案の例】

【原案】（被補償者〈ライセンシー〉の提示案）	
Licensor shall defend, indemnify and hold harmless Licensee, its board members, officers, employees and agents, from and against any and all claims of any kind, costs, losses, damages, judgments, penalties, interest, and expenses (including attorney's fees) arising out of a third party's claim against Licensee related to any actual or alleged infringement of the third party's intellectual property in connection with or related to the exercise of Licensed Patents or Licensed Know How granted Licensee under this Agreement.	ライセンサーは、ライセンシーまたはライセンシーの取締役会の構成員、執行役員、従業員、および代理人を、本契約においてライセンシーに付与されるライセンス対象特許権もしくはライセンス対象ノウハウの実施に関連して、第三者からライセンシーに対して、当該第三者の知的財産権を侵害するとの事実または侵害するとの申し立てに関係して行われた請求に関して生じた、いかなる種類の請求、経費、損害、損害賠償金、判決、制裁金、利息、および費用（弁護士費用を含む）についても、そのすべてから、防御し、補償し、また、損害を被らせないようにするものとする。

【修正案】（補償者〈ライセンサー〉の対案）	
Licensor shall defend, indemnify and hold harmless Licensee, its board members, officers, employees and agents, from and against any and all claims of any kind, costs, losses, damages, judgments, penalties, interest, and expenses (including reasonably incurred attorney's fees) arising out of a third party's claim against Licensee related to any actual or alleged infringement of the third party's intellectual property in connection with or related to the exercise of Licensed Patents or Licensed Know How granted Licensee under this Agreement ("Claims"). Notwithstanding the foregoing, Licensor shall have no obligation to indemnify Licensee with respect to the Claims to the extent that the Claims results from negligence or willful misconduct of	ライセンサーは、ライセンシーまたはライセンシーの取締役会の構成員、執行役員、従業員、および代理人を、本契約においてライセンシーに付与されるライセンス対象特許権もしくはライセンス対象ノウハウの実施に関連して、第三者からライセンシーに対して、当該第三者の知的財産権を侵害するとの事実または侵害するとの申し立てに関係して行われた請求に関して生じた、いかなる種類の請求、経費、損害、損害賠償金、判決、制裁金、利息、および費用（合理的に要した弁護士費用を含む）（「請求など」という）についても、そのすべてから、防御し、補償し、また、損害を被らせないようにするものとする。上記にもかかわらず、ライセンサーは、当該請求などが、ライセンシーの過失もしくは故意の失当行為に起因する場合、または、ライセンス対象特許権もしくはライセンス対象ノウハウとライセンサーが提供したものではないその他の

| Licensee or a combination of Licensed Know How or Licensed Patents and other products, equipment, software, or data not supplied by Licensor. | 製品、設備、ソフトウェア、もしくはデータとの組み合わせに起因する場合については、ライセンシーに補償する義務を負わないものとする。 |

10-1 補償条項のない場合、一方当事者は他方当事者に補償を求めることができないのか。

実務上の対応

➢補償条項がない場合であっても、衡平の理念に基づき、補償請求者が第三者に対して責任を負っていること、および、当該補償請求（の範囲）との関係においては補償請求者に過失がないことを満たす場合には、当該責任に関する補償を他方当事者に請求しうる。

➢補償条項は、衡平の理念に基づく請求に関する要件にかかわらず、当事者間で自由に補償に関する取り決めができるという意義を有する。

検討のポイント

契約法は、補償（indemnity）の概念について、衡平上の理念による補償義務（comparative equitable indemnity）、黙示の補償義務（implied indemnity）、および明示の補償義務（express indemnity）に分類する。衡平上の理念による補償義務は補償の対象となる事実をふまえたうえでの衡平の理念、黙示の補償義務は契約条件をふまえたうえでの衡平の理念、そして、明示の補償義務は契約上の規定そのものを根拠として認められる[7]。

これらのうち、衡平上の理念による補償義務および黙示の補償義務については、複数の者が原因となって第三者に損害を与えた場合においては、そのうちの特定の者のみが第三者の損害を填補することは衡平を欠くとの理解が基礎にある[8]。

したがって、これらに基づく補償請求については[9]、①補償請求者が第三者に対して責任を負っていること[10]、および、②当該補償請求（の範囲）との関係においては、補償請求者に過失がないこと[11]が必要とされる。

---

[7] Indemnification & Duty to Defend Subcomm., ACEC Risk Mgmt. Comm., *An Overview of Indemnification and the Duty to Defend*, the Am. Council of Eng'g Companies (2014), at 2-4, https://docs.acec.org/pub/DA77E02A-C742-9915-1727-73DF2CCC23B9.

[8] 当該理解は、その他の者については第三者の損害を填補していないという点で不当利得（unjust enrichment）を観念することができ、すでに補償を行った者はそれらその他の者に対して損害に関する責任割合に応じた金銭の返還請求権を有すると整理するのである。*Id*. at 2-3.

[9] *But see* Peterson et al., *supra* note 6, at 4（著作権法およびアメリカの先例は、著作権に関する独立した補償義務を観念していないことを紹介する）。

[10] *See*, *e.g*., McNally & Nimergood v. Neumann-Kiewit Constructors, Inc., 648 N.W.2d 564, 574 (Sup. Ct. Iowa 2002) ("The first principle is that a party who seeks to establish a right to indemnity in an independent action must normally plead and prove it was liable to the injured party.").

[11] *Id*. 571 ("This rule provides that indemnification contracts will not be construed to permit an

　これらに対して、明示の補償義務については、当事者間で自由に補償義務の発生事由および範囲を設定することができる[12]。すなわち、明示の補償義務については、当事者間の衡平といった理念は妥当せず、もっぱら契約上の規定に従った補償の取り扱いを可能とするのである。したがって、補償請求者が第三者に対する責任を発生させた原因について過失があったとしても補償義務者に対して当該責任の補償を請求できる旨を定めることも可能となる[13]。【10-1-A】【10-1-B】

　多くの契約において、明示の補償義務の根拠となる補償条項が設けられている理由は、このように当事者間のリスク分担を自由に決定できること、または、被補償者が補償者に対して補償を要求する場合の範囲・手続などを具体化できることなどにあるといえる。なお、補償条項を設定した場合、対象事項との関係においては、当該規定に基づく取り扱いが、衡平上の理念による補償義務および黙示の補償義務に優先する[14]。

サンプル条文

【10-1-A】補償条項：　ライセンサーは、ライセンシーによるライセンス対象製品に関して第三者からの請求があった場合、ライセンシーに過失などがあったとしても、ライセンシーにその損害を補償するものとする。

Licensor shall defend, indemnify and hold harmless Licensee, its board members, officers, employees and agents, from and against any and all claims of any nature whatsoever for personal injury and for costs, losses, damages, judgments, penalties, interest, and expenses (including reasonably incurred attorney's fees) (collectively,	ライセンサーは、ライセンシー、ライセンシーの取締役会の構成員、執行役員、従業員、および代理人を、ライセンス対象製品に関して生じるまたは何らかの関係を有する人身損害に関するどのような請求であってもあらゆるものについて、ならびに、いかなる種類の請求、経費、損害、損害賠償金、判決、制裁金、利息、および費用（合理的に要し

---

indemnitee to recover for its own negligence unless the intention of the parties is clearly and unambiguously expressed.").

[12] Roger W. Stone & Jeffrey A. Stone, *INDEMNITY IN IOWA CONSTRUCTION LAW*, 54 Drake L. REV. 125, 133, https://lawreviewdrake.files.wordpress.com/2015/07/lrvol54-1_stone.pdf.

[13] ただし、その場合、補償の対象には被補償者の過失に起因するものも含むことを明確に規定することが要求される。*See* Snohomish County Pub. Transp. Benefit Area Corp. v. FirstGroup Am., Inc., 173 Wn.2d 829, 836 (Sup. Ct. Wash. 2012) (quoting Northwest Airlines v. Hughes Air Corp., 104 Wn.2d 152, 154-55 (Sup. Ct. Wash. 1985)) ("A contract of indemnity will not be construed to indemnify the indemnitee against losses resulting from his own negligence unless this intention is expressed in clear and unequivocal terms."). *But cf.* CAL. CIV. § 2782.8.（カリフォルニア州法は、建築デザイン業務に関する契約などにおいて、補償義務者に過失の認められない事項に関して補償義務を負わせることを禁止する）。

[14] The Am. Council of Eng'g Companies, *supra* note 7, at 4.

"Losses") arising out of or in any way connected to the Licensed Products <u>regardless of whether such Losses are attributable to a negligent or reckless act or omission of Licensee</u>.	た弁護士費用を含む）（これらをまとめて「損害など」という）について、<u>当該損害などがライセンシーの過失、未必の故意による行為、もしくは不作為によるかどうかにかかわらず</u>、防御し、補償し、また、損害を被らせないようにするものとする。

【10-1-B】補償条項：　ライセンサーは、ライセンシーによるライセンスの実施に関して第三者からの請求があった場合、（ライセンシーに過失があった場合の対処について言及することなしに）ライセンシーにその損害を補償などするものとする。

Licensor shall defend, indemnify and hold harmless Licensee, its board members, officers, employees and agents, from and against any and all claims of any kind, costs, losses, damages, judgments, penalties, interest, and expenses (including reasonably incurred attorney's fees) arising out of a third party's claim against Licensee in connection with or related to the exercise of Licensed Patents or Licensed Know How granted to Licensee under this Agreement.	ライセンサーは、ライセンシー、ライセンシーの取締役会の構成員、執行役員、従業員、および代理人を、本契約においてライセンシーに付与されるライセンス対象特許権またはライセンス対象ノウハウの実施に関連して第三者からライセンシーに対して行われた請求に関して生じた、いかなる種類の請求、経費、損害、損害賠償金、判決、制裁金、利息、および費用（合理的に要した弁護士費用を含む）についても、そのすべてから、防御し、補償し、また、損害を被らせないようにするものとする。

10-2	ライセンス対象権利が商標権である場合、補償条項はどのように定めるべきか。

実務上の対応

➤商標権ライセンサーについては、ライセンシーによって製造されたライセンス対象製品に関する製造物責任を負う場合もある。

➤当該責任は、特に、ライセンサーが当該製品に関与していたといえる場合において認められうる。

➤したがって、ライセンサーとしては、ライセンシーに、当該責任が生じた場合における補償義務を負うよう要求することも考えられる。

検討のポイント

　ライセンシーがライセンス対象権利を実施したうえで取り扱う製品については、製造物責任法との関係を考慮する必要がある。

　この点、製造物責任については、主として州法において定められるが[15]、購入者、消費者、または購入者もしくは消費者の財産に不合理に危険をもたらす欠陥のある製品を販売した「販売者」は、当該製品の欠陥から生じた人身損害もしくは財産損害について責任を負うとされる[16]。ここに、「販売者」には製造者なども含まれるところ[17]、「製造者」には、「自らを製造者であるかのように示した者」を含むとされることが多い[18]。

　そこで、商標権のライセンサーについては、自己の商標をライセンシーのライセンス対象製品に付することを許諾したことをもって、「自らを（ライセンス対象製品の）製造者であるかのように示した者」に該当するかどうかが問題となるのである[19]。

　当該問題における商標権ライセンサーの責任の有無は、表見製造業者の法理

[15] *See* Joseph W. Glannon, The Law of Torts 357 (5th ed.).

[16] *Id.*; Restatement (Second) of Torts § 400.

[17] *See e.g.*, Conn. Gen. Stat. § 52-572(a).

[18] *See e.g.*, Conn. Gen. Stat. § 52-572m (e) ("Manufacturer" includes product sellers who design, assemble, fabricate, construct, process, package or otherwise prepare a product or component part of a product prior to its sale to a user or consumer. It includes a product seller or entity not otherwise a manufacturer that holds itself out as a manufacturer.")

[19] 当該問題は、とりわけ商標ライセンサーとの関係において問題となる。その他の知的財産権のライセンス対象製品との関係においては、当該ライセンス対象製品の販売はライセンサーの名称などが関連する状況のもとで行われるわけではなく、また、当該ライセンス対象製品の購入者などもライセンサーの名称などに依拠して取引を行うわけではないからである。*See*, De-Geeter, *supra* note 5, at 443 (2004).

（apparent manufacture doctrine）、すなわち、「ライセンサーが、製造物責任の原因となった製品について、自己が製造業者であるかのように、設計、拡販、または販売に関して重要なコントロールを及ぼしているかどうか」によって判断される。

　表見製造業者の法理が認められる具体的な例としては、たとえば、商標権ライセンサーが、製品の製造に使用する材料の分量について指定している、当該材料の仕入れ先について指定している、または、当該製品の宣伝を商標権ライセンサーの名称を用いて行うように要求しているなどといった事情が認められる場合が挙げられる[20]。

　そこで、商標権ライセンサーは、表見製造業者の法理の適用を避けるべく、商標権ライセンシーのライセンス対象製品への関与を適切に調整することがのぞましい。

　しかし、一方で、商標権ライセンスについては、「商標権使用に関する管理を欠いたライセンス」（naked license）との関係も考慮しなければならないから[21]、ライセンス対象製品に関するすべてを商標権ライセンシーに委ねればよいというわけでもない。

　したがって、商標権ライセンサーは、表見製造業者の法理の適用を回避できなかった場合に備える趣旨で、ライセンシーから、ライセンス対象製品の製造物責任に関する補償義務をとりつけておくことも検討に値する。【10-2-A】【10-2-B】

サンプル条文

【10-2-A】補償条項：　ライセンシーは、自己のライセンス契約違反またはライセンス対象権利の実施に関する請求について、ライセンサーに補償などするものとする。

Licensee shall <u>defend, indemnify and hold harmless</u> and shall require all Sublicensees to defend, indemnify and hold harmless Licensor, its board members, officers, employees and agents, <u>from and against any and all claims of any kind, costs, losses, damages, judgments, penalties, interest, and expenses</u> (including reasonably incurred attorney's fees) <u>arising out of or related to the exercise of any rights granted Licensee under this Agreement</u> or the breach of this Agreement by Licensee.	ライセンシーは、自己またはサブライセンシーをして、ライセンサー、ライセンサーの取締役会の構成員、執行役員、従業員、および代理人を、<u>本契約においてライセンシーに付与されるライセンスの実施ならびにライセンシーによる本契約の違反に基づく請求</u>、および、それらに関する、<u>いかなる種類の請求、経費、損害、損害賠償金、判決、制裁金、利息、および費用</u>（合理的に要した弁護士費用を含む）についても、そのすべてから、<u>防御し、補償し、また、損害を被らせないようにする</u>ものとする。

---

[20] *See* Matthew Carey and Lee J. Eulgen, *New Concern Over Product Liability Risk for Trademark Licensors* (Dec. 12, 2012), THE NAT. L. REV., https://s3.amazonaws.com/documents.lexology.com/7f6afb3e-1428-4f2c-9bf7-8cf0ef741575.pdf.

[21] *Id. See also* 7−2『商標権ライセンスの場合において、ライセンサーによる商標権の維持・管理に関して特に配慮すべき事項は何か』

【10-2-B】補償条項：　ライセンシーは、自己のライセンス対象製品の販売または欠陥などによる人身損害などに関する請求について、ライセンサーに補償などするものとする。

<u>Licensee shall defend, indemnify and hold harmless</u> Licensor and each of its officers, directors, employees, agents and affiliates, and each of their successors and assignees (collectively, "Indemnified Parties") from and against any all costs, losses, claims, liabilities, fines, penalties, consequential damages (other than lost profits) whatsoever, including but not limited to death or injury to person or damage to property, and expenses (including court costs and actual attorney's and expert witness fees) (collectively, "Damages") incurred in connection with, arising directly or indirectly out of (a) Licensee's exercise of any of its rights or conduct of any activities granted hereunder; (b) the commercial sales and/or use or otherwise, of Licensed Products by Licensee, its sublicensee, or any customers of any of them; or (c) <u>the performance, non-performance, or harmful effects of the sale, manufacture, or use of the Licensed Products, including without limitation product liability claims.</u>	ライセンシーは、ライセンサー、ライセンサーの執行役員、従業員、および代理人、ならびに、関係会社およびそれらの承継人もしくは譲受人（まとめて「被補償当事者」という）を、(a) ライセンシーによる本契約のもと付与された権利の行使もしくは活動の実施；(b) ライセンシー、サブライセンシー、もしくはそれらの顧客のいずれかによるライセンス対象製品の商業販売、使用、もしくはその他；または、(c) <u>ライセンス対象製品の機能、不機能、もしくは販売、製造、もしくは使用による弊害（製造物責任を含むがそれに限られない）</u>に関して直接的もしくは間接的に<u>被った</u>、もしくは、発生した、いかなる、かつ、あらゆる種類の費用、損失、請求、責任、罰金、制裁、派生的損害（逸失利益は含まない）および経費（訴訟費用および実際に要した弁護士もしくは専門家証人の費用を含む）（まとめて「損害など」という）から<u>防御し、補償し</u>、また、<u>損害などを被らせないようにするものとする。</u>

10-3 被補償者は、第三者からの請求への対応に要した弁護士費用の補償を受けるため、どのような配慮をすべきか。

実務上の対応

➢弁護士費用については、その補償を補償者から受けることのできるよう、補償条項に明示する必要がある。

➢実務上は、「相応の弁護士費用」を補償者が負担するものと定めることが多い。

検討のポイント

　被補償者が、第三者からの請求に対応するために要する費用のうち、高額なものとなりうる弁護士費用が補償条項における補償の対象であるかどうかは重大な関心事項となる。

　この点、まず、補償条項において弁護士費用が補償の対象に含まれるかどうかが明確でない場合については、当該費用の請求の可否に関する確定的な結論は出ていない[22]。

　次に、同一の契約内において、ある補償条項においては弁護士費用を補償の対象とする定めがあるものの、他の補償条項においては弁護士費用の補償に関する定めがないといった場合においては、後者との関係での弁護士費用の補償は認められがたいとされる傾向にある[23]。

---

[22] *See* Am. Bldg. Maintenance Co. v. L'Enfant Plaza Prop., 655 A.2d. 858, 862 (D.C. 1995)（コロンビア特別区最高上訴裁判所において、補償義務の対象に弁護士費用が含まれるかどうかについては、契約上、弁護士費用が対象であるとの明確な定めのない限り、補償の対象とはならないとした）(". . . the courts have not readily inferred an obligation to indemnify a party for such fees in the absence of explicit and unambiguous contractual language so providing. Where the contractual language is unclear on the question, an obligation to pay counsel fees is not to be inferred, except in cases in which the indemnitee is willing to step aside and turn over to the indemnitor complete control over the litigation."; Appalachian Power Co. v. Sanders, 232 Va. 189, 196 (1986)（バージニア州最高裁判所において、契約に補償条項が存在する場合で、かつ、弁護士費用の補償を認めない旨の定めがない場合においては、弁護士費用の補償の請求も許容されうるとした）. *Cf.* Hill v. American President Lines, Ltd., 194 F. Supp. 885, 891 (E.D. Va. 1961)（補償条項における防御義務との関係については、当該防御者が弁護士費用を負担することが前提となっているとした）("The obligation to defend, at no cost to the [indemnitee], may fairly be interpreted as meaning that the parties intended ... the indemnitor to pay attorney's fees.").

[23] Williams & Connolly LLP, *Defense and Indemnification Provisions: Lessons Learned from Litigation*, ACC Nat'l Cap. Region Corp. L. F. Presentation, 29-31, https://www.acc.com/sites/default/files/2019-03/10-9-18-Contracts-Conference-Session-1.pdf (citing Shee Atika Languages LLC v. Glob. Linguist Sols., LLC, 2014 WL 11430922, at 2 (E.D. Va. 2014)).

　したがって、補償条項においては、弁護士費用が補償の対象であるかどうかを明示すべきである。その場合、補償者としては、被補償者による弁護士の業務に関するコントロールが不十分であった結果として過度に高額な請求を受けることのないよう、当該負担の範囲を、「相応の弁護士費用」（reasonably incurred attorney's fees）に限ることを求めることも多く、当該条件が一般的な実務上の着地点であると思われる。【10-3-A】

アドバンスド

10-3-X	被補償者は、自己が補償者に補償義務の履行を求めるために要した弁護士費用についても、補償条項に基づいて請求することができるか。

　被補償者が補償義務の履行を求めるために要した弁護士費用についても、各州における取り扱いはさまざまであるが、当該弁護士費用の取り扱いについて定めのない補償条項については、その請求を認めないとするものも散見される[24]。

　したがって、被補償者から補償者に対する請求に関する弁護士費用についても、補償の対象である旨を明示することも考えられる[25]。

サンプル条文

【10-3-A】補償条項：　ライセンシーは、自己のライセンス契約違反またはライセンス対象権利の実施に関する請求について、ライセンサーに補償などするものとし、当該補償には、当該対応に要した弁護士費用またはライセンシーへの補償を求めるために要した弁護士費用も含むものとする。

Licensee shall defend, indemnify and hold harmless Licensor, its board members, officers, employees and agents, from and against any and all claims of any kind,	ライセンシーは、ライセンサー、ライセンサーの取締役会の構成員、執行役員、従業員、および代理人を、知的財産権の侵害または本契約の違反のおそれに関する第三者も

---

[24] Williams & Connolly LLP, *supra* note 23 at 27-29, 30（バージニア州において当該弁護士費用の請求を認めた事案、ならびに、コロンビア特別区およびメリーランド州において当該弁護士費用の請求を認めなかった事案を紹介する）。*Cf. id.* at 31（コロンビア特別区およびメリーランド州においては、「〈補償者による〉契約違反から生じた〈被補償者の〉相応の弁護士費用を含む損失を補償する」との規定がある場合において当該弁護士費用の請求を認めた事案を紹介する）。

[25] *See* 米国法商取引, 79-81.

154

costs, losses, damages, judgments, penalties, interest, and expenses (<u>including reasonably incurred attorney's fees</u>) <u>arising out of or related to a claim of</u> third party or <u>Licensor alleging an intellectual property infringement or a breach of this Agreement</u>.	しくは<u>ライセンサーからの請求に起因して生</u>じる、および、それらに関する、いかなる種類の請求、経費、損害、損害賠償金、判決、制裁金、利息、および費用（<u>合理的に要した弁護士費用を含む</u>）についても、そのすべてから、防御し、補償し、また、損害を被らせないようにするものとする。

| **10-4** | 補償条項においては、「補償する（indemnify）」との定め以外に、「免責する（hold harmless）」または「防御する（defend）」といった定めも必要か。 |

実務上の対応

➤ 補償条項における補償者の義務として列挙されることの多い、「indemnity」「hold harmless」、および「defend」はそれぞれ異なる意義を有しうる。

➤ したがって、被補償者は、補償者にこれらすべての義務の負担を求めることがのぞましい。

検討のポイント

　補償条項においては、「Licensee shall defend, indemnify and hold harmless . . . .」というように、「補償する（indemnify）」との文言以外にも「免責する（hold harmless）」または「防御する（defend）」との文言も並べて定められていることが多いところ、これらはそれぞれ異なる意義を有するともいえる[26]。

　この点、まず、補償義務（duty to indemnity）は、補償者（indemnitor）に対して被補償者（indemnitee）の損害を補償する義務を課すものである[27]。

　次に、免責義務（duty to hold harmless）は、実質的には補償義務と同義であると整理されることが多いようであるが[28]、補償義務は被補償者が補償者に対して補償を請求できるという積極的権利を付与するものである一方、免責義務は（たとえ補償者が被っ

---

[26] *See* 米国法商取引, 72-74, 77-79.

[27] 「Indemnity」とは、ある損害に二次的責任者として対応した者に対して、本来的な責任者がその対応に要した費用および損害を填補することをいう。 BLACK'S LAW DICTIONARY: POCKET EDITION 375 (4th ed. 2011); *see, e.g.*, Woodruff Constr. Co. v. Barrick Roofers, Inc., 406 N.W.2d 783, 785 (Sup.Ct. Iowa 1987) (quoting A. Larson, *Workmen's Compensation: Third Party's Action Over Against Employer*, 65 NW. U. L. REV. 351, 368–69 ("[A] third party's action for indemnity is not exactly for 'damages' but for reimbursement").

[28] *See* Joann M. Lytle, *Contractual Indemnity and Additional Insured Coverage*, McCarter & English (Dec. 10, 2014), http://www.ctrims.org/CONTRACTUAL_INDEMNITY_AND_ADDITIONAL_INSURED_COVERAGE___Connecticut_Valley_RIMS___REVISED_c.pdf (first citing Medcom Holding Co. v. Baxter Travelnol Lab., Inc., 200 F.3d 518 (7th Cir. 1999); and then citing Praetorian Ins. Co v. Site Inspection, LLC, 604 F.3d 509 (8th Cir. 2010)) ("Most courts hold that 'indemnity' and 'hold harmless' are synonymous"); *see also* Kenneth A. Adams, "*Hold Harmless*" *and* "*Indemnify*", Adams on Contract Drafting (Oct. 21, 2006), http://www.adamsdrafting.com/hold-harmless-and-indemnify/.

た損害について、被補償者に帰責性が認められる場合であったとしても）被補償者が補償者から補償の請求を受けることがないという消極的権利を付与したものであるとの見解[29]もある[30]。

　防御義務（duty to defend）は、被補償者がライセンス対象権利に関する訴訟などの紛争に巻き込まれた場合において、補償者が訴訟上または金銭上の防御手段を被補償者に向けて提供する義務をいう[31]。防御義務は被補償者が当該紛争に巻き込まれた瞬間に発生する義務である。したがって、ある紛争に関して被補償者が確定的に負うこととなった責任について補償者が負担する補償義務とは区分して理解されるほか[32]、補償義務よりもその義務の範囲が広い傾向にあるとされる[33]。

　したがって、被補償者としては、補償者に、これらすべての義務の負担を求めることがのぞましい[34]。【10-1-A】【10-1-B】

---

[29] Fernandez v. K-M Indus. Holding Co., 646 F. Supp. 2d 1150, 1159 (N.D.Cal. 2009) ("This interpretation finds support in *Queen Villas*, which addresses the meaning of the term 'hold harmless': Are the words 'indemnify' and 'hold harmless' synonymous? No. One is offensive and the other is defensive -- even though both contemplate third-party liability situations. 'Indemnify' is an offensive right -- a sword -- allowing an indemnitee to seek indemnification. 'Hold harmless' is defensive: The right not to be bothered by the other party itself seeking indemnification."). 免責義務は補償者から補償の請求を受けることがないという消極的権利を付与したものであると理解される可能性をふまえて、補償者向けに、補償条項に「hold harmless」を規定しないことを推奨する見解もある。*See* KENNETH A. ADAMS, A MANUAL OF STYLE FOR CONTRACT DRAFTING 367 (4th ed. 2017); *see also* Colin McCall, *IP Indemnities in commercial agreements* (Nov. 2016), https://www.taylorwessing.com/en/insights-and-events/insights/2016/11/ip-indemnities-in-commercial-agreements.

[30] これらのほか、補償義務は、損失（losses）を他方当事者に転嫁するものである一方、免責義務は、損失のみでなく責任（liabilities）をも他方当事者に転嫁するものであるとの見解もある。しかし、この見解に対しては、社会的評判に関する責任、裁判記録が残ることによる責任、または、差止命令（injunction）もしくは特定履行（specific performance）の命令を受けたことに伴う責任といったものについては責任の転嫁が想定できないとの批判がある。*See* Eric Lambert, *Defend, Indemnify and Hold Harmless: What They Mean and How To Use Them* (Jan. 29, 2019), https://www.linkedin.com/pulse/defend-indemnify-hold-harmless-what-mean-how-use-them-eric-lambert/.

[31] *See, e.g.*, Crawford v. Weather Shield Mfg., Inc., 44 Cal. 4th 541, 553 (2008) ("The duty promised is to render, or fund, the service of providing a defense on the promise's behalf").

[32] *See, e.g.*, Joseph J. De Hope, Jr., *The Impact of Crawford v. Weather Shield Manufacturing, Inc. on MGA, Producer and Agency Agreements* (Sept. 2010), 10, Issue 2, the ProfessionalLine, 1, https://www.hinshawlaw.com/assets/htmldocuments/Newsletters/TheProfessionalLineNewsletter_090110.pdf ("Crawford and UDC establish that the duty to defend exists from the time the defense is tendered. In contrast, the duty to indemnify cannot and does not arise until liability is established. Thus, the duty to defend cannot be dependent upon the ultimate liability determination.").

[33] The Am. Council of Eng'g Companies, *supra* note 7, at 6.

[34] *But see* CAL. CIV. CODE § 2778.4（カリフォルニア州においては、契約における「補償義

10-5 　第三者からの請求に対する補償者の防御義務を定めるに際して、被補償者として注意すべき点はあるか。

実務上の対応

➢防御義務については、当事者の防御方針に関する意向をふまえたうえで、その所在を決定したほうが良い場合もある。

➢そのうえで、防御義務の発生する時期、被防御者による防御への協力、および防御対象となる請求の解決方法などを決定しておくことがのぞましい。

検討のポイント

　防御義務については、補償義務および免責義務とは別の観点からの検討が期待される。

　まず、そもそも、いずれの当事者が防御義務を負担するかという観点での検討は重要である。

　なぜなら、第三者からの請求にまつわる問題を解決したいという点においてはライセンサーとライセンシーの意向は同じであると思われるものの、当該請求をどのように解決するかという点においては、それぞれの意向は異なりうるためである。

　たとえば、ライセンサーが防御義務を負担した場合、徹底的に第三者の主張の当否について争うことを選択すると、その間、ライセンシーは、ライセンス対象製品の販売を停止せざるをえないといった事態も生じうる。また、ライセンシーが防御義務を負担した場合においても、ライセンサーのライセンス対象権利にとってのぞましくないような条件で、第三者と和解してしまうといった事態も生じる。

　したがって、防御義務の所在については、これらをふまえたうえで決定しつつ、被防御者としては、防御者から紛争解決の前に当該解決条件についての連絡を受ける機会、および、当該解決条件に対する異議を唱える機会などを確保すべきでないかを検討することになる。【10-5-A】【10-5-B】

　次に、防御義務は被防御者が当該紛争に巻き込まれた瞬間に発生する義務であるとされるが、契約上、当該義務が具体的にいつ生じるのかを明確にしておくことが考えられる。これは、第三者による権利主張が当該第三者の権利に関するライセンスの申し入れのような形式で行われた場合においても防御義務が生じるのか、または、より具体的な

務」について、「防御義務」を含むものと解釈することを原則とする）("In the interpretation of a contract of indemnity, the following rules are to be applied, unless a contrary intention appears: . . . The person indemnifying is bound, on request of the person indemnified, to defend actions or proceedings brought against the latter in respect to the matters embraced by the indemnity, but the person indemnified has the right to conduct such defenses, if he chooses to do so").

権利の主張が行われた場合（当該第三者の権利を侵害しているとの連絡を受けたとき、もしくは、当該第三者から訴訟を提起されたとき）に限って防御義務が生じるのかといった観点での検討事項である[35]。【10-5-A】

　また、防御者は、自らの防御義務を実効的に果たせるよう、被防御者からの協力を取り付けておく必要がある。当該協力としては、被防御者が第三者からの請求を受けた場合においては直ちに当該事実を防御者に通知すること、防御者が防御義務を履行するうえで被防御者が必要な情報を有する場合にはその情報を防御者に提供すること、および、防御者が第三者との紛争の解決を図るうえで必要となる権限を被防御者が有する場合にはそれを付与することなどが挙げられる[36]。【10-5-C】

サンプル条文

【10-5-A】防御条項：　ライセンシーは、ライセンスの実施に関して第三者から請求があった場合、ライセンサーが当該請求を直ちにライセンシーに通知することなどを条件として、ライセンサーを防御する努力義務を負うものとする。

Licensee shall make commercially reasonable efforts to defend Licensor from any and all clams of any kind arising out of or related to the exercise of any rights granted Licensee under this Agreement at its own costs and expense. Licensee shall keep Licensor reasonably informed of all material developments in connection with any legal actions related to such claims; provided that (a) <u>Licensor shall promptly (and in any event within seven (7) business days after receiving notice of the existence of any potential claims) notify Licensee in writing of the existence of any potential claims</u>; and (b) Licensee shall have the right to assume and thereafter conduct the defense of any	ライセンシーは、本契約においてライセンシーに付与されるライセンスの実施から生じるおよび関係する、いかなる、および、あらゆる種類の請求からも、自己の費用と経費をもって、ライセンサーを防御するために商業上合理的な努力を尽くすものとする。ライセンシーは、当該請求の関する法的措置に関連する重要な進展のすべてをライセンサーに適切に知らせるものとする。ただし、(a) <u>ライセンサーは、ライセンシーに、潜在的な請求の存在を書面によって直ちに（いかなる場合においても潜在的な請求の存在の通知を受領したのち７営業日内とする）通知すること</u>；および (b) ライセンシーが、ライセンサーにとっても合理的に許容できる弁護士をもって、当該請求の防御を引き受け、以降、対処す

---

[35] Robert E. Rudnick & Andrew M. Grodin, *Drafting and Negotiating Defense and Indemnification Provisions*, 21 Intell. Prop. Litig. 1, at 9 (2010), https://www.gibbonslaw.com/Files/Publication/19c9e523-352d-4328-b044-057b4e02f43c/Presentation/PublicationAttachment/f91b58b8-1c69-4094-9ab2-0af249de9099/draft.pdf.

[36] *Id* at 10.

claims with counsel of its choice reasonably satisfactory to Licensor, provided that Licensee shall not consent to the entry of any judgment or enter into any settlement with respect to any claims without the prior written consent of Licensor, which consent shall not be unreasonably withheld.

る権利を有すること（ただし、ライセンシーは、ライセンサーの事前の書面による同意なしに〈当該同意は不合理に留保されてはならない〉、いかなる判決登録への同意または和解の成立に同意してはならない）を条件とする。

【10-5-B】防御条項：　ライセンサーは、ライセンスの実施に関して第三者からの請求があった場合、ライセンサーが対応することを基本としつつ、ライセンシー自身による弁護士の選任と和解交渉の実施の可能性も認めるものとする。

If any claim, action or proceeding ("Claims") is made or brought against Licensee, then upon demand by Licensee, Licensor, at its sole cost and expense, shall defend such Claims in the Licensor's name, by attorneys approved by Licensee, which approval shall not be unreasonably withheld. Notwithstanding the foregoing, Licensee may retain its own attorneys to participate or assist in defending any Claims and Licensor shall pay the reasonable fees and disbursements of such attorneys. If Licensor fails to diligently defend or if there is a legal conflict or other conflict of interest with Licensee, then Licensee may retain separate counsel at Licensor's expense. Notwithstanding anything herein contained to the contrary, Licensee may direct Licensor to settle any Claims provided that (a) such settlement shall involve no obligation on the part of Licensee other than the payment of money, (b) any payments to be made pursuant to such settlement shall be paid in full exclusively by Licensor at

ライセンシーに対して、何らかの請求、処置、または手続（「請求など」という）がとられるもしくは提起された場合、ライセンサーは、ライセンシーの要求を受けて、自己の費用および経費のみによって、当該請求などに、ライセンサーの名義で、ライセンシーの承認した弁護士によって（ただし、当該承認は不合理に留保されてはならない）、抗弁などするものとする。上述にもかかわらず、ライセンシーは、いかなる請求の防御についても参加または補助のために自己の弁護士を雇用する場合があり、その場合、ライセンサーは、当該弁護士の相応の費用および支出を負担するものとする。ライセンサーが真摯に防御しない場合またはライセンシーとの間に法的利害関係の対立もしくはその他の利害関係の対立がある場合、ライセンサーは、ライセンサーの経費をもって、別の弁護士を雇用する場合がある。本契約においてこれと異なる定めがあったとしても、ライセンシーは、ライセンサーに、（a）和解が金銭の支払いのほかにはライセンシーに何らの義務を負わせるものではないこと、（b）当該和解に基づい

<table>
<tr>
<td>

the time such settlement is reached, (c) such settlement shall not require Licensee to admit any liability, and (d) Licensee shall have received an unconditional release from the other parties to such Claims.

</td>
<td>

て行われるいかなる支払いについても、ライセンサーが、その全額を単独で、当該和解の成立時点をもって行うこと、（c）当該和解はライセンシーに何らの責任を認めさせるものではないこと、および（d）ライセンシーは当該請求などの請求者から、無条件の免責を受けることを条件として、<u>当該請求などの和解を指示する場合がある。</u>

</td>
</tr>
</table>

【10-5-C】防御条項：　ライセンサーは、ライセンスの実施に関して第三者からの請求があった場合、ライセンサーが対応することを基本としつつ、当該請求の原因がライセンシーにある場合には防御義務を負わないものとする。

<table>
<tr>
<td>

In the event of any claim, suit, or proceeding brought against Licensee based on an allegation that the Licensed Product infringes upon any patent, copyright or trade secret of any third party ("Claim"), Licensor shall defend, or at its option, settle such Claim, and shall pay all costs (including attorney's fees) associated with the defense of such Claim, and all damages finally awarded or settlements undertaken by Licensor in resolution of such Claim; <u>provided that Licensee (a) shall promptly notify Licensor in writing of Licensee's receipt of a Claim such that Licensor is not prejudiced by any delay in such notification; (b) give Licensor sole control over the defense or settlement of the Claim; and (c) provide reasonable assistance in the defense of the same. Notwithstanding the foregoing, Licensor assumes no liability for any Claims based on: (i) Licensee's use of any Licensed Products after notice that Licensee should cease use of such Licensed Products due to a Claim; (ii) any modification</u>

</td>
<td>

ライセンシーに対して、ライセンス対象製品が何らかの特許権、著作権、もしくはトレード・シークレットを侵害しているとの主張に基づく何らかの請求、訴訟、または手続（「請求」という）があった場合、ライセンサーは、当該請求から防御もしくは自己の判断をもって和解を進め、また、当該請求の防御に関連するすべての費用（弁護士費用を含む）もしくは最終的な裁定によるすべての損害賠償額、もしくは、当該請求を解決するためにライセンサーが引き受けた和解金額を支払うものとする；<u>ただし、ライセンシーは、（a）ライセンサーが通知の遅れによって不利益を被らないように、ライセンシーによる当該請求の受領を書面により直ちにライセンサーに通知し；（b）当該請求の防御もしくは和解に関してライセンサーに単独の対応権限を付与し；かつ、（c）当該請求の防御に要する合理的な補助を提供するものとする。上述にもかかわらず、ライセンサーは、当該請求の原因が、（i）ライセンシーが当該請求を受けてライセンス対象製品の使用を停止すべきであると気付いた後のライセンス対象製品の使</u>

</td>
</tr>
</table>

of the Licensed Products by Licensee or at Licensee's direction; or (iii) Licensee's combination of the Licensed Product with non-Licensor hardware, software, services, data or other content or materials if such Claim would have been avoided by the use of the Licensed Product alone.

用の継続に起因する場合；(ii) ライセンシーによるもしくはライセンシーの指図によるライセンス対象製品の改変に起因する場合；または、(iii) ライセンシーによるライセンス対象製品とライセンサーのものでないハードウェア、ソフトウェア、サービス、データもしくはその他のコンテンツ、もしくは、材料の組み合わせに起因し、当該請求はライセンス対象製品のみの使用であれば回避できた場合においては、何らの責任を引き受けない。

10-6	補償条項を設けるとしても、補償者が補償義務を負うべきではないとして、当該義務の対象外とすべき場合はあるか。

実務上の対応

➢ 第三者の請求が補償者の責任に起因するものではない場合、それは補償義務の対象外とすべきである。

➢ ライセンサーが補償者である場合において補償義務の対象外とすべき場合としては、たとえば、ライセンス対象権利がライセンス対象製品以外の製品と関連して実施される場合が挙げられる。

➢ ただし、ライセンシーとしては、ライセンス対象製品の性質上、その他の製品との関連が必然となるような場合においては、当該関連がライセンサーの補償義務の対象外とされることのないよう、交渉すべきである。

検討のポイント

　たとえば、ライセンシーがライセンサーから、ライセンス対象製品の製造・販売に関するライセンスを受けたとする。その場合において、第三者からライセンシーに、当該ライセンス対象製品の製造・販売行為が当該第三者の権利を侵害するとの主張があったとしても、当該主張がライセンサーの関知しない事項に起因するならば[37]、ライセンサーが補償義務を負う合理性は低いと思われる。

　そこで、補償条項の存在にもかかわらず、補償者が補償義務を負わない場合を明らかにする適用除外条項（carve outs）を設けることが考えられる。

　適用除外条項における典型的な例は、①ライセンス対象権利がライセンス対象製品以外の製品に関連して実施された場合、②ライセンス対象権利がライセンサーの許容していない態様で実施された場合、および③（ライセンサーの関与なしに）ライセンス対象権利に改変が加えられた場合である[38]。【10-5-C】【10-6-A】

　もっとも、ライセンス対象製品の性質上、ライセンス対象権利がライセンス対象製品

---

[37] Barbara Murphy Melby and A. Benjamin Klaber, *IP Indemnification -Third-Party Product Exceptions* (Jul 9, 2020), https://www.morganlewis.com/blogs/sourcingatmorganlewis/2020/07/contract-corner-ip-indemnification-third-party-product-exceptions（補償者が補償義務を免れる根拠の中核として「補償者のコントロールが及ぶ事項であるかどうか」が挙げられることを示唆する）。

[38] Peter M. Watt-Morse and Michael R. Pfeuffer, *Contract Corner: IP Indemnification – Part 2* (Jun. 29, 2018), https://www.morganlewis.com/blogs/sourcingatmorganlewis/2018/06/ip-indemnification; *see also* CANNADY, *supra* note 2, at 174.

以外の製品にも関連する形で実施されることが当然に想定されるような場合もあるから[39]、そのような場合における適用除外条項の定めについては、十分な交渉を要する[40]。
【10-6-A】

サンプル条文

【10-6-A】補償義務の適用除外条項：　ライセンサーが合理的に想定できなかった態様でのライセンス対象権利の実施に関する損害については補償義務を負わないことを明示する。

Licensor shall have no obligation to indemnify Licensee with respect to any and all claims of any kind, costs, losses, damages, judgments, penalties, interest, and expenses (including reasonably incurred attorney's fees) ("Claims") arising out of or related to use of Licensed Patents or Licensed Know Hows to the extent the Claims are based upon: (a) Licensor's adherence to an applicable published industry standard (including, but not limited to, IEEE, ITU, and ETSI); (b) use of the Licensed Patents or Licensed	ライセンサーは、ライセンス対象特許権またはライセンス対象ノウハウから生じたもしくは関係するいかなる種類の請求、経費、損害、損害賠償金、判決、制裁金、利息、および費用（合理的に要した弁護士費用を含む）（「請求など」）について、当該請求などが次のいずれかに基づく限り、補償義務を負わない：（a）適用対象である公表済みの業界標準（IEEE、ITU、およびETSIを含むがそれらに限られない）のライセンサーによる遵守；（b）ライセンシーによるライセンス対象特許権およびライセンス対象ノウハウの意図

---

[39] *See e.g.*, Am. Family Life Assur. Co. v. Intervoice, Inc., 560 Fed. Appx. 931 (11th Cir. 2014)（American Family Life Assurance Company〈以下、「Aflac社」という〉が、音声応答システムに関連してRonald A. Katz Technology Licensing LPから特許侵害の請求を受けたため、当該システムの販売元であるIntervoice社に補償義務の履行を請求した事案。Aflac社とIntervoice社の間の売買契約においては、次のような補償義務の適用除外条項が定められていた：「InterVoice[ ] shall have no obligation with respect to any such claim of infringement based upon Customer's modification of any System or Software or their combination, operation or use with apparatus, data or computer programs not furnished by InterVoice[ ].」第11巡回区連邦控訴裁判所は、当該システム単体では当該特許権を侵害することはなく、コンピュータを用いて当該システムを作動させることではじめて当該特許権の侵害が問題となるものであったことから、当該適用除外条項をふまえ、Aflac社の請求を棄却した）。

[40] *See* Joseph M. Beauchamp, *The Problematic Intellectual Property Indemnity "Combination" Carve Out, State Bar of Texas, Intellectual Property Law Section Newsletter* (Fall 2006), https://www.jonesday.com/en/insights/2006/10/the-problematic-intellectual-property-indemnity-combination-carve-out-istate-bar-of-texas-intellectual-property-law-section-newsletteri（売買契約に関するものであるが、当該売買対象製品と組み合わせて使用される第三者の製品に関連する〈別の〉第三者による特許権侵害の請求については、当該組み合わせが当事者が合理的に想定できなかったようなものである場合に限り、適用除外条項の対象とすることを提案する）。

| Know Hows by Licensee in a manner of or for an application other than for which it was designed; (c) used by Licensee of the Licensed Patents or Licensed Know Hows in conjunction or in combination with any other products not reasonably anticipated by the Licensor; or (d) Licensee's modification to the Licensed Patents or Licensed Know Hows. | された以外の方法または適用によった使用；（c）ライセンシーによるライセンス対象特許権およびライセンス対象ノウハウのその他の製品と関連させたまたは組み合わせた使用であり、当該使用はライセンサーが合理的に想定しえないもの；または（d）ライセンシーによるライセンス対象特許権もしくはライセンス対象ノウハウの改変。 |

第 **11** 章

保険

Insurance

イントロダクション

　ライセンス契約における補償義務などの負担は非常に大きなものとなりうる。たとえば、ライセンス対象製品が第三者の知的財産権を侵害した場合におけるライセンサーの補償義務は、その典型例であろう。

　そこで、万が一に備える趣旨で、補償者としては、保険を付保しておくことも考えられる。

　また、当該保険の付保は、被補償者にとっても、補償者による補償義務の履行を担保するものであるから、のぞましいものである。そのため、被補償者から、補償者に対して、付保する保険の種類および金額までを明示したうえで、当該保険の付保を要求するような場合も少なくない。

　第11章においては、ライセンス契約との関係における保険の付保について、知的財産権をめぐる紛争への対応を中心として紹介する（*11 - 1*）。

11-1 ライセンス契約において、どのような保険の付保を要求すべきか。

実務上の対応

➤ライセンス契約における一方当事者の義務の履行を担保する趣旨で、当該義務に関する保険の付保を要求することも考えられる。

➤企業総合賠償保険は、事業者の加入する保険として典型的な保険であるが、知的財産権侵害に関する責任については、その保険の補償範囲に含まれないとされることも多い。

➤したがって、他方当事者としては、知的財産権保険の別途の付保を要求することも考えられる。

検討のポイント

（1）保険条項と企業総合賠償保険

　当事者に保険の付保を要求する保険条項（Insurance Clause）は、対象契約にまつわる不測の多大な損害を回避する趣旨で設定されることも少なくない。【11-1-A】

　この点、たとえば、企業総合賠償保険（commercial general liability insurance）は、事業活動に関わる第三者への賠償リスクを包括的にカバーする保険プログラムであり、アメリカにおいて最も事業者の採用する保険プログラムのひとつである[1]。

　さて、ライセンス契約の場合、経済的リスクが大きなもののひとつは、第三者の知的財産権の侵害にまつわる紛争である。しかし、企業総合賠償保険は、保険の補償範囲に第三者の知的財産権の侵害に関する損害を含めていないことが多い[2]。また、裁判例においても、第三者の知的財産権の侵害との関係における保険の補償範囲については限定的に捉える州もある[3]。

---

[1] Austin Landes, *Commercial General Liability (CGL) Insurance – Explained* (Sept. 29, 2020), https://www.landesblosch.com/blog/commercial-general-liability-cgl-insurance-explained/.

[2] 保険業に関する分析・助言などを行う事業者である Insurance Service Office, Inc. が提供している企業総合賠償保険契約案（*ISO Form CG 00 01 04 13*）においても、第三者の知的財産権の侵害に関しては、その補償の対象外であるとする（"This insurance does not apply to: . . . 'Personal and advertising injury' arising out of the infringement of copyright, patent, trademark, trade secret or other intellectual property rights. Under this exclusion, such other intellectual property rights do not include the use of another's advertising idea in your 'advertisement'"). *See* David Prange et al., *Understanding Insurance Coverage for Intellectual Property Claims* (Nov. 6, 2019), https://www.robinskaplan.com/-/media/pdfs/understanding-insurance-coverage-for-intellectual-property-claims.pdf?la=en.

[3] 企業総合賠償保険の付保範囲には、知的財産権の関係する損害は含まれないと判断する州が多

（2）　知的財産権保険

　企業総合賠償保険の適用範囲などをふまえ、当事者としては、知的財産権保険（intellectual property insurance）の付保を検討する場合もある。【11-1-B】

　知的財産権保険については、被保険者の販売した製品が第三者の知的財産権を侵害した場合に備えるもの、被保険者が他の事業者から購入した製品が第三者の知的財産権を侵害した場合に備えるもの[4]、または、第三者が被保険者の知的財産権を侵害した場合に備えるもの[5] などが挙げられる。

　ライセンス契約においては、たとえば、ライセンシーは、ライセンス対象製品の販売が第三者の知的財産権を侵害した場合に備えるべく、知的財産権保険の付保をライセンサーに要求したい場合もあろうが、実務上は、ライセンサーの事業規模などもふまえてその要否が判断されることになる[6]。

サンプル条文

【11-1-A】保険条項：　ライセンシーに、ライセンス対象製品に関する製造物責任保険などの付保を義務付けるものとする。

Prior to the occurrence of any manufacture of, use of, distribution of, sale of, offer for sale of, importation of, or commercial activity involving any Licensed Products, <u>Licensee</u>	いかなるライセンス対象製品に関する製造、使用、頒布、販売、販売の申し入れ、輸入、または商業活動を開始する前において、<u>ライセンシーは、ライセンス対象製品によって実</u>

くを占める。*See e.g.*, Finn v. Nat'l Union Fire Ins. Co. of Pittsburgh., 452 Mass. 690（Sup. Jud. Ct. Mass. 2008）（保険の付保者である Uniscribe Professional Services, Inc.〈以下、「Uniscribe 社」という〉は訴訟のサポート・サービスを提供する事業者であり、当該サービスの過程において顧客から受領したトレード・シークレットに関する書類を保管していたところ、Uniscribe 社の従業員の親族が当該書類を取得し、ウェブサイトに投稿してしまった。そこで、Uniscribe 社は顧客との和解費用について保険の適用を求めたが、保険業者である National 社は、当該保険契約が、「トレード・シークレットの盗用<u>から生じる（arising out of）</u>いかなる請求」についても保険の補償対象外としているとして反論を行った。マサチューセッツ州最高司法裁判所は、「arising out of」の広範な意義に着目しつつ、「トレード・シークレットの盗用」については、被保険者による盗用のみでなく第三者による盗用も含むとし、補償対象外となる事象の範囲を広く解釈した）。

[4] Aon plc, *Intellectual Property Liability Insurance Frequently Asked Questions*, https://www.aon. com/ getmedia/90b4c09e-05cb-40c2-af7a-9f4876c278de/Aon-NL-IP-Liability_FAQ-Purchasing-Scenarios. aspx.

[5] Jessica Huneck, *How to Find Patent Insurance*（Mar. 9, 2020), https://www.trustedchoice.com/ business-insurance/coverage-types/patent-infringement/.

[6] *See* Cynthia Cannady, Technology Licensing And Development Agreements 279（2013 ed.).

shall purchase and maintain in effect a commercial general liability insurance policy, including product liability coverage, in the amount consistent with industry practice applicable to the activity to be undertaken with the Licensed Products.	施される活動に適用される業界慣行と合致した保険金額の企業総合賠償保険（製造物責任保険を含む）を実際に購入し維持するものとする。

【11-1-B】保険条項： ライセンサーに、知的財産権保険の付保を義務付けるものとする。

Licensor shall purchase and maintain in effect an intellectual property insurance, including patent infringement liability insurance that provides $10 million ($10,000,000) coverage for the legal costs involved in defending a patent infringement claim and awards of damages if liability is found.	ライセンサーは、特許権侵害請求の対応に要する弁護士費用および当該特許権侵害が認められた場合における損害賠償金に備えるために1,000万ドル（$10,000,000）の保険金額を有する特許権侵害責任保険を含む知的財産権保険を購入し、有効な状態を維持するものとする。

第12章

契約の期間および終了

Term and Termination

イントロダクション

　第12章においては、契約期間（*12 - 1*）についてふれたうえで、契約の終了を中心に紹介する。

　契約期間が満了するまでの間、いかなる場合も契約関係を終了できないとすると、当該契約関係をめぐる当事者の関係に変更が生じた場合などにおいて不都合が生じかねない。

　そこで、一方当事者が特定の契約解除事由に該当した場合においては、他方当事者の意思で当該契約を終了できるようにしておくことが考えられる。当該解除事由については、通常は、当該契約関係を終了させることに合理的な理由があるといえる場合に限ることになる。

　この点、ライセンス契約におけるライセンシーの義務のうち最も重要なもののひとつはロイヤルティの支払いであるといえることが多い。したがって、ロイヤルティの支払いが遅滞した場合を契約解除事由とすることにも合理的な理由が認められる。

　もっとも、ロイヤルティの支払いの遅滞がわずかであったような場合においても契約が解除されてしまうのでは、ライセンシーにあまりに酷である。そこで、一定期間内に当該不履行を治癒した（すなわち、ロイヤルティ支払いを行った）場合においては、他方当事者の契約解除権は発生しないものとする（このような定めをCure Clauseという）ことが考えられる。

　なお、これらと関連するものとして、一方当事者の財務状況が悪化した場合における契約解除条項に関する理解（*12 - 2*）および倒産法とライセンス契約の関係に関する理解（*12 - 2 - X*）も重要となる。

さらに、ライセンシーがライセンス対象権利を実施する必要がなくなった場合についてはどうであろうか。

ライセンサーとしてはライセンシーからのロイヤルティ収入が見込めない以上、新たなライセンシーを探すためにも当該ライセンス契約を終了させたいであろうし、ライセンシーとしても当該ライセンス契約を終了させることによって大きな不都合が生じることもないと思われる。

しかし、このような場合においても、ライセンシーによって製造済みのライセンス対象製品などの取り扱いについては配慮が必要となりうる（12－3）。

最後に、契約解除規定は、ライセンシーによるライセンス対象権利の有効性に関する争いを抑制するために活用される場合もあるため、それらについても紹介する（12－4）（12－4－X）。

クイック・リファレンス

【契約終了の原因に応じた検討事項など】

契約終了の原因		検討事項・その他
契約期間の満了		契約期間の設定（12－1）
契約の解除	契約上定める事由に該当したことを理由とする場合	・何を契約解除事由とするか。 ➤ライセンシーがロイヤルティの支払いを怠った場合 ➤ライセンシーが倒産手続を申し立てた場合（12－2）（12－2－X） ➤ライセンシーがライセンス対象製品の取り扱いを中止する場合 ➤一方当事者に重大な契約違反が認められる場合 ➤ライセンシーがライセンス対象権利の有効性に関する争いを提起した場合（12－4）（12－4－X） ・契約解除事由の治癒に関する期間を設けるか。 ・契約解除時において存在するライセンシーのライセンス対象製品の在庫については、どのように取り扱うか。（12－3）
	一方当事者の自由意思を理由とする場合	・一方当事者にのみ当該解除権を認めるか。 ・契約解除時において存在するライセンシーのライセンス対象製品の在庫については、どのように取り扱うか。
	両当事者の合意による場合	―

| *12-1* | ライセンス契約の有効期間については、どのような事項に配慮すべきか。 |

実務上の対応

➤契約の有効期間について定めのある場合には、それに従うことになる。

➤契約の有効期間について定めのない場合には、当該契約の性質などをふまえつつ決定される傾向にあり、その場合、ライセンス対象権利の有効期間と合致した期間とされることが多い。

➤これらによっても契約の有効期間を決定できない場合、当該契約については、一方当事者はいつでも解除可能であると判断されうる。

➤したがって、契約の有効期間については明確にしておくべきである。

検討のポイント

契約の有効期間については、まず、当該契約における定めがある場合にはそれに従うことになる[1]。

この点、ライセンス契約の場合、その契約期間の終期については、「特定の日まで」とする場合、または、「ライセンス対象権利の有効期間の満了日まで」とする場合などが多いと思われる。【12-1-A】【12-1-B】【12-1-C】 もっとも、ライセンス対象権利にノウハウなどが含まれる場合においては、「ライセンス対象権利の有効期間の満了日」は一義的ではないから、注意を要する。

なお、「（契約上の定めに基づいて）本契約が解除されるまで」といった契約期間の終期の定めについては、特に注意を要する。なぜなら、そのような規定を有する契約については、当該契約期間内における当事者の自由意思による終了も許容されるものとする州、または許容されるものとしない州に分かれているからである[2]。

---

[1] ただし、仮に当該ライセンス契約の期間を永続的なものと定めていたとしても、ライセンシーにロイヤルティ支払い義務を永続的に負わせることができるかどうかについては別の問題となる。3－4『ライセンス対象権利が失効した場合、以降、ライセンシーによるライセンス料の支払い義務についてはどのように取り扱うべきか』

[2] Zee Medical Distrib. Ass'n v. Zee Medical, 80 Cal. App. 4th 1, at 11-12 (Ct. App. 2000)（テキサス州法においては、契約の有効期間が不明瞭な契約を好ましく思わないとして、契約違反または契約上定める事由に該当するまでの間を契約の有効期間とする契約（contracts purporting to last "indefinitely" until terminated by breach, or the occurrence of contractual grounds for termination）については当事者の自由意思でいつでも終了させることができるとする。*See e.g.*, Trient Part. I Ltd. v. Blockbuster Entertain., 83 F.3d 704 (5th Cir.1996); Jespersen v. Minnesota Min. & Mfg. Co. 700 N.E.2d 1014 （1998). これに対して、カリフォルニア州法においては、契約期間が不明瞭

　次に、契約の有効期間に関する明確な定めのない場合には、当該契約の性質・背景などをふまえて、当該期間が決定される。この点、ライセンス契約の場合、当該契約の有効期間はライセンス対象権利の有効期間と合致したものと判断される傾向にある[3]。

　そして、これらの方法によっては契約の有効期間を決することができない場合、当該契約は実質的に期間の定めのない契約（すなわち、いつでも、一方当事者の任意で解除できる契約）として取り扱われる[4]。

　したがって、当事者としては、このような不安定な取り扱いを避けるべく、契約期間条項（Term Clause）において契約の有効期間を明確にしておく必要がある。そしてその場合、たとえば、ライセンシーとの関係についてみると、ライセンシーはライセンス対象権利の実施に向けて一定の資本を投下していることが多いであろうから、当該投下資本を回収するに足りる期間を確保しておくべきである[5]。

サンプル条文

【12-1-A】契約期間条項：　契約の終期をライセンス対象権利の有効期間の満了日とする。

This Agreement and the rights granted hereunder to Licensee <u>shall expire upon the date on which all Licensed Patents shall have expired</u> unless terminated earlier pursuant to the terms hereof.	本契約および本契約においてライセンシーに付与された権利は、本契約の条件に従って早期に解除されない限り、<u>ライセンス対象特許権のすべてが満了した日</u>をもって終了する。

な契約を好ましく思わないといった事情はなく、上記のような契約についても、当事者の自由意思でいつでも終了させることは認められないとする。*See e.g.*, Warner-Lambert Pharm. Co. v. John J. Reynolds, Inc., 178 F. Supp. 655 (S.D.N.Y. 1959), *aff'd* 280 F. 2d 197 (2d Cir. 1960).

[3] Peter J. Kinsella, *Hidden Risks of Patent License Agreement: What You Don't Know Hurt You* (Mar. 2009), Faegre & Benson LLP (citing April Productions, Inc. v. G. Schirmer, Inc., 308 N.Y. 366 (Ct. App. N.Y. 1955)).

[4] *Zee Medical Distrib. Ass'n*, 80 Cal. App., at 10-11 ("Thus, Consolidated Theatres establishes a three-step analysis of contractual terms of duration. The court first seeks an express term. If one is absent, the court determines whether one can be implied from the nature and circumstances of the contract. If neither an express nor an implied term can be found, the court will generally construe the contract as terminable at will.").

[5] CYNTHIA CANNADY, TECHNOLOGY LICENSING AND DEVELOPMENT AGREEMENTS 201 (2013 ed.).

【12-1-B】契約期間条項：　契約の始期を「発効日」としつつ、3 周年を迎える日まで有効とする。

This Agreement shall become effective as of the Effective Date and <u>shall remain in effect until the third (3rd) anniversary of the Effective Date</u>.	本契約は発効日をもって有効となり、以降、発効日から 3 周年を迎えるまでの間有効である。

【12-1-C】契約期間条項：　契約の始期および終期ともに特定の日付とする。

This Agreement <u>shall become effective on March 31, 2015</u> ("Effective Date") <u>and shall expire</u>, unless earlier terminated, <u>on March 30, 2020</u>.	本契約は <u>2015 年 3 月 31 日</u>（「発効日」）に有効となり、早期に解除されない限り、<u>2020 年 3 月 30 日</u>に失効する。

12-2	契約解除条項において、一方当事者の財務状況の悪化については どのように対処すべきか。

実務上の対応

➤一方当事者が倒産手続に入ったことをもって契約解除権を発生させるような規定については、執行力がないものとされる可能性が高い。

➤したがって、一方当事者の財務状況に関する手当は、ライセンシーによる支払い遅延が重なる場合など、倒産手続に入るよりも前の段階において行うべきである。

検討のポイント

　一方当事者が倒産またはそれに類似した状況に陥った場合に備え、他方当事者の債権の回収リスクを低減させるには、どのような対処が可能であろうか。

　この点、まず、一方当事者に関する倒産手続の開始した場合または他方当事者の財務状況の悪化の兆候があらわれた場合において、他方当事者に契約解除権を認める倒産解除条項（*Ipso Facto* Clause）を設けることも考えられる[6]。

　しかし、一方で、倒産手続は、管財人または占有債務者に債務者の締結している契約[7]の履行拒絶または引受けに関する選択権を与え、裁判所の承認を得ることをもってその実行を認めることで、債務者の新たなスタートの機会の確保を図っている[8]。

　そこで、倒産手続の開始を契機とした契約解除権の発生を認める倒産解除条項については執行力がないものとされるのが原則である[9]。したがって、他方当事者の財務状況の

---

[6] *See* BRIAN A. BLUM, BANKRUPTCY AND DEBTOR/CREDITOR 432 (6th ed. 2014).

[7] より正確には、未履行契約（契約の両当事者に一定の未履行の義務が認められる契約）〈executory contract〉がこれに該当するが、ライセンス契約については、一般に未履行契約に該当するとされる。*See e.g.*, Lubizol Enters. V. Richmond Metal Finishers, Inc., 756 F. 2d 1043, 1045-46 (4th Cir. 1985).

[8] 11 U.S.C. § 365(a). アメリカ倒産法が管財人に未履行契約の履行拒絶を認める趣旨は、債務者を契約上の義務から解放することにあり、また、管財人に未履行契約の引受けを認める趣旨は、債務者が倒産手続開始の申立てを行ったことをもって取引先が離れてしまうといった事態を防止し、引き続き事業存続の機会を確保することにある。

[9] *See, e.g., In re* W.R. Grace & Co., 475 B.R. 34, 152 (D. Del. 2012) ("[I]t is well-established that *ipso facto* clauses are unenforceable as a matter of law under the Bankruptcy Code."); *see also* Blyan Sterba et. al., *Some going concerns: A primer on intellectual property issues in bankruptcy for licensors and licensees* (June 22, 2020), at 1-2, https://www.lowenstein.com/news-insights/publications/articles/ some-going-concerns-a-primer-on-intellectual-property-issues-in-bankruptcy-for-licensors-and-licensees-bryan-sterba-matt-savare-and-philip-gross. *See also* 11 U.S.C. § 365(b)(2); § 365(c)(1); § 365(e)(1); § 365(f)(3). 例外は、たとえば、映画の出演契約のように、当該契約の

悪化に備える契約解除規定は、他方当事者が倒産手続を申し立てるなどするよりも前の時期に活用できるものとするべきであり、このような配慮は特にライセンサーにとって重要となる [10]。【12-2-A】

12-2-X　倒産法はライセンス契約をどのように取り扱っているか。

　ライセンス契約の一方当事者が倒産・破産手続を申し立てた場合、ライセンス契約がどのように取り扱われるかについては、当該ライセンス契約における規定のほか、倒産法・破産法における規定が関係しうる [11]。

（1）ライセンサーが倒産・破産手続の申立人である場合

　再建型倒産手続（アメリカ連邦倒産法第 11 章）における占有債務者（debtor in possession）または清算型倒産処理手続（アメリカ連邦倒産法第 7 章）における破産管財人（trustee）は、知的財産権 [12] に関するライセンス契約の履行拒絶または引受けを選択することができる [13]。

　この点、ライセンサーがライセンス契約の履行拒絶を選択した場合、ライセンシー

の義務の履行が他方当事者以外の者によって履行されることが合理的に想定されていないといえる場合である。*See* 11 U.S.C. § 365(e)(2)(A)(ii).

[10] *See* Karen Artz Ash, *Reducing the Effects of Licensing Bankruptcy*, Managing Intell. Prop. (July/Aug., 2004), at 6, https://katten.com/files/21432_Reducing%20the%20Effects%20of%20Licensing%20Bankruptcy.pdf.

[11] 本論点の一部については、拙文「米国最高裁判所判決―倒産手続きにおける商標ライセンス契約の履行拒絶」（72,『パテント』,88-96〈2019〉・日本弁理士会）を基礎としている。

[12] 11 U.S.C. § 365(n)(1). 倒産法 365(n) 条は、債務者が知的財産権（「intellectual property」）に関するライセンサーである場合において、占有債務者または破産管財人が〈未履行契約であると評価される〉当該ライセンス契約の履行拒絶を選択した場合に関する特別規定である。ここにおける「知的財産権」とは、トレード・シークレット、特許権、または著作権などを含む。11 U.S.C. § 101(35A) ("The term 'intellectual property' means—(A)trade secret; (B)invention, process, design, or plant protected under title 35; (C)patent application; (D)plant variety; (E)work of authorship protected under title 17; or (F)mask work protected under chapter 9 of title 17; to the extent protected by applicable nonbankruptcy law."). これらに対して、商標権については、「知的財産権」に明示的には含まれていないため、その取り扱いが問題となっていたが、連邦最高裁判所によって「知的財産権」と実質的にほぼ同様の取り扱いが認められた。*See* Mission Prod. Holdings v. Tempnology, LLC, 139 S. Ct. 1652 (2019).

[13] 11 USC. § 365(a).

は、当該解除による損害の賠償を求めうるほか[14]、当該ライセンス契約を維持すること、または、解除に応じることを自ら選択できる[15]。ここに、「ライセンス契約を維持する」とは、ライセンス契約におけるライセンシーとして、（少なくともライセンス契約の有効期間中は）ライセンス契約の定めるライセンス料を支払うことをもってライセンスを存続させることをいう[16]。ただし、ライセンサーに対して、倒産・破産手続の申立て以降に、さらなる債務の履行を要求することはできない。たとえば、当該ライセンス契約において、ライセンサーがライセンス対象権利の活用に関するサポートを提供する義務を負っていたとしても、当該義務は存続しないのである[17]。

（2）ライセンシー倒産・破産手続の申立人である場合

　ライセンシーが倒産・破産手続を申し立てた場合については、倒産法および破産法は格別の規定を用意していない[18]。

　したがって、ライセンサーは、ライセンシーからのロイヤルティ収入がなくなったり、または、ライセンシーの倒産・破産手続においてライセンスが第三者に譲渡されたりするといったリスクを負うことになる。

　この点、ライセンシーの倒産・破産手続の結果としてライセンス契約が第三者に譲渡されてしまうこととの関係についてみると、ライセンサーとしては、そもそもライセンス契約は第三者に譲渡できない性質の契約であるといった主張を行いたい場合もあろうから[19]、あらかじめ契約譲渡禁止条項（Non-assignment Clause）を設け、当該主張の補強を試みるといったことが考えられる。

---

[14] 11 U.S.C. § 365(g)(1).

[15] 11 U.S.C. § 365(n)(1).

[16] 11 U.S.C. § 365(n)(2).

[17] Ash, *supra* note 10, at 4.

[18] *Id*. at 6.

[19] Sterba et. al., *supra* note 9, at 1-2. ライセンシーとの関係においては、ライセンス契約は本来的には、固有の契約であって、第三者に譲渡することが認められる性質の契約ではないとされる。ただし、譲渡が認められない契約について、倒産手続における引受けも認められないかどうかという点については、裁判例も分かれており、倒産手続を申し立てる州における判断の分析が必要となるとする。*Id*. at 4, n. 4. *But see*, Ash, *supra* note 10, at 6（倒産法は、倒産法365(b)条の定める「ライセンス契約における将来分の履行義務を果たすことに関する適切な保証」が提供される限り、たとえ当該ライセンス契約に譲渡禁止条項が含まれているとしても、占有債務者または破産管財人による契約の引受けを許容していると説明する）。

サンプル条文

【12-2-A】契約解除条項： ライセンサーの支払い遅延を契約解除の原因とする。

<u>If Licensee fails to make any payment due to Licensor</u>, Licensor shall have the right to terminate this Agreement effective on thirty (30) days' prior written notice, unless Licensee makes all such payments within the thirty (30) day period.	<u>ライセンシーがライセンサーへの支払いを怠った場合</u>、ライセンサーは、30 日前の通知をもって、ライセンシーが当該 30 日内にすべての支払いを完了しない限り、本契約を終了することができる。

| 12-3 | ライセンス契約の解除とライセンシーの取り扱うライセンス対象製品の関係については、どのような事項に配慮すべきか。 |

実務上の対応

➤ライセンス契約が解除された場合、ライセンシーがそれまでの間に製造したライセンス対象製品および当該製品のために調達した部材の取り扱いが問題となる。

➤ライセンス契約の解除がライセンシーの重大な契約違反などを理由とするような場合でない限り、ライセンシーが、ライセンス契約が解除されるまでに製造したライセンス対象製品については、ライセンス契約の解除後においてその販売を認めることも相当と考えられる。

検討のポイント

　ライセンシーが自己の判断でライセンス対象製品の販売を停止する場合などについては、ライセンサーとしては、（特に当該ライセンス契約が独占的ライセンス契約である場合においては）当該ライセンス契約を維持しておく利益はないといえるから、ライセンス契約の解除事由のひとつとしておきたいところである。

　この点については、ライセンシーとしても大きな異議はないものと思われるが、ライセンシーがライセンス対象製品の在庫を有する場合のほか、ライセンス対象製品が長期の準備を要する部材を使用していることなどによってライセンシーが多くの仕掛品を有する場合などにおいては、それらの取り扱いに関する配慮が必要となる。

　したがって、ライセンス契約の解除後においても、「ライセンシーによるライセンス対象製品の取り扱いを一定期間認める」といった規定を設けることも検討に値する[20]。【12-3-A】

　このような配慮は、ライセンサーによるライセンス契約の任意解除を認める場合などにおいても必要となりうる一方、ライセンス契約の解除がライセンシーの重大な契約違反を理由とするような場合においては不要であるともいえる。

サンプル条文

【12-3-A】ライセンサーによる契約解除後もなお、ライセンシーは仕掛品の完成および在庫品の販売に関する権利を有するものとする。

---

[20] *See* Cannady, *supra* note 5, at 204-05.

Notwithstanding the termination by Licensor under Section 12.2 of this Agreement, for a period not to exceed six (6) months thereafter, <u>Licensee or Sublicensee shall be entitled to finish any work-in-progress and to continue to sell any completed inventory of a Licensed Product which remain on hand as of the date of the termination</u>, provided that Licensee shall pay Licensor the royalties applicable to such subsequent sales in accordance with the terms and conditions set forth in this Agreement.	本契約 12.2 条に基づいて行われるライセンサーによる本契約の解除にもかかわらず、契約解除後 6 か月を超えない期間内において、<u>ライセンシーまたはサブライセンシーは、契約解除時における手持ちのライセンス対象製品の仕掛品を完成させることおよび完成品の在庫の販売を継続することについての権利を有するものとする</u>。ただし、ライセンシーが、本契約に定める条件に従い、それらの販売に適用されるロイヤルティをライセンサーに支払うことを条件とする。

| 12-4 | ライセンシーがライセンス対象権利の有効性に関する争いを提起した場合において、ライセンサーにライセンス契約の解除権を認めることは可能か。 |

実務上の対応

➤防御的解除条項は、ライセンシーが、ライセンス対象権利の有効性に関する疑義を唱えた場合において、ライセンサーに当該ライセンス契約の解除権を生じさせる条項である。

➤ただし、防御的解除条項については、その執行力を認めるかどうかについて裁判例が分かれているなど、いまだその取り扱いが不透明なものであることを念頭におく必要がある。

検討のポイント

ライセンス契約の基礎となるライセンス対象権利が有効なものでないならば、当該ライセンス契約におけるライセンス料の支払いを行う必要がなくなるわけであるから、ライセンシーにとって、ライセンス対象権利の有効性に関する争いを起こす実益は高い。

そこで、ライセンサーとしては、当該争いを避け、ライセンス対象権利の有効性ひいてはライセンス契約の安定性を直接的に確保する趣旨で、不争条項（No Challenge Clause）を設けることが考えられるが、それらには執行力がないとの見解もある[21]。

これに対して、防御的解除条項（Defensive Termination Clause）は、ライセンシーがライセンス対象権利の有効性に関する疑義を唱えた場合において、ライセンサーに当該ライセンス契約の解除権を生じさせる条項である。ライセンシーによるライセンス対象権利の有効性に関する争いを抑止するという点においては、不争条項とその趣旨を同じくするが[22]、当該ライセンス契約を解除されるかもしれないというライセンシーの懸念を利用するという点で[23]、不争条項よりも間接的な方法であるといえる。【12-4-A】

もっとも、防御的解除条項の執行力に関する帰趨は、不争条項よりもさらに不透明である[24]。

---

[21] *See 3 − 5 − X*『ライセンサーは、ライセンス対象権利の無効性について、ライセンシーが争わないよう義務付けることが可能か』

[22] CANNADY, *supra* note 5, at 185.

[23] Michal S. Gal & Alan D. Miller, *Patent Challenge Clauses: A New Antitrust Offense?*, 102 IOWA L. REV. 1477, 9 (2017), https://ilr.law.uiowa.edu/print/volume-102/patent-challenge-clauses-a-new-antitrust-offense.

[24] *Id*. at 8.

　すなわち、無効な特許権の露見を間接的に抑制するという効果をふまえ、防御的解除条項について執行力を認めない裁判例がある一方[25]、発明の促進、紛争の予防、または契約の自由などを根拠として、防御的解除条項の執行力を認める裁判例も見受けられるのである[26]。

　したがって、当事者としては、執行力に関する疑義および分離条項（契約の一部の条項について無効であるとの判断がされたとしても、当該判断はその他の条項の有効性に影響を与えないことを確認する規定であり、Severability Clause などと呼称される）の存否などをふまえつつ、防御的解除条項の設定について交渉を行うことになる。

アドバンスド

12-4-X　防御的解除条項のほかに、ライセンシーによるライセンス対象権利の有効性に関する争いを間接的に抑制する規定として、どのようなものがあるか。

　ライセンシーによるライセンス対象権利の有効性に関する争いを間接的に抑制する規定は、総称して紛争提起制裁条項（Challenge Penalty Clause）などと呼称される。

　紛争提起制裁条項は、ライセンシーがライセンス対象権利の有効性に関する争いを起こす意欲を損なわせることを企図して用意されるものであるから、その趣旨はさまざまな規定によって果たすことが可能であるが、防御的解除条項のほか、次の４つの規定が主なものとして挙げられる[27]。

　第 1 に、ライセンシーが当該争いを提起した場合、または、当該争いが功を奏さなかった場合（たとえば特許無効審判においてライセンス対象権利の有効性が確認された場合）においてはライセンス料が増加する規定である。

　第 2 に、ライセンシーが当該争いを提起した場合、ライセンサーからライセンシーへの技術移転（ノウハウの伝達などを指す）を停止などする規定である。当該技術移転についてはライセンス対象権利と関係するものではない場合も考えられる。

　第 3 は、当該争いを手続面から制約するものであり、当該争いの手段を限定する（たとえば、仲裁の実施を義務付ける）、または、ライセンサーが当該争いの対応に要する費用（訴訟に関するものも含む）をライセンシーの負担とするといった規定である。

---

[25] *See e.g.*, Crane Co. v. Aeroquip Corp., 504 F.2d 1086 (7th Cir. 1974).

[26] Alfred C. Server & Peter Singleton, *Licensee Patent Validity Challenges following MedImmune: Implications for Patent Licensing*, 3 HASTINGS SCI. & TECH. L.J. 243, 354, n.378 (2011).

[27] Gal, *supra* note 23, at 482-83.

　そして第4は、当該争いを提起しないことに関してライセンシーにインセンティブを付与するものである。たとえば、当該争いの提起が行われることなく当該ライセンス契約の有効期間の満了日を迎えた場合においては、ライセンシーがライセンシーに支払ったライセンス料の一部が返還されるとする規定である[28]。

クイック・リファレンス

【ライセンシーによるライセンス対象権利の有効性に関する争いを制約する規定群】

種類	ライセンシーによるライセンス対象権利の有効性に関する争いがあった場合の効果
不争条項	ライセンシーによる契約違反（ライセンシーによる当該争いを行わないとの意思の表明に関する違反）となる。
紛争提起制裁条項	ライセンサーにライセンス契約の解除権が発生する（防御的解除条項）。
	ライセンシーがライセンサーに負うライセンス料が増加する。
	ライセンサーからライセンシーへの技術移転（ノウハウの伝達などを指す）が停止されるなどする。
	当該争いについて仲裁の実施を義務付ける、または、ライセンサーが当該対応に要する費用（訴訟に関するものも含む）についてはライセンシーの負担となる。
	当該争いの提起が一定期間行われなかった場合、ライセンシーがライセンシーに支払ったライセンス料の一部が返還される。

サンプル条文

【12-4-A】防御的解除条項：　ライセンサーがライセンス対象権利の有効性について争った場合、当該ライセンス権は直ちに終了するものとする。

If Licensee initiates or becomes an adverse party to a legal action against Licensor to challenge the validity of the Licensed Patents, all licenses granted under this Agreement to any Licensed Patents shall terminate immediately.	ライセンシーが、ライセンス対象特許権の有効性に関して、ライセンサーに対する法的手続を開始したり、もしくは、対立当事者となったりした場合、本契約においてライセンス対象特許権について付与されているすべてのライセンスは直ちに終了するものとする。

---

[28] Alan D. Miller & Michael S. Gal, *Licensee Patent Challenges*, 32 Yale J. on Reg. 121, 131 (2015); Stephanie Chu, *Operation Restoration: How Can Patent Holders Protect Themselves from MedImmune?*, 6 Duke L. & Tech. Rev., 1, ¶ 16 (2007).

第 **13** 章

一般条項

Miscellaneous Provisions

　対象となる契約を規律する法域に関する定め（Choice of Law Clause）のように、あらゆる契約において標準的に定められる事項については、一般条項（Miscellaneous Clauses、Boilerplate Clauses、またはGeneral Clauses）と呼称される。

　第13章においては、それらのうち、ライセンス契約において特に重要な位置づけを有すると思われる規定（紛争解決、登録および記録、特許の表示、秘密保持、および譲渡の禁止）についてふれる[1]。

【一般条項の内容、ならびに、関係する国際ライセンス・モデル契約書条文番号およびQ&A番号】

条文	条項	内容	Q&A
13.1	準拠法（choice of law）	•当該契約を規律する法域を定める。	―
13.2	紛争の解決（dispute resolution）	•当該契約に関する紛争が生じた場合における解決方法を定める。	*13 － 1* *13 － 1 － X*
13.3	完全なる合意（entire agreement）	•当該契約が当事者の完全な合意であることを確認する。	―

---

[1] *See* 米国法商取引, 130-71（一般条項として見受けられることの多い規定の意義などを紹介する）。

13.4	変更（modification）	・当該契約の変更または修正は所定の方法によってのみ認められるものとする。	―
13.5	分離の可能性（severability）	・当該契約のうち、ある規定が無効であったとしても、その他の規定の効力には影響を与えないことを確認する。	―
13.6	表題（headings）	・当該契約における条文の表題は、契約の解釈に影響を与えるものではないことを確認する。	―
13.7	登録および記録（registration and recordation）	・当該契約を有効とするために登録または記録が必要な場合は当該対応を行うことを確認する。	13 − 2
13.8	通知（correspondence）	・当該契約に関して他方当事者に連絡を行う場合の方法および宛先を定める。	―
13.9	特許の表示（patent marking）	・ライセンス対象製品に関する特許の表示義務について定める。	13 − 3
13.10	権利の不放棄（non-waiver）	・当事者によるある権利の不行使は、その他の権利の不行使を意味するものではないことを確認する。	―
13.11	秘密保持（confidentiality）	・当該契約に関して開示される他方当事者の秘密情報の取り扱いについて定める。	13 − 4
13.12	公表（publicity）	・当該契約における当事者の関係などを公表する場合の手続などを定める。	―
13.13	法令の順守（compliance of laws）	・当該契約に関係する法令の順守を確認する。	―
13.14	独立当事者（independent contractor）	・両当事者はあくまで独立した当事者であることを確認する。	―
13.15	不可抗力（force majeure）	・不可抗力によって当該契約における義務の履行が困難となった場合などの取り扱いについて定める。	―

13.16	譲渡の禁止（non-assignment）	・当該契約または当該契約における権利・義務の譲渡を禁止する。	*13 − 5*
13.17	電子署名に関する同意（consent to electronic signature）	・電子署名の有効性について確認する。	―
13.18	弁護士費用（attorney's fees）	・当該契約に関する紛争に要した弁護士費用の負担について定める。	―

| **13-1** | ライセンス契約に関する紛争解決については、どのような方法を選択すべきか。 |

実務上の対応

➢ ライセンス契約に関する紛争の解決にあたっては、その紛争解決の中立性、専門性、および秘密保持性などが期待されるところ、それらとの関係では、仲裁が有力な選択肢となる。

➢ ただし、仲裁については、特許権の有効性に関する判断を行いうるのか、または、特許権の侵害が疑われる者に対して当該侵害行為の差止めを請求することができるのかといった点などにおいて不透明な部分がある。

➢ これに対して、訴訟による場合は、特に陪審裁判によって、特許権者に有利な結果がもたらされがちであることに留意が必要である。

検討のポイント

（1）ライセンス契約に関する仲裁制度の有用性

　ライセンス契約をめぐる紛争について当事者間で解決を図ることができない場合、その解決方法としては、訴訟、調停、もしくは仲裁を挙げることができる。

　これらのうちいずれの手続を採るべきかについては、当該紛争の個別・具体的な事情によるところが大きいが、仲裁または調停の実施がひとつの有力な選択して考えられる。【13-1-A】【13-1-B】【13-1-C】【13-1-D】

　この点、仲裁と調停を比べた場合、紛争の解決を図るという観点においては、当事者の合意の有無にかかわらず最終的な紛争解決基準が示される仲裁のほうがのぞましいともいえる[2]。そして、とりわけ、ライセンス契約との関係における仲裁の有用性としては、次のようなものが挙げられる[3]。

　まず、知的財産権をめぐる紛争の主体は、各国を代表する大企業であることも少なくないから（そして当該大企業は当該国における多くの雇用を創出しているといった事情もあるから）、当該紛争に関して中立的な判断が行われる基盤があることは非常に重要

---

[2] Sing. Inte'l Arb. Ctr., *What is the difference between arbitration and mediation?*, https://www. siac. org.sg/71-resources/frequently-asked-questions/174.

[3] *See* Craig I Celniker et al., *Arbitration of intellectual property and licensing disputes*, THE ASIA-PACIFIC ARBI. R. 2021, A Global R. Special Rep., 7-10, https://media2.mofo.com/documents/210118-arbitration-intellectual-property.pdf.

である。この点、著名な仲裁機関[4]においては、仲裁人を当事者の国籍と異なる国籍から選出する規則を有するといった配慮がされている。

　次に、知的財産権をめぐる紛争の解決については、特定の技術に関する高度の理解および高い秘密保持性が要求されうる。この点、仲裁人については、特定の技術に関する専門知識を備えた仲裁人を有する仲裁機関も少なくなく[5]、そのような体制が必ずしも確保されていない裁判所とは異なる。また、多くの仲裁機関の仲裁規定は秘密保持に関する規定を有する[6]。

　さらに、仲裁は、当該紛争が潜在的には複数の国にまたがったものとなりうる場合であっても、ひとつの国（仲裁地）において解決を図ることができ[7]、かつ、当該解決内容をその他の国においても執行することができるから[8]、時間および費用の効率化、ならびに、手続の複雑化を予防できるといえる[9]。

　最後に、ライセンサーにとっての有益な面として、仲裁におけるライセンス対象権利の有効性に関する判断の効果がある。すなわち、仲裁において仲裁機関がライセンス対

---

[4] *Id.* at 7, n.6（たとえば、香港国際仲裁センター〈HKIAC〉、ロンドン国際裁判所〈LCIA〉、および国際商業会議所〈ICC〉を挙げる）。

[5] *Id.* at 8, n.7（たとえば、香港国際仲裁センターは 50 名を超える知的財産権に明るい仲裁人候補者を有し、また、シンガポール国際仲裁センターは 20 名を超える知的財産権に明るい仲裁人候補者を有すると紹介する）; Theodore K. Cheng, *Considering Arbitration or Mediation for Licensing Disputes*, THE RESOLVER (Fall 2018)（アメリカにおける仲裁との関係では、シリコン・バレー調停・仲裁センターが毎年発行する主要技術仲裁人・調停人リストが有用であると紹介する）; *see SVAMC Releases 2021 List of the World's Leading Technology Neutrals* (Feb. 4, 2021), https://www.prweb.com/releases/svamc_releases_2021_list_of_the_worlds_leading_technology_neutrals/prweb17704983.htm.

[6] Celniker, *supra* note 3, at 8.

[7] ただし、仲裁判断の執行について所定の手続を要求する法域もある。たとえば、アメリカにおいては、特許権に関する仲裁判断があった場合、特許権者などは当該判断の結果をアメリカ特許商標局の役員宛に通知する必要があり、当該通知のない限り、当該仲裁判断については執行力のないものとされる。35 U.S.C. § 294(d)-(e).

[8] たとえば、外国仲裁判断の承認及び執行に関する条約（ニューヨーク条約と呼称される）は、2019 年 9 月時点での批准国が 161 か国にものぼる条約であるが、当該条約は、批准国の裁判所において、他の批准国における仲裁の結果を自己のなした仲裁と同等に取り扱われることを担保し、また、仲裁合意の関係する事件が裁判所に係属した場合において、当該裁判所が訴訟手続を停止し、仲裁による解決が図られるよう取り計らわれることを担保している。*See* New York Convention on Recognition and Enforcement of Foreign Arbitral Awards, June 10, 1958, 21.3 U.S.T. 2517.

[9] 手続の複雑化の予防との関係においては、複数の法域における手続対応を省略できることに加えて、当該手続自体が裁判手続よりも簡略化されていることも挙げられる。特にアメリカの裁判においては、証拠開示手続の負担は大きいものであるが、仲裁においては、当事者の合意によって証拠開示の範囲を限定することなども可能であるほか、証言録取の活用もしくは専門家証人の起用などに関する制限を設けることも可能である。Cheng, *supra* note 5, at 5-6.

象権利は無効であると判断したとしても、当該判断は、当該仲裁の当事者のみを拘束するにとどまる[10]。これに対して、裁判所によって同様の判断が行われると、それは訴訟当事者以外の第三者との関係においても影響があり、たとえば、その他のライセンシーからもライセンス契約に基づくロイヤルティの支払いを拒絶されるといった事態が生じかねないのである[11]。

　このように、仲裁にはさまざまな有用性が認められるが、一方で、いくつかの課題もある。たとえば、そもそも仲裁手続において特許権の有効性に関する判断を行いうるのか[12]、または、特許権の侵害が疑われる者に対する当該侵害行為の差止めを仲裁機関に請求できるのか[13]といったものが挙げられる[14]。

（2）ライセンス契約に関する訴訟（陪審裁判）の有する課題

　紛争の解決を訴訟によることとした場合において留意すべき事項のひとつは陪審裁判制度である。この点をライセンス契約との関係についてみた場合、陪審員は、特許権の有効性、特許権の侵害、および特許権の故意侵害を認めやすい傾向にあるとされるほか、一般に、裁判官よりも高額な損害賠償額を認める傾向にあるともされる[15]。

　そこで、当事者としては、ライセンス契約において、紛争の解決は訴訟によるとしつつ、陪審制度の利用の放棄を規定すること（Waiver of Jury Trial Clause）も考えられる。【13-1-E】ただし、陪審裁判の放棄条項については、その有効性を認めない州[16]もある

---

[10] *See e.g.*, 35 U.S.C. 294(c) ("An award by an arbitrator shall be final and binding between the parties to the arbitration but shall have no force or effect on any other person....).

[11] Celniker *supra* note 3, at 8.

[12] Cheng, *supra* note 5, at 7（中国は、特許権もしくは登録済み商標権の有効性に関する仲裁判断を認めないと紹介する）。*Cf.* 35 U.S.C. § 294(a)（アメリカ特許法は、特許権または特許権から生じる権利に関する契約において、当該契約から生じる特許権の有効性または侵害に関するいかなる紛争についても仲裁による解決を要求する規定を置くことを認める）。

[13] Cheng *supra* note 4, at 8-9（中国は、他国における仲裁判断に基づく差止請求などを認めないと紹介する）；*cf. id.* at 8（ニューヨーク条約は、金銭的救済または非金銭的救済のいずれであるかを問うことなしに、批准国に仲裁判断の執行を要求していると分析する）。

[14] そこで、仲裁の非金銭的救済に関する実効性の疑義に備える趣旨で、仲裁条項を定めつつ、当該仲裁条項の範囲から差止請求などを除外する場合も見受けられる。*But see* Henry Schein, Inc. v. Archer & White Sales, Inc., 592 U. S. ＿ (2021)（仲裁条項において、仲裁の対象から、知的財産権に関する差止請求および紛争を除外していたところ、そもそも、紛争当事者間における紛争が当該除外の対象に該当するかどうかが争われるなどした事案）。

[15] Jennifer K. Robbennolt, *Evaluating Juries by Comparison to Judges: A Benchmark for Judging?*, 32, FLA. ST. U. L. R. (2005), 485, n. 89（たとえば、1982 年から 1999 年までの間の事件について、陪審裁判が特許権者に有利な判断を行った割合は 68％であったのに対して、裁判官による裁判が特許権者に有利な判断を行った割合は 51％であったとする）。

[16] カリフォルニア州、ジョージア州、およびノース・カロライナ州が挙げられる。*See* CAL. CIV. PROC. § 631(f); Grafton Partners v. Superior Court, 116 P.3d 479, 485 (Sup. Ct. Cal. 2005); Bank South, N.A. v. Howard, 444 S.E. 2d 799, 800 (Sup. Ct. Ga. 1994) ("[W]e hold, as stated above, that

ことに注意を要する。

アドバンスド

13-1-X　仲裁条項の存在にもかかわらず、一方当事者が仲裁の実施に応じない場合、他方当事者はどのように対処すべきか。

　契約に違反した行動をとることもまた当事者の自由であるから、当事者間で契約に関する紛争を仲裁によることに合意（仲裁条項〈Arbitration Clause〉）していたとしても、当該仲裁条項の存在にもかかわらず、一方当事者がそれを尊重することなしに訴訟提起することは妨げられない[17]。

　しかし、そのような事態を漫然と認めていたのでは，仲裁による紛争解決が進まないことになる。そこで、アメリカ議会は、仲裁の実施・執行を促進するためのフレーム・ワークを連邦仲裁法（Federal Arbitration Act）によって定める[18]。

　連邦仲裁法は、書面による仲裁合意に関連する事項がアメリカにおける訴訟などの対象となった場合，当事者の申立てをふまえて、裁判所に、仲裁による解決が行われるまでの間の訴訟手続の停止[19]または仲裁実施の命令を義務付ける[20]。

　この点、仲裁実施命令に関する申立ては適時に行う必要がある。なぜなら、当該申立てが行われるまでに徒過した期間、および、訴訟手続に関して他方当事者が要した費用・労力などを考慮したうえで、申立て当事者は当該申立てを行う権利を放棄したものと取り扱われてしまう場合があるためである[21]。

　さて、仲裁合意については、その存在を安易に認めるべきではなく、明確かつ疑いのない証拠が必要であるとされるが[22]、仲裁条項が当該仲裁にあたって準拠すべき仲裁規

pre-litigation contractual waivers of the right to trial by jury are not enforceable in cases tried under the laws of Georgia."); Nᴄ Gᴇɴ. Sᴛᴀᴛ. § 22B-10. *See also* 米国法商取引, 170-71.

[17] 本論点については、拙文「米国における仲裁合意の実効化に関する法制度・裁判例－GE Energy 事件のサブ・サプライヤーに及ぼす影響－」(49,『国際商事法務』, no.2, at 171-80〈2021〉・国際商事法研究所）の一部を基礎とする。

[18] Claudia Salomon and Samuel de Villiers, *The United States Federal Arbitration Act: a powerful tool for enforcing arbitration agreements and arbitral awards*, Latham & Watkins LLP (Apr. 7, 2014), at 1, https://m.lw.com/thoughtleadership/the-us-fed-arbitration-act.

[19] 9 U.S.C. § 3

[20] 9 U.S.C. § 4.

[21] *E.g.*, Solo v. United States Parcel Service Co., No. 17-2244 at 8 (6th Cir. 2003).

[22] *See e.g.*, 26th St. Hospitality, LLP v. Real Builders, Inc., 2016 ND 95, at 23 (N.D. 2016).

則についても定めている場合、当該仲裁条項は仲裁合意に関する明確かつ疑いのない証拠として取り扱われる傾向にある[23]。

したがって、仲裁条項においては、準拠する仲裁規則を定めておくべきである。【13-1-A】【13-1-B】【13-1-C】【13-1-D】

さて、国際仲裁合意[24] との関係についてみると、連邦仲裁法は、アメリカの批准する条約であるニューヨーク条約[25]、および、パナマ条約[26] に関する規定を置く[27]。

この点、たとえば、ニューヨーク条約の適用のある紛争について、国際仲裁合意の存在にもかかわらず、一方当事者が州裁判所において他方当事者に対する訴訟を提起した場合、他方当事者は当該訴訟を連邦裁判所に移送するよう求めることができる[28]。その後、他方当事者は、さらに、仲裁合意の定める仲裁地（アメリカ国外である場合も含む）における仲裁実施の命令を求めることもできる[29]。

クイック・リファレンス

【ライセンス契約に関する紛争と仲裁・訴訟の関係】

視点	仲裁の特徴	訴訟の特徴
中立性	•仲裁人を当事者の国籍と異なる国籍から選出しうる。	•特に陪審裁判による場合、高額な賠償が認められやすい傾向にある。

---

[23] *See e.g., id.* at 24（アメリカ仲裁協会〈American Arbitration Association〉の仲裁規則に準拠する旨を定める仲裁条項について、仲裁合意に関する明確かつ疑いのない証拠であると判断した）。なお、連邦仲裁法は州法に優先し、また、連邦裁判所および州裁判所の双方において尊重される。*See id.,* at 19, 13.

[24] 本書において、国際的仲裁合意とは、アメリカ国内企業間（アメリカ国内企業とは、設立地または主要拠点がアメリカにある企業をいう）の紛争に関する仲裁合意以外の仲裁合意、または、アメリカ国内企業間の紛争であってもアメリカ国外の資産、アメリカ国外における義務の履行もしくは権利の執行、またはアメリカ国外と合理的な関連性を有する紛争に関する仲裁合意をいう。*See* 9 U.S.C. § 202.

[25] New York Convention on Recognition and Enforcement of Foreign Arbitral Awards, June 10, 1958, 21.3 U.S.T. 2517.

[26] Inter-American（Panama）Convention on International Commercial Arbitration, Jan. 30, 1975, OAS TS No. 42.

[27] 9 U.S.C. § 201-208, § 301-307. これら条約のほか、アメリカが国際的仲裁合意に関して批准する条約としては、The Convention on the Settlement of Investment Disputes between States and Nationals of Other States（ワシントン条約）があるが、これは国際投資にまつわる紛争に関するものである。See Mark W. Friedman and Floriane Lavaud, Arbitration Guide UNITED STATES (Updated January 2018), IBA Arb. Comm., 5.

[28] 9 U.S.C. § 205.

[29] 9 U.S.C. § 206, 208, 4.

専門性	・特定の技術に関する専門知識を備えた仲裁人を選定しうる。	・必ずしも特定の技術に関する専門知識を備えた裁判官が充てられるとは限らない。
秘密保持性	・秘密性が保持された手続によることが多い。	・秘密性は保持されないのが原則といえる。
手続の簡易性	・証拠開示手続などについても当事者の合意によって簡易なものとしうる。	・証拠開示手続などは、充実・徹底したものが用意されている。
執行の容易性	・仲裁地以外の法域においても、仲裁判断を執行しうる。 ・ただし、特許権の侵害行為の差止命令などの非金銭的救済については仲裁地における執行力について疑義があるとの指摘がある。	・裁判管轄地以外の法域における判決の執行力は限定的である[30]。 ・損害賠償命令のような金銭的救済のほか、特許権の侵害行為の差止命令などの非金銭的救済について取り扱うこともできる。
判断の対象	・特許権の無効性の判断を認めない法域もある。	・特許権の無効性の判断も可能である[31]。
判断の効果	・当事者との間でのみ効力を有する。	・当事者以外の第三者との関係でも効力を有しうる。

サンプル条文

【13-1-A】紛争解決について、協議、調停、そして仲裁（ただし、ライセンス対象特許権の有効性などに関しては仲裁の対象として含めない）の順序で手続を経ることを原則として定める。

In the event of a controversy or claim arising out of or relating to this Agreement, the	本契約、ライセンス対象特許権、本契約の違反、有効性、もしくは終了またはライセン

---

[30] Celniker, *supra* note 3, at 8, n.11（将来的には、Convention of 2 July 2019 on the Recognition and Enforcement of Foreign Judgments in Civil or Commercial Matters〈民事及び商事に関する裁判管轄権及び外国判決に関する条約〉によって、裁判管轄地以外の法域においての判決の執行が容易となる可能性もあるが、そもそも、当該条約は知的財産権に関する紛争には適用がないことを指摘する）; see Convention of 2 July 2019 on the Recognition and Enforcement of Foreign Judgments in Civil or Commercial Matters ch. 1 art. 2-1(m).

[31] ただし、アメリカ特許商標庁における特許権の有効性を争う手続（当事者系レビュー〈inter partes review〉または付与後レビュー〈post grant review〉）を選択し、当該手続における最終判断を得た場合、以降は、当該手続における主張または当該手続において可能であった主張に基づいて当該特許権の有効性を裁判で争うことは禁反言に該当し、認められないものとされている。*See* 35 USC § 315(e)(2), § 325(e)(2).

Licensed Patents, or to the breach, validity, or termination of this Agreement or to the validity, infringement, or enforceability of Licensed Patents, the Parties have agreed to the following procedures:

(a) The Parties shall first negotiate in good faith for a period of sixty (60) days to try to resolve the controversy or claim.

(b) If the controversy or claim is unresolved after these negotiations, the Parties shall then make good-faith efforts for sixty (60) days to mediate the controversy or claim in New York, New York before a mediator selected by the International Institute for Conflict Prevention and Resolution ("CPR"), under CPR's Mediation Procedure then in effect.

(c) If the controversy or claim is unresolved after mediation, on the written demand of either Party, any controversy arising out of or relating to this Agreement or to the breach, validity, or termination of this Agreement shall be settled by binding arbitration in New York, New York in accordance with CPR's Rules for Non-Administered Arbitration of Patent and Trade Secret Disputes then in effect, before a single arbitrator. The arbitration shall be governed by the Federal

ス対象特許権の有効性、侵害もしくは執行可能性から生じるもしくは関係する意見の相違または請求が生じた場合、当事者は次の手続をとることに合意する：

（a）当事者は、まず、当該意見の相違または請求を解決するために 60 日間、真摯に交渉を行う。

（b）当該交渉を経ても、当該意見の相違または請求が解決できない場合、当事者は、その後 60 日の期間、その時点で有効な国際紛争解決センター（「CPR」）の調停規則に従って CPR によって選定される調停人の面前で、ニューヨーク州ニューヨーク市において、当該意見の相違または請求に関する調停について真摯な努力を尽くす。

（c）当該調停を経ても、当該意見の相違または請求が解決できない場合、一方当事者の書面による要求をもって、本契約の違反、有効性、または解除から生じるもしくは関係する意見の相違もしくは請求については、単独の仲裁人のもと[32]、その時点で有効な、CPR の特許およびトレード・シークレット紛争に関する非行政的仲裁規則に従って、ニューヨーク州ニューヨーク市において、拘束力のある仲裁によって解決を図る。当該仲裁は、連邦仲裁法（9 U.S.C. 1 条以下〈アメリカ合

---

[32] 仲裁人の選定については、そのほか、3 名の仲裁人によるものとしつつ当事者は当該選定に関与しないとする（"three neutral arbitrators, none of whom shall be appointed by either party"）、または、3 名の仲裁人によるものとしつつ当事者はそれぞれ 1 名の仲裁人を選定できるとする（"three arbitrators, of whom each party shall appoint one"）といった規定が挙げられる。*See* Int'l Inst. for Conflict Prevention and Res., *Patent & Trade Secret Arbitration Rules*, https://www.cpradr.org/resource-center/rules/arbitration/patent-trade-secret-arbitration-rules.

Arbitration Act, 9 U.S.C. §§ 1 *et seq.* (the United States), and judgment on the award rendered by the arbitrator may be entered in any court having jurisdiction thereof.

(d) A party's right to demand arbitration of a particular dispute arising under or related to this Agreement, or the breach, validity, or termination of this Agreement, shall be waived if that party either: (i) brings a lawsuit over that controversy or claim against the other party in any state or federal court; or (ii) does not make a written demand for mediation, arbitration, or both within sixty (60) days of service of process on that party of a summons or complaint from the other party instituting such a lawsuit in a state or federal court of competent jurisdiction.

All applicable statutes of limitation and defenses based on the passage of time shall be tolled while the procedures described in this Section 13.2 are pending. Licensor and Licensee shall each take such action, if any, required to effectuate this tolling. Each party is required to continue to perform its obligations under this Agreement pending final resolution of any dispute arising out of or relating to this Agreement.

衆国〉）によって規律されるものとし、また、当該仲裁人によって示された裁定は管轄権を有するいかなる裁判所においても執行判決を得ることができるものとする。

（d）本契約、または、本契約の違反、有効性、もしくは解除に関する紛争から生じるもしくは関係する特定の紛争について仲裁を要求する当事者の権利は、当該当事者が：（i）州もしくは連邦裁判所において、他方当事者に対する当該意見の相違もしくは請求をめぐる訴訟を提起した場合；または（ii）管轄権を有する州もしくは連邦裁判所における訴訟を提起した他方当事者からの召喚状もしくは訴状の送達を受けてから 60 日内に、調停、仲裁、もしくはそれら双方の実施を書面によって要求しなかった場合、放棄されたものとされる。

時の経過を根拠として主張しうる時効またはその他の防御方法については、本 13.2 条の定める手続が係属中である間は、延期されるものとする。ライセンサーおよびライセンシーは、当該延期の効力発生に必要となる手続がある場合、当該手続をとるものとする。本契約から生じるまたは関係するいかなる紛争についても、その最終解決が図られている間、それぞれの当事者は、本契約における義務の履行を継続するものとする。

【13-1-B】国際的に評価の高い仲裁機関におけるモデル仲裁条項[33]： 国際商業会議所（International Chamber of Commerce）（ICC）[34]

All disputes arising out of or in connection with the present contract shall be finally settled under the Rules of Arbitration of the International Chamber of Commerce by one or more arbitrators appointed in accordance with the said Rules.	本契約から生じるまたは関係するすべての紛争については、国際商業会議所の規則のもと、当該規則に従って選任される1人またはそれ以上の仲裁人によって終局的に解決されるものとする。

【13-1-C】国際的に評価の高い仲裁機関におけるモデル仲裁条項： 香港国際仲裁センター（Hong Kong International Arbitration Centre）（HKIAC）[35]

Any dispute, controversy, difference or claim arising out of or relating to this contract, including the existence, validity, interpretation, performance, breach or termination thereof or any dispute regarding non-contractual obligations arising out of or relating to it shall be referred to and finally resolved by arbitration administered by the Hong Kong International Arbitration Centre	本契約から生じるまたは関係するいかなる紛争、論争、相違、もしくは請求（本契約の存在、有効性、解釈、履行、違反もしくは解除を含む）、または、本契約から生じるもしくは関係する契約上の義務以外に関するいかなる紛争についても、仲裁の通知が提出された時点において有効である香港国際仲裁センターの規則のもと、香港国際仲裁センター（HKIAC）に付託され、そして、終局的に解

---

[33] White and Case LLP & School of Int'l Arb. Ctr. for Com. L. Stud., Queen Mary U. of London, *2021 International Arbitration Survey: Adapting arbitration to a changing world*, 10, http://www. arbitration. qmul.ac.uk/media/arbitration/docs/LON0320037-QMUL-International-Arbitration-Survey-2021_19_ WEB.pdf（選択したいと考える仲裁機関に関するアンケートの上位10位までを示しており、ICC、HKIAC、およびSIACが上位3位までを占める）。なお、これら仲裁機関の提案するモデル条項の一部については、当該仲裁機関の提示する選択肢のうち特定のものを選択したうえで引用している（当該選択箇所はグレイでハイライトする）。*Cf.* David McLean, *US arbitral institutions and their rules*, Latham & Watkins LLP, https://www.lw.com/thoughtLeadership/us-arbitral-institutions-and-their-rules（アメリカにおける活用頻度の多い仲裁機関として、アメリカ仲裁協会〈American Arbitration Association〉、国際紛争解決センター〈International Institute for Conflict Prevention & Resolution〉、および司法仲裁・調停サービス〈Judicial Arbitration and Mediation Services, Inc.〉を挙げる）。

[34] Int'l Chamber of Com., *Arbitration Clause*, https://iccwbo.org/dispute-resolution-services/arbitration/arbitration-clause/.

[35] H.K. Int'l Arb. Ctr., *Model Clauses; Arbitration under the HKIAC Administered Arbitration Rules*, https://www.hkiac.org/arbitration/model-clauses.

(HKIAC) under the HKIAC Administered Arbitration Rules in force when the Notice of Arbitration is submitted. The law of this arbitration clause shall be Hong Kong law. The seat of arbitration shall be Hong Kong. The number of arbitrators shall be one. The arbitration proceedings shall be conducted in English.	決される。本仲裁条項の準拠法は香港法とする。仲裁地は香港とする。仲裁人の人数は 1 名とする。仲裁手続は英語によって実施される。

【13-1-D】国際的に評価の高い仲裁機関におけるモデル仲裁条項：　シンガポール国際仲裁センター（Singapore International Arbitration Centre）（SIAC）[36]

Any dispute arising out of or in connection with this contract, including any question regarding its existence, validity or termination, shall be referred to and finally resolved by arbitration administered by the Singapore International Arbitration Centre ("SIAC") in accordance with the Arbitration Rules of the Singapore International Arbitration Centre ("SIAC Rules") for the time being in force, which rules are deemed to be incorporated by reference in this clause. The seat of the arbitration shall be Singapore. The Tribunal shall consist of three arbitrators. The language of the arbitration shall be English.	本契約から生じるまたは関係するいかなる紛争（本契約の存在、有効性、もしくは解除に関するいかなる疑義を含む）についても、その時点において有効であり、本条の一部を構成するものとされるシンガポール国際仲裁センターの仲裁規則（SIAC 規則）に従い、シンガポール国際仲裁センター（SIAC）によって運営される仲裁に付託され、そして、終局的に解決される。仲裁地はシンガポールとする。仲裁廷は 3 名の仲裁人から構成される。仲裁における使用言語は英語とする。

【13-1-E】陪審裁判放棄条項：　陪審裁判を受ける権利については、法律上許容される範囲において、放棄するものとする。

Each Party hereto hereby waives, to the fullest extent permitted by applicable law,	いずれの当事者も、適用法において許容される最大限度において、本契約から直接もし

---

[36] Sing. Int'l Arb. Ctr., *Model Clauses*, https://www.siac.org.sg/model-clauses.

| *any right it may have to a trial by jury in respect of any litigation directly or indirectly arising out of, under or in connection with this Agreement.* | くは間接的に生じる、もしくは本契約に基づく、または本契約に関するいかなる裁判においても、いかなる陪審裁判を受ける権利を放棄する。 |

13-2	ライセンス契約の登録・記録などについては、どのように対応すべきか。

実務上の対応

➤ライセンス契約については、当該契約がアメリカ連邦行政機関の資金に基づいて生じた発明が関係する場合でない限り、登録・記録などに関する手続は必要とはされないのが原則である。

➤もっとも、アメリカ以外の国においては、当該登録・記録が重要な意義を有する場合もある。

➤したがって、ライセンス対象権利の対象国などもふまえたうえで、ライセンス契約に当該登録・記録に関する規定を設けることも検討に値する。

検討のポイント

　ライセンス契約が確認的ライセンス（confirmatory license）に該当する場合、当該ライセンス契約はアメリカ特許商標庁において記録される必要がある[37]。

　ここに確認的ライセンスとは、アメリカ連邦行政機関の資金に基づき小規模事業者[38]などが実施した研究開発活動の結果生じる発明に関するライセンスである。すなわち、当該研究開発活動の過程において発明をなした場合、当該企業は、当該発明に関する知的財産権を自己の保有とすることを選択できる。ただし、その場合、当該企業は、対象特許権の出願時に、当該発明はアメリカ連邦政府などの助成に関するものであることを付記するほか、アメリカ連邦行政機関に非独占・移転不可能・撤回不可能・ロイヤルティ支払い済みのライセンスを付与するとともに、アメリカ特許商標庁における当該ライセンスの記録に関する対応が要求されているのである[39]。

　確認的ライセンスのほかには、ライセンス契約の登録・記録に関する対応は必要とされないのが原則であるが[40]、第三者に当該特許権をめぐる権利関係を明らかにすべく、ライセンス契約の記録をアメリカ特許商標庁に求めることはできる[41]。

---

[37] 37 C.F.R. § 3.11(b).

[38] 13 C.F.R. § 12.201（たとえば製造業においては、取り扱い製品によって、従業員数が500-1,500 名より少ない企業を小規模事業者であるとする）。

[39] 35 U.S.C. § 202 (c)(4).

[40] *See* Lanning G Bryer, *IP in business transactions: United States overview*, https://uk.practicallaw.thomsonreuters.com/9-501-9778?transitionType=Default&contextData=%28sc.Default%29（アメリカ特許法においては、ライセンス契約の登録は要求されていないことを紹介する）；*see also* John Chandler, *Record Assignments, Not Licenses, at the US Patent Office* (Sept. 13, 2121), https://www.chandlerip.com/?p=445.

[41] The U. S. Pat. And Trademark Off., Manual of Patent Examining Procedure 313 Recording of

　これらに対し、アメリカ以外の国においては、ライセンス契約の登録または記録がさらに重要な意義を有する場合もある[42]。

　そこで、当該ライセンスの存在を秘密にしておきたいといった事情などがないならば、ライセンス対象権利の対象国などもふまえたうえで、当該登録・記録手続の履践に関する規定を設けることも考えられる。【13-2-A】

サンプル条文

【13-2-A】ライセンシーがライセンス契約の登録・報告に関する義務を負うものとする。

If the terms of this Agreement, or any assignment or license under this Agreement must be registered with or reported to a national or supranational agency of any area in which Licensee or Sublicensee would do business, then Licensee will, at its own expense, undertake such registration or report. Any agency ruling resulting from the act of registration or report shall be forwarded by Licensee to Licensor.	本契約の条件または本契約に基づく譲渡もしくはライセンスについて、ライセンシーまたはサブライセンシーが事業を行ういずれかの地域における国家機関または国際機関における登録もしくは報告を要する場合、ライセンシーは、自己の費用をもって、当該登録または報告を行うものとする。当該登録または報告に関する機関の決定については、いかなるものも、ライセンシーからライセンサーに転送されるものとする。

Security Interests, and Document Other Than Assignments [R-07.2015]（アメリカ特許商標庁へのライセンス契約の記録に関する請求については、受け付けられることが多いと思われるとしつつ、規定上はアメリカ特許商標庁の役員の裁量に委ねられていることを紹介する）。

[42] *See e.g.*, Mariano Tabanera, *Exploring license agreement registration* (Dec. 26, 2018), https://www.moellerip.com/exploring-license-agreement-registration/（アルゼンチンにおいては、ライセンス契約の登録によって、当該ライセンス契約に基づいて支払われる金員にかかる税金の 60-80% の減額を受けることができることを紹介する）。*See also e.g.*, Somboon Earterasarun and Wulan Purnamasari, *Recordation of IP License Agreements in Indonesia: Analysis of the New Regulations* (June. 3, 2016), https://www.tilleke.com/wp-content/uploads/2016/06/2016_Jun_Recordation_License_Agreement_Indonesia.pdf（インドネシアにおいては、登録手続の行われていない商標ライセンス契約に基づく商標の使用をもってしては、第三者による当該商標の不使用取り消しの主張に対抗できないことを紹介する）。

| 13-3 | 特許表示はどのような意義を有するか。 |

実務上の対応

➢特許権者は、特許権の対象製品に特許表示を行わない限り、当該特許権の侵害者に対する損害賠償の請求が認められない。

➢ライセンサーは、ライセンシーにも特許表示の実施を義務付けることで、特許権侵害者への責任追及の途を確保すべきである。

検討のポイント

　ライセンサーは、ライセンシー以外の第三者が自己の特許権を実施している場合、当該行為に関する責任を追及したいと考える場合がある。

　この点、特許権者が特許権の侵害行為に関して損害の賠償を請求するにあたっては、当該特許権の表示が行われていることが要件とされているため、その順守をライセンシーにも要求し、自己の権利を確保しておく必要がある。

　特許表示の必要性および方法、ならびに特許表示とライセンシーの関係の具体的な内容については、次のとおりである。

（1）特許表示の必要性

　特許権者が特許権侵害者に対して損害の賠償を請求するにあたっては、当該侵害者が当該特許権を認識していたといえる状況を必要とする[43]。当該状況を要求する趣旨は、①善意の第三者に特許権侵害に伴う責任を生じさせることを回避すること、②特許権者に特許権の存在を公知のものとする努力を促すこと、および、③製品が特許権の実施対象であることを公衆が認識できる状態とすることにある[44]。

　特許権者にとって、特許権侵害者が当該特許権を認識していたといえる状況の作出は、当該製品に特許権の存在を表示すること（以下、特許表示という）により図ることが簡便である。特許表示のあった場合、当該侵害者は当該特許権を認識していたものと

---

[43] 35 U.S.C. § 287(a).

[44] *See* Rembrandt Wireless Tech., LP v. Samsung Elec. Co. Ltd., 853 F.3d 1370, 1383 (Fed. Cir. 2017) (quoting Nike, Inc. v. Wal-Mart Stores, Inc., 138 F.3d 1437, 1443 (Fed. Cir. 1998)) ("The marking statute serves three related purposes: 1) helping to avoid innocent infringement; 2) encouraging patentees to give notice to the public that the article is patented; and 3) aiding the public to identify whether an article is patented.").

擬制されるからである[45]。

　これに対して、特許表示がされていないにもかかわらず当該侵害者の責任を追及したい場合、特許権者は、当該侵害者に当該特許権の存在を知らせるべく、通知を行う必要がある。当該通知の実施は、書簡を送付することによるほか、訴状を送付することによっても認められる[46]。

（2）特許表示の方法

　特許表示は、特許権侵害者が特許権を認識していたといえる状況を作出するための有効な手段であるが、それは具体的には、「patent」またはその略語である「pat.」およびそれに続ける特許番号（たとえば「Patent:〔1,234,567〕」となる）（以下、これらをまとめて「特許番号」という）、を対象製品に付することによって行う[47]。

　もっとも、対象製品のサイズなどとの兼ね合いから特許表示を行うことが困難な場合もあるから、特許表示は、特許番号を対象製品の梱包またはラベルに付することによって行うことも認められている。

　さらに、対象特許権が多岐にわたるため、特許番号を対象製品などに表示することが現実的でない場合、または、対象特許権に増減があった場合などにおいて柔軟に対処できるようにしておく必要がある場合などを考慮して、対象製品などに（特許番号に代えて）インターネット・アドレスを付すこと（virtual patent markingと呼称される）（たとえば「Patent: www.〔buckeyeslicensor.com〕」となる）も認められている[48]。その場合、対象製品および特許番号に関する情報は、当該インターネット・アドレスに掲載することになる[49]。なお、当該情報は無料で閲覧できなければならない[50]。

　ところで、一部の特許権が失効した場合に当該失効に関する情報を特許表示に反映させなければならないか（すなわち当該表示から削除しなければならないか）も問題となりうるが[51]、現在の特許法はそのような義務を課していない[52]。

---

[45] 35 U.S.C. § 287(a).

[46] *Id.*

[47] *Id.*

[48] *Id.*

[49] *Id.*

[50] *Id.*

[51] *See e.g.*, Pequignot v. Solo Cup Co., No. 2009-1547 (Fed. Cir. 2010)（失効した特許権の表示を継続することは、当時の特許法においては、虚偽の特許表示に関する責任〈製品1個あたり最大500アメリカドルの責任〉を生じさせうることを示唆した）。

[52] 35 U.S.C. § 292(c)（特許表示を行った製品について、当該特許権が失効したとしても、それは虚偽の特許表示に関する責任を生じさせないとする）。

（3）特許表示とライセンシーの関係

　特許法は、特許権者（ライセンサー）のみならずそのライセンシーについても、特許表示に関する対応を期待する[53]。したがって、ライセンサーは、ライセンシーに適切な特許表示の実施を要求する必要がある。【13-3-A】

サンプル条文

【13-3-A】ライセンシーに、ライセンス対象製品における特許表示を義務付ける。

Licensee agrees to mark all Licensed Products sold in the United States with all applicable United States patent numbers. All Licensed Products shipped to or sold in other countries shall be marked to comply with the patent laws and practices of the countries of manufacture, use and sale.	ライセンシーは、アメリカ国内において販売するライセンス対象製品について、ライセンス対象であるアメリカ特許権の表示を行うことに同意する。アメリカ国外に向けて輸送または販売されるライセンス対象製品についても、ライセンス対象製品の製造、使用、または販売の行われる国の特許法もしくは実務に従って特許権の表示を行うものとする。

---

[53] 35 U.S.C. § 287(a).

13-4	ライセンス対象製品のサンプルを他方当事者に提供する場合、どのような事項に配慮すべきか。

実務上の対応

➤ ライセンス対象製品のサンプルなどをリバース・エンジニアリングすることは、トレード・シークレット法には反さない。

➤ したがって、ライセンス対象製品の構造などを秘匿とすべく、リバース・エンジニアリングを禁止する場合には、秘密保持条項などにその旨を規定すべきである。

➤ さらに、ライセンス対象製品のサンプル自体についても、秘密情報としての厳重な取り扱いを求めることで、当該構造などに関する情報の保護をさらに図ることも考えられる。

検討のポイント

ライセンス契約との関係においては、たとえば、ライセンシーがライセンス対象製品のサンプルを（ライセンシーの開発に関する努力または特許表示に関する義務などの順守を裏付ける趣旨などで）ライセンサーに提供する場合も想定できる。しかし、ライセンシーとしては、ライセンサーに当該サンプルの構造などを分析され（リバース・エンジニアリング）、当該サンプルに類似した製品を製造されてしまうといった事態は回避しなければならない[54]。

この点、当該サンプルの構造がトレード・シークレットに該当する場合、当該リバース・エンジニアリングに対する責任の追及がいわゆるトレード・シークレット法によって認められているかどうかも問題となりうるが、リバース・エンジニアリング自体はトレード・シークレットの侵害行為には該当しないとされる。

すなわち、トレード・シークレットの侵害行為である不正使用は、①不適切な手段[55]によってトレード・シークレットにアクセスした場合、または、②トレード・シークレットの所有者から課せられた秘密保持義務に反して当該トレード・シークレットを開

---

[54] James Pooley, *The Art of Reverse Engineering* (Dec. 4, 2017), https://www.ipwatchdog.com/2017/12/04/art-reverse-engineering/id=90439/（このような懸念との関係からも、関連技術などについて特許権などを取得しておくことは、〈ライセンサーがリバース・エンジニアリングによって対象製品の構造を理解したとしても、ライセンシーの許諾のないままにライセンス対象製品を製造することができないから〉有用であるとする）。

[55] *See* 18 U.S.C. § 1839(6)(B)（不適切な手段について「improper means」と表現する）。

示もしくは使用した場合に認められるところ[56]、リバース・エンジニアリングは「不適切な手段」には該当しないと整理されているのである[57]。

　したがって、サンプルの受領者が「秘密保持義務に反して当該トレード・シークレットを」「使用した」ことを根拠とする責任の追及が可能となるよう、ライセンス契約の秘密保持条項において、リバース・エンジニアリングを認めない旨の規定を加えることが考えられる。【13-4-A】また、さらに慎重を期して、サンプル自体が秘密情報であると示したうえで、秘密保持条項に従った取り扱いを求めることも考えられる。【13-4-B】

サンプル条文

【13-4-A】秘密保持条項：　情報受領者は、ライセンス対象製品のサンプルのリバース・エンジニアリングなどを行わないことなどを確約する。

The Receiving Party agrees that <u>it will not</u> and it will not allow others to copy, decompile, disassemble, modify, photograph, reverse assemble, or reverse engineer any samples of the Licensed Products.	情報受領者は、ライセンス対象製品のいかなるサンプルについても、コピー、デコンパイル、分解、改変、写真撮影、リバース・アセンブル、またはリバース・エンジニアリングを行わず、また、他者に行わせないことに同意する。

【13-4-B】秘密保持条項：　情報受領者に提供されるサンプルなどは秘密情報であるとする。

<u>All sample</u> or prototype parts, devices, circuits, products and other tangible items provided to the Receiving Party <u>are Confidential Information</u>.	受領者に提供されたサンプルもしくは試作品の部品、端末、回路、製品、またはそのほかの有形物については、すべて秘密情報に該当する。

---

[56] *E.g.*, Tex. Advanced Optoelectronic Sols., Inc. v. Renesas Elecs. Am., Inc., 888 F. 3d 1322, 1330 (9th Cir. 2018) (quoting Hyde Corp. v. Huffines, 314 S.W.2d 763, 769) ("One who discloses or uses another's trade secrets, without a privilege to do so, is liable to the other if (a) he discovers the secret by improper means, or (b) his disclosure or use constitutes a breach of confidence reposed in him by the other in disclosing the secret to him.").

[57] *See* 18 U.S.C. § 1839(6)(B); *e.g.*, Chicago Lock Co. v. Fanberg, 676 F. 2d 400, 404 (9th Cir. 1982) (quoting Sinclair v. Aquarius Elec., Inc., 42 Cal.App.3d 216, 226) ("It is well recognized that a trade secret does not offer protection against discovery by fair and honest means such as by independent invention, accidental disclosure or by so-called reverse engineering, that is, starting with the known product and working backward to divine the process.").

| 13-5 | ライセンス契約の一方当事者は、当該契約上の地位を自由に第三者に譲渡できるか。 |

問題の所在

➤当事者は、ライセンス契約上の地位を自由に第三者に譲渡などすることはできないのが原則である。

➤そのうえで、ライセンス契約上の地位を第三者に譲渡などすることについては、契約譲渡条項・契約譲渡禁止条項によって定めることが多い。

➤契約譲渡条項・契約譲渡禁止条項においては、当事者が第三者と合併するなどした場合、または、当事者の主要株主に異動があった場合などについて、「譲渡」に該当するかどうかを明らかにすることも検討に値する。

検討のポイント

ライセンス契約に関する譲渡が問題となりうる場合については、ライセンス契約上の地位などが第三者に譲渡される場合、および、ライセンス対象権利が第三者に譲渡される場合のふたつが挙げられるため、それぞれについて次のとおり紹介する。

（1）契約上の地位が第三者に譲渡される場合

当事者が、当該契約上の地位を第三者に譲渡することの可否について規定する条項は、契約譲渡条項（Assignment Clause）または契約譲渡禁止条項（Non-assignment Clause）などと呼称される[58]。

この点、契約法においては、ライセンス契約上の地位は一身専属的なものであって譲渡不可能であると整理される[59]。したがって、ライセンス契約との関係において特に意

---

[58] さらに正確には、契約上の地位の譲渡とは別に、契約上の権利の譲渡については「assignment」、契約上の義務の譲渡については「delegation」と呼称され、契約上の義務の譲渡に関して定める条項については「Delegation Clause」または「Anti-delegation Clause」と呼称される。BLACK'S LAW DICTIONARY: POCKET EDITION 52, 217 (4th ed. 2011).

[59] E.g., Rhone Poulenc Agro, S.A. v. DeKalb Genetics Corp., 284 F.3d 1323, 1328 (Fed. Cir. 2002) ("In so holding, courts generally have acknowledged the need for a uniform national rule that patent licenses are personal and non-transferable in the absence of an agreement authorizing assignment, contrary to the state common law rule that contractual rights are assignable unless forbidden by an agreement.")（特許権のライセンス契約については、ライセンサーにとってライセンシーが誰であるかは特に重要な問題であるとして、一般には契約上の地位の譲渡が認められない契約〈personal contract〉であるとした）。Cf. TINA L. STARK, DRAFTING CONTRACTS HOW AND WHY LAWYERS DO WHAT THEY DO 221 (2d ed. 2013); RESTATEMENT (SECOND) OF CONTRACTS 322(1)（一

義を有するのは、契約上の地位の譲渡を可能とする契約譲渡条項である。

　さて、当事者が契約上の地位の譲渡を行いたい理由としては、当該地位を資金化したい場合などが挙げられる。これに対して、一方当事者が他方当事者による契約上の地位の譲渡を制限したい理由としては、当該地位の譲受人が自己の競合事業者である場合、または、現在の他方当事者と比べて（ロイヤルティの支払い能力などとの関係から）契約上の義務の履行能力に疑義がある場合などが考えられる。

　そこで、契約上の地位の譲渡に関する必要性をふまえつつ、当該譲渡に伴う不都合を回避する趣旨で、当該譲渡を望む当事者は、当該譲渡に関して他方当事者の事前の同意を得るものとすることが考えられる。【13-5-A】なお、当該契約上の地位の譲渡禁止は、当事者に、当該契約上の地位を譲渡する権利がそもそも存在しないことまでを意味しない。したがって、この点についても配慮したい場合においては、当該譲渡自体が無効であることも定めておく必要がある[60]。【13-5-A】【13-5-B】

　また、一方当事者が自己の事業を第三者に売却することなどに伴い、法律上必然的にライセンス契約上の地位も移転することになる場合がある。当該当事者としては、当該取引を契約譲渡禁止条項によって妨げられることは避けたいところである一方、他方当事者としては、予期しなかった第三者に当該契約上の地位が移転することになるわけであるから、あらかじめ、このような場合における契約上の地位の移転が契約譲渡禁止条項の対象となるかどうかについては、明らかにしておくことがのぞましい[61]。【13-5-B】

　同じ観点は、一方当事者の支配権が異動した場合（change of control などと呼称される）にも当てはまる。すなわち、一方当事者の主要株主（特に、議決権を議決権の総数の 50％を超えて保有する株主）に異動があった場合、他方当事者としては、当該主要株主の属性をふまえ、当該ライセンス契約における関係の維持を望まない場合もある。したがって、支配権の異動が契約譲渡禁止条項の対象となるかどうかについても、明らかにしておくことがのぞましいといえる[62]。【13-5-C】【13-5-D】

般には、契約上の地位の譲渡を禁止するとのみ規定した場合、それは、契約上の義務の譲渡の禁止のみを意味し、契約上の権利の譲渡の禁止は意味しないとする）。

[60] STARK, *supra* note 59, at 222（契約譲渡禁止条項に反する契約上の地位の譲渡は契約違反を構成し、他方当事者に損害の賠償請求を可能とするにとどまるうえ、当該損害についても多額の損害の証明には困難が予想されるとする）; *see also e.g.*, Bel-Ray Co., Inc. v. Chemrite (Pty.) Ltd., 181 F.3d 435, 441-42 (3d Cir. 1999)（Restatement (Second) of Contract § 322 を参照しつつ、契約上の権利の譲渡禁止条項に反して行われた譲渡は、当該譲渡自体を無効とするものではないことを指摘する）。

[61] STARK, *supra* note 59, at 222.

[62] *Id.*

（2）ライセンス対象特許権が第三者に譲渡される場合

　ライセンサーは、ライセンス対象特許権を自由に第三者に譲渡することができるのが原則であるところ[63]、その場合には、ライセンサーとしての地位も第三者に承継される[64]。

　この点、たしかに契約上の地位の譲渡禁止条項が存在するならば、ライセンス対象権利の譲渡の効果としての契約上の地位の移転についても一定の手当てができているといえる。

　しかし、たとえば、ライセンス対象権利がライセンサーの債務の担保に供されていたような場合においては、当該担保権の実行によって不測の問題が生じることもありうる。すなわち、当該担保権者がライセンシーの競合事業者である場合などにおいて、ライセンシーは、ライセンス対象製品の販売に関する情報などを知られたくない場合もあろう。

　そこで、ライセンシーとしては、ライセンス対象権利に関する担保権の設定について、ライセンサーに制約を課すことが考えられる。【13-5-E】

　なお、ライセンサーは、ライセンス対象特許権を第三者に譲渡した後に、自己が当該特許権を侵害しているとして当該第三者から損害賠償などの請求を受けた場合、当該特許権の無効を主張して当該請求に対抗することはできないのが原則である[65]。そのような主張を認めることは衡平にかなわないからである（このような法理論を譲渡人の禁反言の法理〈assignor estoppel〉という）[66]。

---

[63] STEPHEN M. MCJOHN, INTELL. PROP. 321 (2015 fifth ed.). 特許権の譲渡そのものについては格別の様式は要求されていないものの、第三者への対抗要件として、当該譲渡から3か月内に、当該譲渡の証拠を添えたうえで、アメリカ特許商標庁における登録を行うのが原則である。See 35 U.S.C. § 261. これに対して、ライセンス契約については、その存在をアメリカ特許商標庁において登録する必要はないのが原則である。See 13－2『ライセンス契約の登録・記録などについては、どのように対応すべきか』

[64] See e.g., Keystone Type Foundry v. Fastpress Co., 242 F. 242, 245 (2nd Cir. 1921)（特許権の譲受人は、当該特許権のライセンスが第三者に付与されていた場合、当該事実を知っていたかどうかを問わず、そのライセンサーとしての地位を承継することになると示す）。

[65] See e.g., Diamond Sci. Co. v. Ambico, Inc., 848 F.2d 1220, 1224 (Fed. Cir. 1988) ("Assignor estoppel is an equitable doctrine that prevents one who has assigned the rights to a patent (or patent application) from later contending that what was assigned is a nullity.").

[66] ただし、譲渡人の禁反言の法理は、①当該特許権が、その発明者による当該特許権の有効性に関する保証が提供される前に譲渡された場合、②法律などの変更によって、当該特許権の有効性に関する保証が無意味となった場合、および、③（当該特許権の請求項が当該譲渡人による譲渡が行われた時よりも拡張されており、譲渡人の保証範囲に含まれていないといった事情の認められる場合のように）当該譲渡以降の事情の変化の結果、譲渡人に当該法理を適用する合理性が認められない場合には適用されないとする。Minerva Surgical, Inc. v. Hologic, Inc. et al., 594 U.S.__, 14-16 (2021).

サンプル条文

【13-5-A】契約譲渡禁止条項： ライセンシーがライセンス契約上の地位を譲渡するためには、ライセンサーの事前の承諾を必要とし、当該承諾のない譲渡は無効であるとする。

Licensee <u>may not assign this Agreement without the prior written consent of Licensor</u>. Any attempted assignment of this Agreement <u>will be void</u> unless (a) a written consent to assign this Agreement has been obtained from Licensor; and (b) a written consent to accept all of terms and conditions of this Agreement had been obtained from the intended assignee.	ライセンシーは、<u>ライセンサーの事前の書面による承諾なくして、本契約上の地位を譲渡することができない</u>。契約上の地位の譲渡に関するいかなる試みについても、（a）本契約の譲渡についてのライセンサーの書面による承諾；および、（b）本契約の譲受人から、本契約のすべての条件に従うことについての書面による同意を取得しない限り、<u>無効である</u>。

【13-5-B】契約譲渡禁止条項： 本契約の譲渡などは禁止され、かつ、無効であるとしつつ、当該譲渡などには合併などの効果としての譲渡なども含むものとする。

<u>Neither Party may assign</u> or delegate this Agreement or any of their rights or obligations under this Agreement. All assignments or delegations are prohibited, <u>whether they are voluntary or involuntary, by merger, consolidation, dissolution, operation of law, or any other manner</u>. A purported assignment or delegation in violation of this Section 13.16 is <u>void</u>.	<u>いずれの当事者も、本契約または本契約における権利の譲渡もしくは義務の委任を行ってはならない</u>。当該譲渡または委任のすべては、<u>それが故意によるものであるかどうか、吸収合併、新設合併、解散、法律上の効果、またはその他の手段によるものであるかどうかにかかわらず、禁止される</u>。本13.16条に反して試みられる譲渡または委任は<u>無効である</u>。

【13-5-C】契約譲渡禁止条項： いずれの当事者も、ライセンス契約上の地位を譲渡するためには、他方当事者の事前の承諾を必要とする一方、支配権の異動などの結果として生じる当該譲渡については、当該承諾は不要であるとする。

Neither Party shall assign this Agreement in whole or in part, without the prior written consent of the other party, which	いずれの当事者も、他方当事者の書面による事前の同意なくして（ただし、当該同意は不合理に留保されてはならない）、本契約の全

consent shall not be unreasonably withheld. <u>Notwithstanding the foregoing, neither party shall be required to obtain the consent</u> from the other party in connection with: (a) any Change of Control; or (b) any internal corporate reorganization.	部または一部を譲渡することはできない。<u>上記にもかかわらず、いずれの当事者も、(a) 何らかの支配権の異動；または (b) 社内の組織再編に関しては、他方当事者からの同意を得ることを要さない</u>ものとする。

【13-5-D】定義条項： 「支配権の異動」（Change of Control）について定義する。

For purposes of this Agreement, "Change of Control" shall mean the occurrence of one or more of the following events: (i) the acquisition of ownership or power to vote more than 50% of the voting stock of the Party, in a single or series of related transactions; (ii) the acquisition of the ability to control the election of a majority of the directors of the Party; or (iii) the sale, exchange, or transfer of all or substantially all of the assets of the Party.	本契約において、「支配権の異動」とは、次の事象のうちのひとつまたはそれ以上が発生した場合をいう：(i) 一回もしくは複数回の関連する取引を通した、当事者の所有権もしくは当事者の議決権の50％を超える取得；(ii) 当事者の取締役の過半数の選出をコントロールする権利の取得；または、(iii) 当事者の資産のすべてもしくは実質的なすべての売却、交換、もしくは移転。

【13-5-E】ライセンサーはライセンス対象特許権を担保として提供してはならないものとする。

<u>Licensor shall not pledge any of the Licensed Patents as security for any creditor</u>. Any attempted pledge of any of Licensed Patents without the prior written consent of Licensee will be void from the beginning.	<u>ライセンサーは、いかなる債権者のためであっても、いかなるライセンス対象特許権も担保として提供してはならない。</u>ライセンシーの書面による事前の同意なくしては、ライセンス対象特許権の担保提供に関するいかなる試みも、当初から無効である。

国際ライセンス・モデル契約書

<table>
<tr><td>

</td><td>

</td></tr>
</table>

EXCLUSIVE PATENT AND KNOW HOW LICENSE AGREEMENT[1]

This Exclusive Patent and Know How License Agreement ("Agreement") is effective as of March 31, 2050

独占的特許権・ノウハウ・ライセンス契約

この独占的特許権・ノウハウ・ライセンス契約（「本契約」）は、その主要拠点を、郵便番号 43016、アメリカ合衆国オハイオ州ダブ

---

[1] 米国法商取引, 1-2.

("Effective Date[2]"), between Buckeyes Corporation[3], an Ohio corporation with its principal place of business located at 1000 Union Square Blvd., Dublin, OH 43016, U.S.A. ("Licensor") and Spartans Company Limited, a Japanese corporation, with its principal place of business located at 1000 Chome, Shiba, Minato-ku, Tokyo 108-0014, Japan ("Licensee"). Licensor and Licensee may be hereinafter collectively referred to as the "Parties" and individually as a "Party"

WITNESSETH[4]:

WHEREAS, Licensor has developed certain inventions pertain to the innovative manufacturing technologies to enhance paper-based automotive products;

WHEREAS, the technologies are crucial in paper-based automotive products as it not only provides a link between a papercraft model and production, but it also enables mass production;

WHEREAS, Licensee is interested in acquiring certain rights to Licensor's technologies and plans to expand its current line of automotive products by developing and commercializing paper-based automotive products on such technologies; and

リン市ユニオン・スクエア・ブルバード 1000 番地に有するオハイオ州の会社であるバッカイズ・コーポレーション（「ライセンサー」）と主要拠点を郵便番号 108-0014、日本国東京都港区芝 1000 丁目に有する日本の会社であるスパルタンズ株式会社（「ライセンシー」）の間で、2050 年 3 月 31 付（「有効日」）で有効なものである。ライセンサーとライセンシーは、以降、総称して「両当事者」と呼称し、また、個別に「当事者」と呼称する場合がある。

本契約は以下を証する：

ライセンサーは紙製の自動車製品の強化につながる革新的製造技術に関連する発明を開発しているところであり；

当該技術は、紙製の自動車製品において、紙細工による模型の製造化のみでなく、量産化のためにも重要なものであり；

ライセンシーは、ライセンサーの技術に関する権利を取得し、そのうえで、当該技術に基づいて紙製の自動車製品の開発および商業化によって既存の自動車製品の品目を拡大することを意図しているところであり；ならびに

---

[2] *Id*. at 4.

[3] *Id*.

[4] *Id*. at 6-8.

WHEREAS, Licensor is willing to grant a license to Licensee under such intellectual property rights for the benefit of the general public.

NOW, THEREFORE[5], in consideration of[6] the mutual covenants and premises contained herein, the Parties agree as follows:

Article 1　DEFINITIONS[7]

1.1　"Affiliate[8]" of Licensee means any entity or other person that, at any time during the term of this Agreement, controls, is controlled by, or is under common control with Licensee, where "control" means the direct or indirect control by ownership of more than fifty percent (50%) of the voting power of the outstanding voting shares, but only as long as such entity or person meets these requirements.

1.2　"Field of Use[9]" means the automotive field.

1.3　"First Commercial Sale" means the first sale of any Licensed Products, other than a sale of a Licensed Product for use in trials[10], such as field trials, being conducted to obtain governmental approvals to market Licensed Products.

ライセンサーは、公共の利益のために、ライセンシーに当該知的財産権をライセンスする意向である。

そこで、本契約における相互の誓約および上記の事実関係を対価として、両当事者は次のとおり合意する：

第1章　定義

1.1　「Affiliate（関係会社）」とは、本契約の期間内において、ライセンシーをコントロールする、ライセンシーによってコントロールされる、または、ライセンシーとともに共通のコントロール下にある、いかなる法人またはその他の団体を指し、ここに、「コントロール」とは、発行済み議決権総数の50％を超える所有権を通じた直接的または間接的な支配をいい、当該法人または団体がこれら要件を満たす限りにおいて該当性が認められるものとする。

1.2　「Field of Use（ライセンス対象分野）」とは、自動車分野をいう。

1.3　「First Commercial Sale（商業販売開始）」とは、実地試験のようなライセンス対象製品の販売に関する政府の許可を得るために実施されるライセンス対象製品の試用販売を除く、ライセンス対象製品の最初の販売をいう。

---

[5] *Id*. at 8-9.

[6] *Id*. at 3.

[7] *Id*. at 10-15.

[8] *1 - 1*『「関係会社（Affiliate）」については、どのように定義すべきか』

[9] *2 - 10*『ライセンス対象分野については、どのように規定すべきか』

[10] *5 - 1*『ライセンス対象製品が未完成である場合においては、どのような事項に配慮すべきか』

1.4 "Licensed Know How" means any information, data, process, method, or know how that is developed by Licensor on or before the Effective Date, and that is useful in practicing any invention claimed in the patents or patent applications that fall within the Licensed Patents more fully described in the Exhibit A.

1.5 "Licensed Patents[11]" mean those patents and patent applications that are listed in the Exhibit B, their divisions, continuations, continuations in part, patents issuing therefrom and all reissues or renewals of the same. Licensed Patents do not include any other intellectual property rights such as, but not limited to, patents and patent applications not listed in the Exhibit B unless expressly stated herein.

1.6 "Licensed Product(s)[12]" means a product or part of a product in the Field of Use: (a) for which, absent this Agreement, the making, using, importing or selling, would infringe, induce infringement, or contribute to infringement of an issued, unexpired claim or a pending claim contained in the Licensed Patents in the country in which any such product or product part is made, used, imported, offered for sale or sold; or (b) that is otherwise covered by or included in Licensed Know How.

1.4 「Licensed Know How（ライセンス対象ノウハウ）」とは、本契約の有効日現在もしくはそれ以前においてライセンサーが開発したすべての情報、データ、手続、方法、またはノウハウのうち、ライセンス対象特許権に属する特許権もしくは特許出願において言及される発明を実施するうえで有用なものをいい、さらに詳細についてはExhibit Aにおいて示される。

1.5 「Licensed Patents（ライセンス対象特許権）」とは、Exhibit Bに列挙されている特許権および特許出願、それらの分割出願、継続出願、一部継続出願、ならびにそれらに関する特許権およびそれらすべての再発行もしくは再更新を含むものをいう。ライセンス対象特許権は、本契約において明示されていない限り、その他の知的財産権（Exhibit Bに列挙されていない特許権または特許出願を含むがそれらに限られない）を含まない。

1.6 「Licensed Product(s)（ライセンス対象製品）」とは、ライセンス対象分野における製品または製品の一部のうち次のものをいう：（a）本契約が存在しない場合においては、当該製造、使用、輸入、もしくは販売が、当該製品もしくは製品の一部の製造、使用、輸入、販売の申し入れ、もしくは販売の行われた国におけるライセンス対象特許権に含まれる発行済および未失効の特許権の請求範囲、もしくは特許出願の請求範囲を侵害、侵害を誘引、もしくは侵害に寄与するであろうもの；または、（b）その他ライセンス対象ノウハウの対象とされるもしくはライセンス対象ノウハウに含まれるもの。

---

[11] 2－7『ライセンス対象権利については、どのように規定すべきか』
[12] 1－2『「ライセンス対象製品（Licensed Products）」については、どのように定義すべきか』

1.7　"Net Sales[13]" means the amount billed or invoiced on sales, rental, lease, or use, however characterized, by Licensee and Sublicensees for the Licensed Products, less (a) discounts allowed in amounts customary in the trade; (b) sales tax, tariffs, duties and use tax included in bills or invoices with reference to particular sales and actually paid by Licensee to a governmental unit; (c) outbound transportation prepaid or allowed; and (d) amounts refunded or credited on returns. No deductions shall be made for the cost of collections or for commissions, whether paid to independent sales agents or employees of Licensee. Whenever the term "Licensed Products" may apply to a product during various stages of manufacture, use, sale, or other transfer, Net Sales shall be based on the amount derived from the use, sale or distribution of such Licensed Products at the stage of its highest billed or invoiced value to an arms-length third party.

1.8　"Royalty Period(s)" means the three-month periods ending on the last days of March, June, September, and December.

1.9　"Sublicensee(s)" means any person or entity sublicensed by Licensee in accordance with this Agreement.

1.7　「Net Sales（純売上高）」とは、ライセンシーおよびサブライセンシーによって、ライセンス対象製品の販売、賃貸、リース、または使用に関して請求されるもしくは会計される金額から、（a）取引慣習において割り引かれる金額；（b）特定の販売に関する請求書もしくは納品書に含まれる販売税、関税、税金、および使用税のうち実際にライセンシーが政府機関に支払った金額；（c）前払いもしくは必要と認められた海外向けの輸送費用；ならびに（d）返品に伴う返金もしくは買掛金を差し引いた金額をいう。販売代金の回収費用またはコミッション（独立した販売代理人もしくはライセンシーの従業員のいずれに支払われるものであるかどうかにかかわらない）については控除の対象とはならない。「ライセンス対象製品」は、製造、使用、販売、または輸送といったさまざまな段階における製品を指すものとし、純売上高は、それらの段階のうち、関係者でない第三者向けの最も高い請求額もしくは納品額である当該ライセンス対象製品の使用、販売、または頒布から生じる金額をいう。

1.8　「Royalty Period(s)（ロイヤルティ期間）」とは、3月、6月、9月、および12月の末日を終期とする3か月間をいう。

1.9　「Sublicensee(s)（サブライセンシー）」とは、本契約に従ってサブライセンスを受けるあらゆる個人もしくは法人をいう。

---

[13] 3 - 2 『ロイヤルティについては、どのような枠組みで検討し、設定すべきか』

214

1.10 "Territory[14]" means all countries in which patent applications or patents within the Licensed Patents are pending or issued.

Article 2 GRANT OF LICENSE[15]

2.1 Subject to the terms and conditions of this Agreement, Licensor hereby[16] grants[17] to Licensee an exclusive[18], royalty-bearing[19], revocable[20], term-limited[21], non-transferable[22] license under the Licensed Patents and Licensed Know How, with the right to grant sublicenses[23], in the Field of Use in the Territory[24] to make, have made, use, sell, offer for sale, and import[25] the Licensed Products.

1.10 「Territory（ライセンス対象地域）」とは、ライセンス対象特許権に含まれる特許出願または特許権の属するすべての国をいう。

第2章 ライセンスの付与

2.1 本契約の条件に従って、ライセンサーは、ライセンシーに、独占・ロイヤルティ支払い義務あり・撤回可能・期間制限あり・譲渡不可能・サブライセンス可能との条件のもとで、ライセンス対象特許権およびライセンス対象ノウハウを用いて、ライセンス対象地域内かつライセンス対象分野内において、ライセンス対象製品を製造、製造委託、使用、販売、販売申し入れ、および輸入を行う権利をここに付与し、かつ、付与することに同意する。

---

[14] 2－9『ライセンス対象地域については、どのように規定すべきか』

[15] See 2－3－X『ライセンシーは、ライセンスを実施する義務をライセンサーに対して負うか』；2－3－XX『ライセンス契約と独占禁止法の一般的な関係については、どのように考えるべきか』；米国法商取引, 51-54

[16] 2－1『ライセンス対象権利として、ライセンサーが将来取得しうる権利を設定する場合、どのようにライセンス許諾条項を規定すべきか』

[17] Cf. 2－11『グラント・バック条項におけるグラント・バック・ライセンスとは、どのようなものか』；2－12『発生的ライセンスについては、どのような事項に配慮すべきか』

[18] 2－3『ライセンスの独占性（exclusive/sole/non-exclusive）については、どのように考えるべきか』

[19] 2－4『ライセンスの対価としては、どのようなものが考えられるか』

[20] 2－2『ライセンスの撤回可能性（revocable/irrevocable）については、どのように考えるべきか』

[21] 2－5『ライセンスの期間については、どのように規定すべきか』

[22] 2－6『ライセンスの譲渡については、どのような事項に配慮すべきか』

[23] 6－1『ライセンサーは、いかなる場合にサブライセンス権を付与すべきか』；6－1－X『格別の規定のない場合、サブライセンス権についてはどのように取り扱われるか』

[24] 2－9－X『特定の地域におけるライセンシーは、その他の地域におけるライセンシーの存在を考慮したうえで、どのような事項に配慮すべきか』

[25] 2－8『ライセンス対象行為については、どのように規定すべきか』

2.2　The license granted to Licensee shall extend to an Affiliate of Licensee as well, provided that Licensor first receives written notice, signed on behalf of both Licensee and the Affiliate: (a) stating that the Affiliate intends to exercise such rights, and (b) agreeing that the Affiliate and Licensee shall be jointly and severally liable for all obligations to Licensor under this Agreement arising from the activities of that Affiliate. The activities of the Affiliate under this Agreement shall then be deemed to be the activities of Licensee. The rights of an Affiliate under the Agreement shall terminate if Licensee's rights under this Agreement terminate. An Affiliate may not sublicense, assign, or otherwise transfer any rights under this Agreement.

2.3　Nothing in the Agreement shall be construed as granting by implication, estoppel, or otherwise[26] any licenses or rights under any patents, patent applications, or know how other than the express license under the License Patents and Licensed Know How granted in Section 2.1, regardless of whether such patents, patent applications, or know how are dominant of or subordinate to any rights within the License Patents or Licensed Know How.

2.2　ライセンシーに付与されたライセンスは、関係会社にも同様に及ぶものとする。ただし、ライセンサーに、まず、ライセンシーおよび当該関係会社を代表する署名の付された書面による通知が送付され、当該書面において（a）当該関係会社が当該ライセンスを実施する意図のあることを述べるとともに、（b）当該関係会社とライセンシーは、当該関係会社の活動から生じる本契約におけるライセンサーのすべての義務について各自連帯して責任を負うことに同意していることを条件とする。本契約における当該関係会社の活動については、以降、ライセンシーの活動とみなされる。本契約における当該関係会社の権利は、本契約におけるライセンシーの権利が解除された時をもって解除される。関係会社は、本契約におけるいかなる権利についても、サブライセンス、譲渡、またはその他の移転を行うことはできない。

2.3　本契約は、それら特許権、特許出願、もしくはノウハウがライセンス対象特許権もしくはライセンス対象ノウハウに含まれる権利の基本的権利もしくは従属的権利であるかどうかを問わず、いかなる場合においても、黙示のライセンス、禁反言、またはその他の論理などによって、2.1条において定めるライセンス対象特許権およびライセンス対象ノウハウ以外の、特許権、特許出願、またはノウハウに関するライセンスもしくは権利を付与するものと理解されてはならない。

---

[26] 2-7『ライセンス対象権利については、どのように規定すべきか』

Article 3   CONSIDERATION

3.1   Licensee shall pay royalties and fees to Licensor until the expiration date of the last to expire of Licensed Patents[27] or until this Agreement is otherwise terminated. Royalties and fees shall include[28]:

(a) License issue fee of US$ 1million (US$ 1,000,000). Such license issue fee shall be nonrefundable and is due thirty (30) days from the Effective Date of this Agreement;

(b) Running royalties[29] equal to five percent (5%) of Net Sales for all Licensed Products that are made, used, sold, offered for sale, or imported anywhere in the Territory, regardless of whether other acts concerning specific Licensed Products occur outside the Territory. If Licensee makes any sales to any Affiliate with Licensee, at a price less than the regular price charged to arm's length third parties, the running royalties payable to Licensor shall be computed on imputed Net Sales equal to the regular price charged to arm's-length third parties;

第3章　ライセンスの対価

3.1　ライセンシーは、本契約におけるライセンス対象特許権の最終の失効日までの間または本契約が解除されるまでの間、ロイヤルティおよび費用をライセンシーに支払うものとする。ロイヤルティおよび費用は次のものを含む：

(a) ライセンス発行費用として 100万US ドル（US$1,000,000）。当該ライセンス発行費用は返金不可であり本契約の締結日から 30日を支払い期限とする。

(b) ランニング・ロイヤルティは、特定のライセンス対象製品に関するその他の活動がライセンス対象地域外で行われているかどうかにかかわらず、ライセンス対象地域内のいずれかにおいて製造、使用、販売、販売申し入れ、または輸入の行われたすべてのライセンス対象製品の純売上高の 5％とする。ライセンシーが、関係会社のいずれかに、関係者でない第三者向けに請求する通常価格よりも低い価格をもって販売を行っている場合、ライセンサーに支払われる当該ランニング・ロイヤルティについては、関係者でない第三者向けに請求する通常価格による純売上高に引き直して計算されるものとする。

---

[27] 3 - 4『ライセンス対象権利が失効した場合、以降、ライセンシーのロイヤルティの支払い義務についてはどのように取り扱うべきか』
[28] 3 - 1『ライセンスの対価については、どのように設定すべきか』
[29] 3 - 2『ロイヤルティについては、どのような枠組みで決定し、設定すべきか』

(c) Two percent (2 %) of any consideration that is not based on Net Sales, including sublicense issue fees that Licensee receives from Sublicensees or assignees in consideration for rights to practice under the Licensed Patents or Licensed Know How, excepting only research and development funding; and

(d) Reimbursement of Licensor's past and future out-of-pocket patenting costs related to the Licensed Patents.

3.2　Notwithstanding Section 3.1, in the event that: (a) all issued claims within Licensed Patents are judicially held invalid or unenforceable[30]; and (b) no claims within Licensed Patents are still pending in any application; and (c) all applicable appeals have run; then thereafter in that county the license shall be one to Licensed Know How only and the royalty rate under Section 3.1 (b) and (c) shall, from that point forward (but not retroactively)[31], be the Licensed Know How rate.

3.3　Licensee shall pay to Licensor an annual license fee[32] ("Annual Fee"). The Annual Fee shall be due on the last day of June of the years specified below. Licensee may credit each Annual Fee in full against all running royalties otherwise due Licensor for the same

(c)　ライセンシーがサブライセンシーまたはライセンス対象特許権もしくはライセンス対象ノウハウの実施に関する権利の対価として当該権利の譲受人から受領する純売上高と関係のない対価（サブライセンス発行費用を含む）については、純粋な研究または開発のための資金を除き、いかなるものも 2 パーセント（2%）とする；ならびに

(d)　ライセンサーがライセンス対象特許権に関して過去および将来において出捐する特許費用を補填するものとする。

3.2　3.1 条の規定にもかかわらず、(a) ライセンス対象特許権のすべてについて司法上無効または執行力がないと判断された場合で、(b) ライセンス対象特許権について出願手続の最中であるものもない場合で、かつ、(c)（当該司法の判断に関する）すべての上訴手段が尽きた場合、当該国におけるライセンスはライセンス対象ノウハウについてのみ行われるものと理解され、結果として、以降の（すなわち遡及することなしに）3.1（b）および（c）条におけるライセンス料はライセンス対象ノウハウに関する料率によるものとする。

3.3　ライセンシーは、ライセンサーに年間ライセンス料（「年間ライセンス料」）を支払うものとする。年間ライセンス料は、下表に示す年の 6 月の最終日において支払期日を迎える。ライセンシーは、それぞれの年間ライセンス料について、当該年間ライセンス料の属

---

[30] *3－5－X*『ライセンサーは、ライセンス対象権利の無効性について、ライセンシーが争わないよう義務付けることが可能か』
[31] *3－5*『ライセンス対象権利の無効性が確認された場合、ライセンシーの支払い済みライセンス料についてはどのように取り扱うべきか』
[32] *3－3*『ロイヤルティとの関係において、契約当事者のリスクを軽減する対策としては、どのようなものがあるか』

calendar year for which the specific Annual Fee is due. This credit may not otherwise be carried forward or carried back for any other Royalty Period. The Annual Fees are as follows:

Year	Annual Fee
2050	One million dollars ($1,000,000)
2051	One million dollars ($1,000,000)
2052	Half a million dollars ($500,000)
2053 and in each year thereafter during the term of this Agreement	Three hundred thousand dollars ($300,000)

3.5 Licensee is not obligated to pay multiple running royalties to Licensor if any Licensed Product is covered by more than one claim of the Licensed Patents, or by more than one patent application or patent within the Licensed Patents.

Article 4 REPORTS, AUDITS AND PAYMENTS

4.1 Before the First Commercial Sale[33], Licensee shall provide to Licensor a written annual report on or before July 31 of each calendar year. The annual report shall include: (a) reports of the amount of capital expended on research and development of the Licensed Products; (b) reports of progress related to

する暦年においてライセンサーに負うすべてのランニング・ロイヤルティに充当することができる。それ以外には、その他のロイヤルティ期間において当該年間ライセンス料を繰り越すこと、もしくは、繰り戻して充当することはできない。 年間ライセンス料は次のとおりである：

年	年間ライセンス料
2050	100 万ドル ($1,000,000)
2051	100 万ドル ($1,000,000)
2052	50 万ドル ($500,000)
2053 もしくは本契約の期間内における以降の各年	30 万ドル ($300,000)

3.5 ライセンス対象製品のいずれかがライセンス対象特許権の複数の請求項、または、ライセンス対象特許権に含まれる複数の特許出願もしくは特許権を活用しているとしても、ライセンシーは、複数のランニング・ロイヤルティの支払い義務を負うものではない。

第 4 章 ロイヤルティ報告、監査、および支払い

4.1 最初の市場販売が開始されるまでの間、ライセンシーは、毎年、書面による年次報告書を 7 月 31 日までにライセンサーに提供する。当該年次報告書には、(a) ライセンス対象製品の研究・開発のために投じた費用の報告；(b) 直近の 12 か月間におけるライセンス対象製品の製造、マーケティング、およ

---

[33] *5 - 1 - X*『開発行為は特許権侵害を構成するか』

manufacturing, marketing, and sales of the Licensed Products during the preceding twelve (12) months; and (c) plans for the coming year.

4.2　After the First Commercial Sale, Licensee shall provide a quarterly report to Licensor within thirty (30) days after each Royalty Period closes (including the close of the Royalty Period immediately following any termination of this Agreement). The quarterly report shall include the following[34]: (a) number of Licensed Products manufactured and sold by Licensee and all Sublicensees; (b) total billings for Licensed Products sold by Licensee and all Sublicensees; (c) deductions applicable as provided in the definition for Net Sales in Section 1.7; (d) any consideration due on additional payments from Sublicensees under Section 3.1(c); (e) total running royalties due; (f) names and addresses of all Sublicensees; and (g) the amount of all payments due, and the various calculations used to arrive at those amounts, including the quantity, description, country of manufacture and country of sale of Licensed Products. If no payment is due, Licensee shall so report[35].

4.3　Licensee shall direct its authorized representative to certify that each annual or quarterly report is correct to the best of Licensee's knowledge and information. Failure to provide reports as required under this Article 4.2 shall be a material breach of this Agreement.

び販売の進捗報告；ならびに（c）次年度の計画を含むものとする。

4.2　最初の市場販売が開始された以降、ライセンシーは、四半期報告書を、それぞれのロイヤルティ対象期間（本契約が終了した場合には、当該終了日の属するロイヤルティ対象期間を含む）が終了してから 30 日内に、ライセンサーに提供する。当該四半期報告書には、（a）ライセンシーおよびすべてのサブライセンシーによって製造・販売されたライセンス対象製品の数量；（b）ライセンシーおよびすべてのサブライセンシーによるライセンス対象製品の販売金額；（c）本契約 1.7 条に定める純売上高の定義に沿って控除した金額；（d）本契約 3.1（c）条に定めるサブライセンシーから受領したその他の支払いなどがあった場合には当該金額；（e）ランニング・ロイヤルティの総額；（f）すべてのサブライセンシーの名称および住所；ならびに（g）すべての支払い金額、ならびに、ライセンス対象製品の数量、説明、製造国、および販売国を含む、それら金額に至った計算；を含むものとする。ライセンシーがライセンサーに支払う金額がない場合においてはその旨を報告する。

4.3　ライセンシーは、当該年次または四半期報告書が、ライセンシーの有する最善の知見および情報に基づいて、正確であることを決裁権のある代表者に認証させる。本契約 4.2 条に定める報告書の提供を懈怠した場合、それは本契約の重大な違反を構成する。

---

[34] 4 - 1 『ロイヤルティ報告書への記載事項としては、何を含めるべきか』

[35] Id.

4.4　Licensor may notify Licensee of its intention to audit the records[36] by either Licensor auditor(s) or an independent certified accountant selected by Licensor, for the purpose of verifying the amount of payments due. Licensee shall permit such audit its premises during business hours and shall cooperate fully by permitting Licensor to inspect the records containing all data reasonably required for the computation and verification of payments due under this Agreement.

4.5　The terms of this Article 4.1 to 4.5 shall survive any termination of this Agreement for the period of three (3) years. Licensor is responsible for all expenses of such audit, except that if any audit reveals an underpayment greater than five percent (5%) of the amounts due Licensor for any Royalty Period[37], then Licensee shall pay all expenses of that audit and the amount of the underpayment and interest to Licensor within twenty (20) days of written notice thereof.

4.6　All royalty and payments to Licensor hereunder shall be in United States dollars by electronic transfer. Such electronic transfer shall be made to the following account or another designated in writing by Licensor[38]:

4.4　ライセンサーは、ライセンシーによる支払い金額の検証を行うために、ライセンシーに、ライセンサーの監査人またはライセンサーの選任した独立した公認会計士によって、会計記録を調査する意思を通知する場合がある。ライセンシーは、事業時間内の事業所における調査に応じなければならず、また、本契約に基づく支払い金額の計算および検証のために合理的に必要となるすべてのデータを含む記録の調査に十分に協力するものとする。

4.5　本 4.1 条から 4.5 条までの規定は、本契約が終了してからもなお 3 年間存続するものとする。ライセンサーは、当該監査に要する費用のすべてを負担する。ただし、当該監査の結果、当該ライセンス対象期間においてライセンサーに支払うべきであった金額よりも 5％を超えて下回る金額しか支払いがされていないことが判明した場合、ライセンシーは、書面による通知を受領後 20 日内に、当該監査のすべての費用および未払い金額を支払わなければならない。

4.6　本契約におけるライセンサーへのロイヤルティおよび支払いのすべては電子送金によってアメリカドルで行われるものとする。当該電子送金は、下記の口座またはライセンサーによって書面で指定される口座に宛てて行われるものとする：

---

[36] 4 - 2 『ロイヤルティ金額に関する監査については、どのような条件を設定すべきか』
[37] Id.
[38] 米国法商取引, 44-45.

Buckeyes Corporation
Account #123456789
Fifth Fifth Bank
1000 Bethel Road
Columbus, OH 43220
ABA#123456789

4.7　Running royalty payments shall be made on a quarterly basis with submission of the reports required by this Article 4. In computing running royalties, Licensee shall convert any revenues it receives in foreign currency into its equivalent in United States dollars at the official exchange rate as determined by the United States Department of Treasury in effect on the date when the payment is due.

4.8　All amounts due under this Agreement shall, if overdue, bear interest until payment at the rate of the 1 year U.S. treasury notes rate, as published by the Federal Reserve (www. federalreserve.gov) on the day on which the payment was due, plus five percent (5%) or at the highest allowed rate if a lower rate is required by law. The payment of such interest shall not foreclose Licensor from exercising any other rights it may have resulting from any late payment.

バッカイズ・コーポレーション
口座番号 123456789
フィフス・フィフス銀行
1000 ベゼル・ロード
コロンバス市、オハイオ州 43220
ABA 番号 123456789

4.7　ランニング・ロイヤルティの支払いは本 4 条において要求される報告書の提出とともに四半期ごとに行われるものとする。ランニング・ロイヤルティを算出するにあたって、ライセンシーは外国通貨で受領したいかなる収入についても、当該支払い期日において有効なアメリカ合衆国財務省の定める公式為替レートによって同価値のアメリカドルに換算する。

4.8　本契約において支払期限を迎えるすべての金額については、支払い遅延をもって、支払いが完了するまでの間、当該支払い期限の日における連邦準備銀行（www. federalreserve.gov）の公表する 1 年物のアメリカ合衆国財務省債券に付される利息のほか、5％または法律がそれよりも低い率を要求する場合においては許容される範囲において最大の率を加えた率の利息を生じる。当該利息の支払いは、当該支払い遅延に関してライセンサーがその他の権利を行使することを妨げるものではない。

4.9　All amounts paid to Licensor by Licensee under this Agreement shall be non-refundable[39].

4.10　Licensee shall be responsible for the payment of all taxes, duties, levies, and other charges related to the Licensed Products[40], subject to the deduction from Net Sales allowed by Section 1.7(b).

Article 5　DILIGENT DEVELOPMENTS

5.1　Licensee has the responsibility to develop Licensed Products into marketable products.

5.2　Licensee shall use commercially reasonable efforts[41] (including, without limitation, commitment of funding and personnel) to bring one or more Licensed Products to market to commercial use through a thorough, vigorous and diligent program for exploiting the Licensed Patents and to continue active, diligent marketing efforts[42] for one or more Licensed Products throughout the life of this Agreement.

5.3　As part of the diligence required by Section 5.2, Licensee agrees to reach the following commercialization and research and development milestones for the Licensed Products (the "Milestones") by the following dates:

4.9　本契約に基づいてライセンシーがライセンサーに支払ったすべての金員については、返金されない。

4.10　1.7（b）条に定める純売上高からの控除が許容されることを条件として、ライセンシーは、すべての税金、関税、徴収金、およびその他の請求に関する支払い責任を負う。

第5章　開発に関する専念義務

5.1　ライセンシーは、市場価値のある製品とすべくライセンス対象製品を開発する義務を負う。

5.2　ライセンシーは、ひとつ以上のライセンス対象製品について、商業目的での市場販売を開始させるため、ライセンス対象特許権の有効活用に向けて、万全の、活発な、入念な計画をもっての、商業上合理的な努力（資金の拠出および人員の配置に関する責任を含むがこれらに限られない）を尽くすとともに、本契約の有効期間中を通じて、ひとつ以上のライセンス対象製品の販売活動を、継続して、積極的かつ入念に行う努力を尽くさなければならない。

5.3　5.2条における専念義務のひとつとして、ライセンシーは、次の日程までにライセンス対象製品の商業化および研究ならびに開発のマイルストーン（「マイルストーン」）を達成することに同意する：

---

[39] 3－5『ライセンス対象権利の無効性が確認された場合、ライセンシーの支払い済みライセンス料についてはどのように取り扱うべきか』
[40] 4－3『ライセンス料の支払い条項においては、どのような事項に配慮すべきか』
[41] 米国法商取引, 131-32.
[42] *Id*.

1)　Design vehicle image, vehicle appearance and interior appearance.	October 15, 2050
2)　Engineering design and verification of modules, sub-systems and components.	March 31, 2051
3)　Supporting prototypes development and testing.	September 10, 2051
4)　Engineering sign off.	January 15, 2052
5)　Supporting pre-production vehicles development.	August 30, 2052
6)　Quality testing coordination.	March 1, 2053

5.4　Licensee shall inform Licensor in writing, on or before the deadline for meeting any Milestone, whether such Milestone has been met. [43]

5.5　If Licensee fails to meet any Milestone within sixty (60) days after the date specified in Section 5.3, Licensor may notify Licensee of this breach. If Licensee does not achieve the Milestone within thirty (30) days of receipt of this notice, Licensor may terminate this Agreement.

1）車両イメージ、車両外観、および車両の内装外観の設計	2050 年 10 月 15 日
2）モジュール、サブシステム、および部品の技術デザインならびに認証	2051 年 3 月 31 日
3）試作品の開発支援および試験	2051 年 9 月 10 日
4）設計工程の完了	2052 年 1 月 15 日
5）量産試作向け車両開発の支援	2052 年 8 月 30 日
6）品質テストに関する調整	2053 年 3 月 1 日

5.4　ライセンシーは、マイルストーンの計画通りに進捗しているかどうかについて、すべてのマイルストーンの期限もしくは期限前に、書面でライセンサーに連絡を行う。

5.5　5.3 条に示される期日から 60 日を経過しても、ライセンシーがいずれかのマイルストーンを達成できない場合、ライセンサーはライセンシーに当該違反を通知することができる。ライセンシーが当該通知の受領から 30 日内に当該マイルストーンを達成できない場合、ライセンサーは本契約を解除することができる。

---

[43] *5 - 1*『ライセンス対象製品が未完成である場合には、どのような事項に配慮すべきか』

Article 6　RIGHT TO SUBLICENSE	**第 6 条　サブライセンス権**

6.1　Licensee shall notify Licensor in writing and shall send Licensor a copy of every sublicense agreement[44] and each amendment thereto within thirty (30) days after their execution.

6.1　ライセンシーは、サブライセンス契約を締結した場合、当該締結から 30 日内に、ライセンサーにその旨を書面によって通知するとともに、当該サブライセンス契約および修正契約のコピーを送付する。

6.2　Licensee shall contemporaneously certify to Licensor in writing that each sublicense[45]: (a) is consistent with the terms and conditions of this Agreement; (b) contains the Sublicensee's acknowledgment of the disclaimer of warranty and limitations on Licensor's liability, as provided by Article 9 below; and (c) contains provisions under which the Sublicensee accepts duties at least equivalent to those accepted by the Licensee in the following Articles (the titles are for reference purposes only): 4.5 (duty to keep records); 9.4 (duty to avoid improper representations or responsibilities); 10.1 (duty to defend, hold harmless, and indemnify Licensor); 11.1 (duty to obtain and maintain insurance); 13.9 (duty to properly mark Licensed Products with patent notices); and 13.13 (duty to control exports and comply with applicable laws).

6.2　ライセンシーは、同時に、それぞれのサブライセンス契約が次の条件を満たすことを書面によって誓約する：(a) 本契約と条件が整合していること；(b) 本契約 9 条において定める非保証およびライセンサーの責任制限についてサブライセンシーの同意があること；および (c) 本契約における次の条項（表題は参照のために付するにすぎない）と少なくとも同程度の義務をサブライセンシーが負う条項が含まれていること：4.5 条（記録の保管義務）；9.4 条（ライセンサーの表明保証の内容と相反する表明を行わず、かつ、そのような責任を引き受けない義務）；10.1 条（ライセンサーを防御・免責・補償する義務）；11.1 条（保険の付保・維持に関する義務）；13.9 条（特許表示を適切に行う義務）；ならびに 13.13 条（輸出管理および法令順守に関する義務）。

6.3　Licensee shall not receive from a Sublicensee anything of value other than cash payments in consideration for any sublicense under this Agreement, without the express prior written permission of Licensor.

6.3　ライセンシーは、ライセンサーによる事前の書面による承諾がない限り、本契約におけるサブライセンス権の付与の対価として金銭以外の価値を受領してはならない。

---

[44] *6 - 3『サブライセンス権とライセンス契約上の地位の譲渡、製造委託権、または製造権はどのように区別すべきか』*
[45] *6 - 2『サブライセンス権を付与する場合、その条件はどのように定めるべきか』*

6.4　Each sublicense granted by Licensee under this Agreement shall provide for its termination upon termination of this Agreement[46] unless Licensee has previously assigned its rights and obligations under the sublicense to Licensor and Licensor has agreed at Licensor's sole discretion in writing to such assignment.

6.5　No Sublicensee shall have the right to grant further sublicenses without the express written permission of Licensor.

6.6　Failure of Licensee to meet any of the obligations in this Article 6 shall be considered a material breach or default of this Agreement under Section 12.4.

Article 7　Patent Prosecution and Maintenance

7.1　Licensor has the right to control[47] all aspects of drafting, filing, prosecuting, and maintaining all patents and patent applications within the Licensed Patents, including foreign filings and Patent Cooperation Treaty filings. Licensee shall, at its own expense, perform all actions and execute or cause to be executed all documents necessary to support such filing, prosecution, or maintenance.

6.4　本契約においてライセンシーの付与する個々のサブライセンスについては、事前に、ライセンシーがサブライセンスに関する権利および義務をライセンサーに譲渡する申し出を行い、ライセンサーが自己の自由な判断のもとで当該申し入れに書面によって同意していない限り、本契約の終了をもって終了する。

6.5　サブライセンシーは、ライセンサーの書面による明確な許諾のない限り、さらなるサブライセンスを行うことはできない。

6.6　ライセンシーによる本6条の義務違反については、本契約12.4条における本契約の重大な違反または不履行を構成する。

第7条　特許の出願および維持

7.1　ライセンサーは、外国出願および特許協力条約に基づく出願を含む、ライセンス対象特許権に含まれるすべての特許権ならびに特許出願に関するドラフト、出願、出願対応、および維持に関連するすべてをコントロールする権利を有する。ライセンシーは、自己の費用をもって、当該出願、出願対応、および維持の支援のために必要となるすべての対応を行い、また、すべての書類を用意するもしくは用意させるものとする。

---

[46] 6－2－X『ライセンス契約が解除された場合、サブライセンス契約はどのように取り扱われるか』

[47] 7－1『ライセンス対象権利の維持・管理については、どのような事項を定めるべきか』；7－2『商標権ライセンスの場合において、ライセンサーによる商標権の維持・管理に関して特に配慮すべき事項は何か』；7－3『ノウハウ・ライセンスの場合において、ライセンサーによるノウハウの維持・管理に関して特に配慮すべき事項は何か』

7.2　Licensor shall notify Licensee of all official communications received by Licensor relating to the filing, prosecution and maintenance of the patents and patent applications within the Licensed Patents, including any lapse, revocation, surrender, invalidation or abandonment of any of the patents or patent applications which form the basis for the Licensed Patents, and shall make reasonable efforts to allow Licensee to review and comment upon such communications.

7.3　Licensee shall reimburse Licensor for all past and future legal fees and other costs relating to the filing, prosecution, interference proceedings and maintenance of the Licensed Patents, except as specifically provided in Section 7.4. Such reimbursement shall be made within thirty (30) days of receipt of Licensor's invoice and shall bear interest, if overdue, at the rate specified in Section 4.8 above.

7.4　Licensee may elect to not reimburse Licensor for fees and costs related to a particular patent application or patent within Patent Rights in a particular country, subject to the terms of this Paragraph 7.4. If Licensee makes such an election, Licensee shall provide reasonable notice to Licensor in writing. Licensor may then elect to continue the prosecution or maintenance of such application or patent at Licensor's sole expense, provided that such patent applications and issued patents thereafter shall be excluded from the definition of Patent Rights.

7.2　ライセンサーはライセンス対象特許権に含まれる特許権に関する出願、手続、および維持についての公式な連絡（たとえば、ライセンス対象特許権を構成する特許権または特許出願のいずれかについての失効、撤回、放棄、無効、もしくは取り下げ）を受領した場合、それらすべての公式な連絡をライセンシーに通知するとともに、ライセンシーが当該連絡に関する検証ならびに意見を述べる機会を確保するために合理的な努力を尽くすものとする。

7.3　ライセンシーは、ライセンス対象特許権の出願、手続、抵触審判手続、および維持に関する過去または現在の弁護士費用のすべてならびにその他の費用を、ライセンサーに填補する。当該填補は、ライセンサーから請求書を受領した後 30 日内に行うものとし、仮に、支払期日を徒過した場合、4.8 条に定める利息を負担するものとする。

7.4　ライセンシーは、本 7.4 条の定めに従うことを条件として、特定の国について、ライセンス対象特許権のうちの特定の特許出願または特許権に関する費用およびコストを填補しないとの選択もできる。ライセンシーが当該選択をした場合、ライセンシーは、書面による通知をライセンサーに行う。ライセンサーは、ライセンサー自身の費用によって、当該特許出願中の権利または特許権に関する手続もしくは維持を継続することもできるが、その場合、当該特許出願または特許権はライセンス対象特許権から除かれるものとする。

Article 8 LICENSED PATENT ENFORCE-MENT

8.1 Each party shall promptly advise the other in writing of any known acts of potential infringement of the Patent Rights by a third party.

8.2 Licensor shall take appropriate action[48] to abate an infringement of Licensed Patent by a third party.

8.3 Licensee shall provide reasonable assistance to Licensee with respect to Licensor's actions under Section 8.2, but only if Licensor reimburses Licensor for out-of-pocket expenses incurred in connection with any such assistance rendered at Licensor's request. Licensee retains the right to participate[49], with counsel of its own choosing and at its own expense, in any such action.

第 8 条　ライセンス対象権利の行使

8.1　各当事者は、第三者によるライセンス対象特許権の侵害を窺わせる事実を把握した場合、他方当事者に書面で速やかに知らせる。

8.2　ライセンサーは、第三者によるライセンス対象特許権の侵害を防止するため、適切な対応をとる。

8.3　ライセンシーは、ライセンサーが 8.2 条に基づいて行う対応に関して、合理的な補助を提供する。ただし、ライセンサーの依頼に基づいて行われるライセンシーの補助については、ライセンサーが当該補助に要する費用を填補することを条件とする。ライセンシーは、自己の選択するカウンセルによって、自己の費用負担をもって、当該対応に参加することができる。

---

[48] *8 - 1*『第三者に対するライセンス対象権利の行使については、ライセンサーとライセンシーのいずれが責任を持つべきか』；*8 - 2*『第三者に対するライセンス対象権利の行使の結果、第三者から支払われた損害賠償金については、ライセンサーとライセンシーの間でどのように取り扱うべきか』；*8 - 4*『第三者に対してライセンス対象特許権を行使する場合、どのような損害の賠償請求が可能であるか』

[49] *8 - 3*『ライセンシーは、無条件で第三者に対してライセンス対象権利を行使できるか』

Article 9 REPRESENTATIONS AND WARRANTIES AND LIMITATIONS ON LICENSOR'S LIABILITY[50]

9.1   Licensor represents and warrants[51] that, to the extent of its knowledge[52], (a) Licensor is the sole owner of the Licensed Patents and the Licensed Know How, and has not granted to any third party any license or other interest in the Licensed Patents or Licensed Know How in the Field of Use within the Territory, (b) Licensor is not aware of any third-party patent, patent application or other intellectual property rights that would be infringed by making, using, importing or selling Licensed Products, and (c) any of Licensed Patents have not expired, lapsed, or been held invalid, unpatentable or unenforceable by court or other authority of competent jurisdiction in the issuing country in a decision which is not subject to pending appeal or is no longer appealable.

9.2[53]   *Unless otherwise expressly provided herein, Licensor, its board members, officers, employees and agents make no representations, and extend no warranties*[54]

第9条　表明保証およびライセンサーの責任の制限

9.1　ライセンサーは、ライセンサーの知る限りにおいて、（a）ライセンサーはライセンス対象特許権およびライセンス対象ノウハウの唯一の所有者であり、ライセンス対象地域内におけるライセンス対象分野との関係において、ライセンス対象特許権およびライセンス対象ノウハウに関するライセンスもしくはその他の権利を第三者に付与していないこと、（b）ライセンサーは、ライセンス対象製品の製造、使用、輸入、または販売によって権利侵害の生じるような第三者の特許権、特許出願もしくはその他の知的財産権を認識していないこと、ならびに、（c）いずれのライセンス対象特許権も期間満了を迎えていないこと、失効していないこと、または当該権利を付与した管轄権のある裁判所もしくはその他の当局によって無効、特許性なし、もしくは執行力なしといった判断が、控訴審が係属していない状況、もしくは、控訴期間を徒過している状況において行われていないことを表明し、保証する。

9.2　本契約において明示的な定めのない限り、ライセンサー（その取締役会の構成員、執行役員、従業員、および代理人を含む）は、いかなる表明も行わず、黙示の商品性の

---

[50] 米国法商取引, 89-91.

[51] *9*（イントロダクション）

[52] *9 − 1*『ライセンサーは、ライセンス対象権利に関して、どのように表明保証を行うべきか』; *9 − 1 − X*『補償条項があるにもかかわらず、ライセンス対象権利に関する表明保証条項を設ける意義は何か』

[53] *9 − 2 − X*『補償者の責任を制限する条項について、形式上の配慮は必要か』; 米国法商取引, 63-64.

[54] *9 − 2*『当事者の表明保証などに関する責任範囲を制限する方法として、どのようなものが考えられるか』; 米国法商取引, 63-64；86-88.

of any kind, either express or implied, including but not limited to implied warranties of merchantability or fitness for a particular purpose, and assume no responsibilities whatever with respect to design, development, manufacture, use, sale or other disposition by licensee or sublicensees of licensed products.

9.3　Licensee and Sublicensees assume the entire risk as to performance of Licensed Products. In no event shall Licensor, including its board members, officers, employees and agents, be responsible or liable for any **direct, indirect, special, incidental, or consequential damages**[55] or lost profits or other economic loss or damage with respect to Licensed Products to Licensee, Sublicensees or any other person or entity regardless of legal theory. The above limitations on liability apply even though Licensor, its board members, officers, employees or agents may have been advised of the possibility of such damage.

9.4　Licensee shall not, and shall require that its Sublicensees do not, make any statements, representations or warranties whatsoever to any person or entity, or accept any liabilities or responsibilities whatsoever from any person or entity that are inconsistent with this Article 9.

保証または特定の目的に適合することの保証を含むあらゆる種類の保証を明示的にも黙示的にも行わないほか、ライセンシーもしくはサブライセンシーによるライセンス対象製品の設計、開発、製造、使用、販売、またはその他の取り扱いについて責任を引き受けない。

9.3　ライセンシーおよびサブライセンシーは、ライセンス対象製品の性能に関するすべての危険を引き受ける。ライセンサー（その取締役会の構成員、執行役員、従業員、および代理人を含む）は、いかなる場合においても、その法的根拠にかかわらず、ライセンス対象製品に関して、ライセンシー、サブライセンシー、またはその他の個人もしくは法人の被った直接、間接、特別、付随的、もしくは派生的損害、または、逸失利益もしくはその他の経済的損失もしくは損害について義務および責任を負うものではない。上記の責任の制限は、ライセンサー、その取締役会の構成員、執行役員、従業員、または代理人が当該損害の可能性について知らされていたとしても適用があるものとする。

9.4　ライセンシーは、いかなる個人もしくは法人との関係においても、本9条と相反するような発言、表明、もしくは保証の提供をしてはならず、または、義務もしくは責任の負担を受け入れてはならず、かつ、サブライセンシーにも同様の対応を要求するものとする。

---

[55] 米国法商取引, 75-77.

Article 10 INDEMNIFICATION[56]

10.1 Licensee shall defend[57], indemnify and hold harmless[58] and shall require all Sublicensees to defend, indemnify and hold harmless Licensor, its board members, officers, employees and agents, from and against any and all claims of any kind, costs, losses, damages[59], judgements, penalties, interest, and expenses (including reasonably incurred attorney's fees[60]) arising out of or related to[61] the exercise of any rights granted Licensee under this Agreement[62] or the breach of this Agreement by Licensee.

10.2 Licensor is entitled to participate at its option and expense through counsel of its own selection, and may join in any legal actions related to any such claims, demands, damages, losses and expenses under Section 10.1.

第10条　損害の補償

10.1　ライセンシーは、自己またはサブライセンシーをして、ライセンサー、ライセンサーの取締役会の構成員、執行役員、従業員、および代理人を、本契約においてライセンシーに付与されるライセンスの実施ならびにライセンシーによる本契約の違反に基づく請求、ならびに、それらに関するいかなる種類の請求、経費、損害、損害賠償金、判決、制裁金、利息、および費用についても、そのすべてから、防御し、補償し、また、損害を被らせないようにするものとする。

10.2　ライセンサーは、10.1条に定める請求、要求、損害、損失、または費用に関係するいかなる法的手続についても、自己の選択および費用をもって、自己の選任した弁護士を通じて参加する権利を有するとともに、当該手続に加わる場合がある。

---

[56] 米国法商取引, 72-79, 84-86.

[57] 10－5『第三者からの請求に対する補償者の防御義務を定めるに際して、被補償者として注意すべき点はあるか』

[58] 10－1『補償条項のない場合、一方当事者は他方当事者に補償を求めることができないのか』；10－4『補償条項においては、「補償する（indemnify）」との定め以外に、「免責する（hold harmless）」または「防御する（defend）」といった定めも必要か』

[59] 8－4－X『裁判所によって損害賠償額が増額される事態を予防するには、どのように対応すべきか』；米国法商取引, 67-86.

[60] 10－3『被補償者は、第三者からの請求への対応に要した弁護士費用の補償を受けるため、どのような配慮をすべきか』；10－3－X『被補償者は、自己が補償者に補償義務の履行を求めるために要した弁護士費用についても、補償条項に基づいて請求することができるか』

[61] 10－6『補償条項を設けるとしても、補償者が補償義務を負うべきではないとして、当該義務の対象外とすべき場合はあるか』

[62] 10－2『ライセンス対象権利が商標権である場合、補償条項はどのように定めるべきか』

Article 11　INSURANCE[63]

11.1　Prior to the occurrence of any manufacture of, use of, distribution of, sale of, offer for sale of, importation of, or commercial activity involving any Licensed Products, Licensee shall purchase and maintain in effect a commercial general liability insurance policy[64], including product liability coverage, in the amount consistent with industry practice applicable to the activity to be undertaken with the Licensed Products.

11.2　Licensee shall provide Licensor with written notice of the amount of insurance Licensee intends to obtain and which Licensee believes to be consistent with industry practice. Licensor shall have the right to review this amount and shall have the right to require Licensee to increase the amount, consistent with current industry practice.

11.3　All insurance obtained pursuant to this Section shall specify as additional insureds[65] the Licensor.

11.4　Prior to commencing any of the activities described in Section 11.1 and June 30 of each year, Licensee shall furnish to Licensor a certificate of insurance[66] evidencing that it has obtained the amount and type of insurance required pursuant to this Article 11.

第 11 条　保険

11.1　いかなるライセンス対象製品に関する製造、使用、頒布、販売、販売の申し入れ、輸入、または商業活動を開始する前においても、ライセンシーは、ライセンス対象製品によって実施される活動に適用される業界慣行と合致した保険金額の企業総合賠償保険（製造物責任保険を含む）を実際に購入し維持するものとする。

11.2　ライセンシーは、ライセンシーが業界慣行に沿った内容であると信じ、付保を予定する保険の付保金額を書面によってライセンサーに通知するものとする。ライセンサーは、当該金額を検証する権利を有し、また、ライセンシーにその時点の業界慣行に沿った金額への付保金額の増額を求める権利を有する。

11.3　本条項に沿って付保されるすべての保険については、ライセンサーを追加被保険者として指定するものとする。

11.4　11.1 条に定める何らかの活動を開始する前、または、毎年 6 月 30 日において、ライセンシーは、本 11 条において要求される金額および種類の保険を付保したことを示す保険証書をライセンサーに提出するものとする。

---

[63] *11 − 1*『ライセンス契約において、どのような保険の付保を要求すべきか』

[64] 米国法商取引, 121-26.

[65] *Id*. 127-29.

[66] *Id*. 126-29.

232

11.5　This Article 11 shall apply equally to any Sublicensee (including any other authorized transferee of Licensee's interest, which for purposes of this Article only, shall be considered a Sublicensee). Any agreement between Licensee and Sublicensee shall require that Sublicensee comply with all insurance requirements provided for in this Article 11 in the same manner required of Licensee, including, but not limited to, the requirements for determining the amount, obtaining, and providing evidence of insurance to Licensor.

Article 12　TERM AND TERMINATION

12.1　This Agreement and the rights granted hereunder to Licensee shall expire upon the date[67] on which all Licensed Patents shall have expired unless terminated earlier pursuant to the terms hereof.

12.2　If Licensee ceases to carry on its business or that part of its business pertaining to Licensed Products[68], then this Agreement shall be terminated upon written notice by Licensor.

11.5　本11条はすべてのサブライセンシー（そのほか、すべてのライセンシーの権利の正当な譲受人についても、本条との関係においてのみは、サブライセンシーという）にも同様に適用があるものとする。ライセンシーとサブライセンシーの間の契約についても、サブライセンシーに、本11条においてライセンシーに要求されると同様の保険に関するすべての要求（保険金額の決定、付保、およびライセンサーへの保険証書の提出を含むがそれらに限られない）の順守を求めるものとする。

第12条　契約の期間および終了

12.1　本契約および本契約においてライセンシーに付与された権利は、本契約の条件に従って早期に解除されない限り、ライセンス対象特許権のすべてが満了した日をもって終了する。

12.2　ライセンシーが自己の事業を廃止した場合、または、ライセンス対象製品に関する事業を廃止した場合、本契約は、ライセンサーからの書面による通知をもって、終了される。

---

[67] 12－1『ライセンス契約の有効期間については、どのような事項に配慮すべきか』；米国法商取引, 95.

[68] 12－3『ライセンス契約の解除とライセンシーの取り扱うライセンス対象製品の関係については、どのような事項に配慮すべきか』

12.3　If Licensee fails to make any payment due to Licensor[69], Licensor shall have the right to terminate this Agreement effective on thirty (30) days' written notice, unless Licensee makes all such payments within the thirty (30)-day period.

12.4　Upon any material breach or default of this Agreement by Licensee other than those occurrences listed in Section 5.5, 12.2 and 12.3 (the terms of which shall take precedence over this Section 12.4, where applicable), Licensor shall have the right to terminate this Agreement effective on sixty (60) days' written notice to Licensee. Such termination shall become automatically effective upon expiration of the sixty (60)-day period unless Licensee cures the material breach or default before the sixty (60)-day period expires.

12.5　In the event Licensee takes a judicial or other proceeding seeking, through ordinary, declaratory or any other form of relief, to invalidate any Licensed Patent under this Agreement[70], Licensor may immediately terminate this Agreement upon written notice to Licensee.

12.3　ライセンシーがライセンサーへの支払いを怠った場合、ライセンサーは、30 日前の通知をもって、ライセンシーが当該 30 日内にすべての支払いを完了しない限り、本契約を終了することができる。

12.4　本契約の 5.5 条、12.2 条、または 12.3 条に列挙する事由（これらの場合については各々の条項が本 12.4 条に優先する）の場合を除いて、ライセンシーによる本契約の重大な違反または不履行があった場合、ライセンサーは、ライセンシーへの 60 日前の通知をもって、本契約を終了することができる。当該契約の終了は、60 日内に当該重大な違反または不履行が治癒されない限り、当該 60 日の経過をもって自動的に有効なものとなる。

12.5　ライセンシーが、通常の、宣言的またはその他の形式の救済を通じて、本契約におけるライセンス対象特許権のいずれかの無効化を求める訴訟またはその他の手続をとった場合、ライセンサーはライセンシーに書面で通知のうえ、直ちに本契約を終了できる。

---

[69] *12 − 2*『契約解除条項において、一方当事者の財務状況の悪化についてはどのように対処すべきか』；*12 − 2 − X*『倒産法はライセンス契約をどのように取り扱っているか』

[70] *12 − 4*『ライセンシーがライセンス対象権利の有効性に関する争いを提起した場合において、ライセンサーにライセンス契約の解除権を認めることは可能か』；*see also 12 − 4 − X*『防御的解除条項のほかに、ライセンシーによるライセンス対象権利の有効性に関する争いを間接的に抑制する規定として、どのようなものがあるか』

234

12.6　Licensee has the right to terminate this Agreement[71] at any time on sixty (60) days' written notice to Licensor, with or without cause. In such a case, Licensee shall:

(a) pay all amounts due Licensor through the effective date of the termination;

(b) submit a final report in accordance with Section 4.2;

(c) return any confidential or trade secret materials provided to Licensee by Licensor in connection with this Agreement; or, with prior written approval by Licensor, destroy such materials, and certify in writing that such materials have all been returned or destroyed;

(d) suspend its use of the Licensed Products; and

(e) provide Licensor with all unpatented data and know-how developed by Licensee in the course of Licensee's efforts to develop Licensed Products. Licensor shall have the right to use such data and know-how for any purpose whatsoever, including the right to transfer same to future Licensees[72].

12.6　ライセンシーは、理由の有無を問うことなしに、60日前の書面による通知をもって、本契約をいつでも終了することができる。その場合、ライセンシーは：

(a) 本契約の終了日までにライセンサーに負うすべての債務を清算し；

(b) 4.2条に従い、最終のロイヤルティに関する報告書を提出し；

(c) 本契約に関してライセンサーからライセンシーに提供された秘密情報もしくはトレード・シークレットに関する資料などを返却したうえで、または、ライセンサーの事前の書面による承諾をもって当該資料を破棄したうえで、当該資料のすべてを返却または破棄したことを文書で誓約し；

(d) ライセンス対象製品の活用を中止し；ならびに

(e) ライセンシーがライセンス対象製品を開発する過程において生じた特許権として保護されていないデータおよびノウハウのすべてをライセンサーに提供するものとする。ライセンサーは当該データおよびノウハウをいかなる目的においても利用することができるものとし、当該権利は、今後の新たなライセンシーに移転することもできる。

---

[71] 米国法商取引, 99-106.

[72] 2 - 11 『グラント・バック条項におけるグラント・バック・ライセンスとは、どのようなものか』

12.7　Upon any termination of this Agreement, all rights and obligations of the Parties hereunder shall cease. Notwithstanding the foregoing, all payment obligations accruing prior to any termination or expiration of all or any part of this Agreement shall survive any termination or expiration. In addition, the following sections and all other terms, provisions, representations, rights and obligations contained in this Agreement that by their sense and context are intended to survive until performance thereof by either or both Parties shall survive and remain in full force and effect after any termination or expiration of all or any part of this Agreement[73]: 1 (Definitions), 4 (Reports, Audits, and Payments), 9 (Representations and Warranties and Limitations on Licensor's Liability), 10 (Indemnification), and 13 (Miscellaneous Provisions).

Article 13　MISCELLANEOUS PROVISIONS

13.1　**Governing Law**[74]. This Agreement shall be construed, governed, interpreted and applied according to the laws of the United States and of the State of Ohio, except that questions affecting the construction and effect of any patent shall be determined by the law of the country in which the patent was granted.

12.7　本契約が終了した場合、本契約における両当事者のすべての権利および義務は消滅する。上記にもかかわらず、本契約のすべてまたは一部に関するいかなる終了もしくは期間満了の前に生じたすべての支払い債務は、いかなる終了または期間満了の後も存続する。さらに、次の条項ならびに本契約におけるその他の条件、規定、表明、権利および義務のうち、当該性質および文脈から、一方または両当事者による履行がされるまでの間は存続するものと意図されていたといえるものについては、本契約のすべてまたは一部のいかなる終了または期間満了の後も存続し、完全に効力を有する：1（定義）、4（ロイヤルティ報告、監査、および支払い）、9（表明保証およびライセンサーの責任の制限）、10（損害の補償）、および 13（一般条項）。

第 13 条　一般条項

13.1　**準拠法**．本契約は、論争の対象が、特許権が付与された国の法律によって解決されるべきであるとされる特許権の解釈または効力に関する場合を除いて、アメリカ合衆国連邦法ならびにオハイオ州法に従った解釈、規律、理解、および適用が行われるものとする。

---

[73] *Id*. at 107-08.

[74] *Id*. at 160-63.

13.2 **Dispute Resolution**[75]. In the event of a controversy or claim arising out of or relating to this Agreement, the Licensed Patents, or to the breach, validity, or termination of this Agreement or to the validity, infringement, or enforceability of Licensed Patents, the Parties have agreed to the following procedures:

(a) The Parties shall first negotiate in good faith for a period of sixty (60) days to try to resolve the controversy or claim.

(b) If the controversy or claim is unresolved after these negotiations, the Parties shall then make good-faith efforts for sixty (60) days to mediate the controversy or claim in New York, New York before a mediator selected by the International Institute for Conflict Prevention and Resolution ("CPR"), under CPR's Mediation Procedure then in effect.

(c) If the controversy or claim is unresolved after mediation, on the written demand of either Party, any controversy arising out of or relating to this Agreement or to the breach, validity, or termination of this Agreement shall be settled by binding arbitration in New York, New York in accordance with CPR's Rules for Non-Administered Arbitration of Patent and Trade Secret Disputes then in effect, before a single arbitrator. The arbitration shall be governed by the Federal Arbitration Act, 9 U.S.C. §§ 1 *et seq.* (the United States)[76], and judgment on the award rendered by the arbitrator may be entered in any court having jurisdiction thereof.

13.2 **紛争の解決**. 契約、ライセンス対象特許権、または本契約の違反、有効性、もしくは終了、または、ライセンス対象特許権の有効性、侵害、もしくは執行可能性から生じるもしくは関係する意見の相違または請求が生じた場合、当事者は次の手続をとることに合意する：

（a）当事者は、まず、当該意見の相違または請求を解決するために、60日の間、真摯に交渉を行う。

（b）当該交渉を経ても、当該意見の相違または請求が解決できない場合、当事者は、その後60日の期間、その時点で有効な国際紛争解決センター（「CPR」）の調停規則に従ってCPRによって選定される調停人の面前で、ニューヨーク州ニューヨーク市において、当該意見の相違または請求に関する調停について真摯な努力を尽くす。

（c）当該調停を経ても、当該意見の相違または請求が解決できない場合、一方当事者の書面による要求をもって、本契約の違反、有効性、または終了から生じるもしくは関係する意見の相違もしくは請求については、単独の仲裁人のもと、その時点で有効な、CPRの特許権およびトレード・シークレット紛争に関する非行政的仲裁規則に従って、ニューヨーク州ニューヨーク市において、拘束力のある仲裁によって解決を図る。当該仲裁は、連邦仲裁法、9 U.S.C. 1条以下（アメリカ合衆国）によって規律されるものとし、また、当該仲裁人によって示された裁定は管轄権を有するいかなる裁判所においても執行判決を得ることができるものとする。

---

[75] *13−1*『ライセンス契約に関する紛争解決については、どのような方法を選択すべきか』；米国法商取引, at 157-59.

[76] *13−1−X*『仲裁条項の存在にもかかわらず、一方当事者が仲裁の実施に応じない場合、他方当事者はどのように対処すべきか』

(d) A party's right to demand arbitration of a particular dispute arising under or related to this Agreement, or the breach, validity, or termination of this Agreement, shall be waived if that party either: (i) brings a lawsuit over that controversy or claim against the other party in any state or federal court; or (ii) does not make a written demand for mediation, arbitration, or both within sixty (60) days of service of process on that party of a summons or complaint from the other party instituting such a lawsuit in a state or federal court of competent jurisdiction.

All applicable statutes of limitation and defenses based on the passage of time shall be tolled while the procedures described in this Section 13.2 are pending. Licensor and Licensee shall each take such action, if any, required to effectuate this tolling. Each party is required to continue to perform its obligations under this Agreement pending final resolution of any dispute arising out of or relating to this Agreement.

13.3　**Entire Agreement**[77]. Licensor and Licensee agree that this Agreement sets forth their entire understanding and supersedes all previous communications, representations or understandings, whether oral or written, between the Parties relating to the subject matter hereof.

（d）本契約、または、本契約の違反、有効性、もしくは解除に関する紛争から生じるもしくは関係する特定の紛争について仲裁を要求する当事者の権利は、当該当事者が：（i）州もしくは連邦裁判所において、他方当事者に対する当該意見の相違もしくは請求をめぐる訴訟を提起した場合；または（ii）管轄権を有する州もしくは連邦裁判所における訴訟を提起した他方当事者からの召喚状もしくは訴状の送達を受けてから 60 日内に調停、仲裁、もしくはそれら双方の実施を書面によって要求しなかった場合、放棄されたものとされる。

時の経過を根拠として主張しうる時効またはその他の防御方法については、本 13.2 条の定める手続が係属中である間は、延期されるものとする。ライセンサーおよびライセンシーは、当該延期の効力発生に必要となる手続がある場合、当該手続をとるものとする。本契約から生じるまたは関係するいかなる紛争についても、その最終解決が図られている間、それぞれの当事者は、本契約における義務の履行を継続するものとする。

13.3　**完全なる合意**．ライセンサーとライセンシーは、本契約が両当事者の完全な理解を定めるものであり、かつ、口頭または書面で行われたものであるかどうかを問わず、本契約の内容に関して両当事者の間で形成されたすべての事前のコミュニケーション、表明、または理解に優先することに合意する。

---

[77] 米国法商取引, 141-42.

13.4 **Modification**[78]. No modification or amendment to this Agreement will be effective unless executed in writing by the Parties.

13.5 **Severability**[79]. If a court of competent jurisdiction or an arbitrator finds any term of this Agreement invalid, illegal or unenforceable, that term will be curtailed, limited or deleted, but only to the extent necessary to remove the invalidity, illegality or unenforceability, and without in any way affecting or impairing the remaining terms.

13.6 **Headings**[80]. The headings of the several sections are inserted for convenience of reference only and are not intended to be a part of or to affect the meaning or interpretation of this Agreement.

13.7 **Registration and Recordation**[81]. If the terms of this Agreement, or any assignment or license under this Agreement are or become such as to require that the Agreement or license or any part thereof be registered with or reported to a national or supranational agency of any area in which Licensee or Sublicensees would do business, then Licensee will, at its own expense, undertake such registration or report. Any agency ruling resulting from it will be supplied by Licensee to Licensor.

13.4 変更．本契約については、両当事者の書面による契約の締結なしには、いかなる変更または修正も認められない。

13.5 分離可能性．管轄権のある裁判所または仲裁人が本契約の条件のいずれかについて無効、違法、もしくは執行力がないと判断した場合、当該条件は、当該無効性、違法性、もしくは執行力の欠缺を払しょくするために必要な範囲において縮小、制限、または削除されるものとするが、その他の条件については、いかなる影響を及ぼしたりまたは損なわせたりするものではない。

13.6 表題．複数の条項に付された表題については、参照の利便性のために付されたものであって、本契約の一部または意味もしくは解釈に影響を及ぼすことを目的としたものではない。

13.7 登録および記録．本契約の条件または本契約に基づく譲渡もしくはライセンスについて、ライセンシーまたはサブライセンシーが事業を行ういずれかの地域における国家機関または国際機関における登録もしくは報告を要する場合、ライセンシーは、自己の費用をもって、当該登録または報告を行うものとする。当該登録または報告に関する機関の決定については、いかなるものも、ライセンシーからライセンサーに提供されるものとする。

---

[78] *Id.* at 146-48.

[79] *Id.* at 145-46.

[80] *1－3*『定義条項のほかに、契約の解釈を補助する機能を有する規定にはどのようなものがあるか』：米国法商取引, 144 .

[81] *13－2*『ライセンス契約の登録・記録などについては、どのように対応すべきか』

13.8 **Correspondence**[82]. Any notice, request, report or payment required or permitted under this Agreement shall be effective when deposited in the United States Mail, first class prepaid to the address set forth below, or such other address as such party specifies by written notice given in conformity herewith. Any notice, request, report or payment given by any other means is not effective until actually received by an authorized representative of a party.

If sent to Licensor
Attention: The Vice President for Intellectual Property
Name: Mr. Robin Spartans
Address: 1000 Chome, Shiba, Minato-ku, Tokyo 108-0014, Japan

If sent to Licensee:
Attention: General Counsel
Name: Ms. Scarlett Buckeyes
Address: 1000 Union Square Blvd., Dublin, OH 43016
United States of America

13.8　**通知**.　本契約において要求または許容される他方当事者への通知、要求、報告、または支払いについては、いかなるものについても、支払い済みの状態で、米国郵便公社の書留郵便によって、下記の宛先または別途書面によって通知される宛先に向けて投函した場合に有効であるものとする。その他の手段による他方当事者への通知、要求、報告、または支払いについては、他方当事者の正式な代表者に受領されない限り、有効なものとはならない。

ラインセンサ―宛：
宛先：知的財産権担当・副社長
氏名：ロビン・スパルタンズ
住所：1000 丁目、芝、港区
東京　108-0014　日本国

ライセンシー宛：
宛先：法務責任者
氏名：スカーレット・バッカイズ
住所：ユニオン・スクエア・ブルバード、1000 番地、ダブリン市、オハイオ州　43016
アメリカ合衆国

---

[82] 米国法商取引 , 143-44.

13.9 **Patent Marking**[83]. Licensee agrees to mark all Licensed Products sold in the United States with all applicable United States patent numbers. All Licensed Products shipped to or sold in other countries shall be marked to comply with the patent laws and practices of the countries of manufacture, use and sale.

13.10 **Non-waiver**[84]. The failure of either Party to insist upon the strict performance of any of the terms, conditions and provisions of this Agreement shall not be construed as a waiver or relinquishment of future compliance therewith, and said terms, conditions and provisions shall remain in full force and effect. No waiver of any term or condition of this Agreement on the part of either Party shall be effective for any purpose whatsoever unless such waiver is in writing and signed by such Party.

13. 11 **Confidentiality**[85]. Each Party agrees that it shall treat as confidential all information[86] provided by the other Party (the "Disclosing Party") to such Party (the "Receiving Party") ("Confidential Information"). In maintaining the confidentiality of the Confidential Information of a Disclosing Party, each Receiving Party

13.9 **特許権の表示**．ライセンシーは、アメリカ国内において販売するすべてのライセンス対象製品について、ライセンス対象となるすべてのアメリカ特許権の表示を行うことに同意する。アメリカ国外に向けて輸送または販売されるすべてのライセンス対象製品についても、ライセンス対象製品の製造、使用、もしくは販売の行われる国の特許法または実務に従って特許権の表示を行うものとする。

13.10 **権利の不放棄**．いずれかの当事者が、本契約のいかなる内容、条件、または規定について厳格な履行を要求しなかったとしても、それは将来におけるそれらの履行を要求する権利の放棄または断念と解釈されてはならないほか、当該内容、条件、および規定は完全に有効なままであるものとする。いずれかの当事者による本契約のいかなる内容または条件の放棄についても、当該当事者の書面による署名のない限り、その他の目的との関係においては放棄とは取り扱われない。

13. 11 **秘密保持**．両当事者は、一方当事者（開示者）から他方当事者（受領者）に提供されたすべての情報を「秘密情報」として取り扱うものとする。開示者の秘密情報の秘密性を保持するために、受領者は自己が自己の同種の秘密情報に関する場合と同程度の注意を払って（ただし、いかなる場合においても、当該注意は、合理的に必要とされ

---

[83] *13 − 3*『特許表示はどのような意義を有するのか』

[84] 米国法商取引, 136 − 38.

[85] *Id.* at 109-10, 115-118.

[86] *13 − 4*『ライセンス対象製品のサンプルを他方当事者に提供する場合、どのような事項に配慮すべきか』; *cf.* 米国法商取引, 110-11.

shall exercise the same degree of care that such Party exercises with respect to its own Confidential Information of a similar nature, and in no event less than a reasonable degree of care. All Confidential Information of a Disclosing Party shall be used by the Receiving Party solely for the purpose of this Agreement and shall not be disclosed to any party other than (i) such Receiving Party's employees who have a need-to-know for purposes of performing such Receiving Party's obligations under this Agreement, and (ii) auditors and legal counsel, to the extent deemed required for the purpose of this Agreement; provided, that, such persons shall be bound by confidentiality provisions at least as stringent as those contained herein. The foregoing obligations of confidentiality and non-disclosure shall not be applicable to any information[87] that the Recipient demonstrates (i) is publicly available when provided or thereafter becomes publicly available, other than through disclosure by the Receiving Party or any of its employees, or (ii) that is independently derived by the Receiving Party without the use of any information provided by the Disclosing Party. For the avoidance of doubt, neither Party shall disclose the terms and conditions of this Agreement to any third party without the prior written consent of the other Party.

る注意の程度を下回るものではない）当該秘密情報を管理するものとする。開示者のすべての秘密情報については、受領者によって本契約の目的のためにのみ利用されるものとし、また、（i）本契約における受領者の権利の行使および義務の履行のために当該秘密情報を知る必要のある受領者の従業員、または、（ii）本契約の目的達成のために必要であると思料される会計士もしくは弁護士以外のいかなる者に向けても開示しないものとする。なお、これら秘密情報の開示が許容されている者についても、受領者は、本秘密保持条項と同程度の秘密保持義務を課す契約を締結していることを必要とする。これらの秘密保持義務および秘密情報の非開示義務については、受領者が、（i）当該秘密情報が受領者によって開示された時点において公知であった場合、および、開示の後において公知となった場合（ただし、受領者もしくはその従業員によって公知のものとされた場合を除く）、または、（ii）開示者から提供された当該秘密情報に依拠することなしに、受領者が独自に当該秘密情報を保持するに至った場合に該当することを証明したときには適用されない。なお、誤解を避ける意味で付言すると、いずれの当事者も本契約の条件について、他方当事者の書面による同意を得ることなしに、第三者に開示してはならない。

---

[87] *Id.* at 111-15.

242

13.12 **Publicity**. The Parties agree to develop and publicize materials that describes their business relationship and the non-financial terms of this Agreement no later than thirty (30) days after execution of this Agreement. Each Party may, with the written consent of the other Party, publish the new version of the materials.

13.13 **Compliance of Laws**. Licensee shall comply with all applicable laws and regulations. By way of example, Licensee understands and acknowledges that the transfer of certain commodities and technical data is subject to United States laws and regulations controlling the export of such commodities and technical data, including the Export Administration Regulations of the United States Department of Commerce. These laws and regulations prohibit or require a license for the export of certain types of technical data to specified countries. Licensee shall be solely responsible for any violation of such laws and regulations by Licensee or its Sublicensees, and shall defend, indemnify and hold harmless Licensor and its board members, officers, employees and agents if any legal action of any nature results from the violation.

13.14 **Independent Contractor**[88]. The relationship between the Parties is that of independent contractors. Neither Party is an agent or employee of the other in connection with the exercise of any rights hereunder, and neither has any right or authority to assume or create any obligation or responsibility on behalf of the other.

13.12 条　**公表**．両当事者は、本契約の締結から 30 日内に、取引関係および本契約の金銭的条件以外の内容について説明する資料を作成し公表することに合意する。いずれの当事者も、他方当事者の書面による同意をもって、当該資料の改訂版を公表することができる。

13.13 条　**法令の遵守**．ライセンシーは、適用対象となるすべての法律および規則を遵守するものとする。例として、ライセンシーは、特定の商品または技術情報の移転は、アメリカ合衆国商務省の定める輸出管理規則を含む、当該商品もしくは技術情報の輸出をコントロールするアメリカ連邦法または規則の対象となりうることを理解しており、かつ、確認している。これらの法律および規則は、特定の種類の技術情報を特定の国に輸出することについて禁止または許可の取得を要求している。ライセンシーは、ライセンシーまたはサブライセンシーによる当該法律および規則の違反について単独で責任を負うものとし、当該違反の結果から生じる限り、いかなる根拠に基づくいかなる法的手続についても、ライセンサー、その取締役会の構成員、執行役員、従業員、および代理人を防御し、補償し、ならびに免責する。

13.14　**独立当事者**．両当事者の関係は独立当事者である。いずれの当事者も、本契約におけるいかなる権利の行使に関しても、他方当事者の代理人または従業員ではなく、また、他方当事者に代わっていかなる義務もしくは責任を引き受けるまたは創出する権利もしくは権限を有するものではない。

---

[88] *Id*. at 149-50.

13.15　**Force Majeure**[89].　Neither Party hereto is in default of any provision of this Agreement for any failure in performance resulting from acts or events beyond the reasonable control of such party, such as Acts of God, acts of civil or military authority, civil disturbance, war, fires, natural catastrophes or other "force majeure" events.

13.16　**No Assignment**[90].　Licensee may not assign this Agreement without the prior written consent of Licensor. Any attempted assignment of this Agreement will be void unless (a) a written consent to assign this Agreement has been obtained from Licensor; and (b) a written consent to accept all of terms and conditions of the Agreement had been obtained from the intended assignee.

13.17　**Consent to Electronic Signature**[91]. The Parties agree that the electronic signatures of the Parties included in this Agreement, agreements ancillary to this Agreement, or related documents are intended to authenticate the electronically signed documents and to have the same force and effect as manual signatures.

13.15　**不可抗力**．　天災、民間もしくは軍事当局の行動、騒乱、戦争、火事、自然災害、またはその他の「不可抗力」事象のように、当該当事者の合理的なコントロールを超えた行為もしくは事象から生じるいかなる不履行についても、いずれの当事者との関係においても、本契約のいかなる規定の違反を構成するものではない。

13.16　**譲渡の禁止**．　ライセンシーは、ライセンサーの事前の書面による同意なしに、本契約を譲渡してはならない。本契約のいかなる譲渡の試みについても、(a) ライセンサーから本契約の譲渡について書面による同意を取得するとともに、(b) 譲渡の予定者から本契約のすべての条件について合意する旨の書面による同意を取得しない限り、無効である。

13.17条　**電子署名に関する同意**．　両当事者は、本契約、本契約の付属書面、または関連する書面における両当事者の電子署名は、電子署名の対象である書面を認証し、かつ、手書きの署名と同一の効力および効果を生じさせるものであることに合意する。

---

[89] *Id*. at 138-140.

[90] *13 − 5*『ライセンス契約の一方当事者は、当該契約上の地位を自由に第三者に譲渡できるか』；米国法商取引，150-54.

[91] 米国法商取引，176-77.

13.18 **Attorney's Fees**[92].   In the event that any suit or action is instituted to enforce any provision in this Agreement, the prevailing party in such dispute shall be entitled to recover from the losing party all fees, costs and expenses of enforcing any right of such prevailing party under or with respect to this Agreement, including without limitation, such reasonable fees and expenses of attorneys and accountants.

13.18条　**弁護士費用**.　本契約における規定のいずれかを執行するために訴訟または手続が開始された場合、当該紛争における勝訴当事者は、敗訴当事者から、本契約におけるまたは関係する勝訴当事者の権利の執行に要するすべての費用、コスト、および経費（弁護士および会計士に関する合理的な費用ならびに経費を含むがそれらに限られない）を回収する権利を有する。

IN WITNESS WHEREOF, the Parties hereto have executed this Agreement in duplicate originals by their duly authorized officers or representatives[93].

本契約の証として、両当事者はそれぞれの権限ある執行役員または代表者によって二通の原本により本契約を締結する。

Buckeyes Corporation ("Licensor[94]"):	**Spartans Company Limited** ("Licensee"):	バッカイズ・コーポレーション（「ライセンサー」）：	スパルタンズ株式会社（「ライセンシー」）：
By:	By:	By:	By:
_____	_____	_____	_____
(Signature of an authorized officer)	(Signature of an authorized officer)	（権限のある執行役員による署名）	（権限のある執行役員による署名）
Name:	Name:	氏名：	氏名：
_____	_____	_____	_____
Title:	Title:	職位：	職位：
_____	_____	_____	_____
Date:	Date:	日付：	日付：
_____	_____	_____	_____

---

[92] 米国法商取引, 81-82.

[93] *Id*. at 172-74.

[94] Id. at 174-76.

EXHIBIT A[95]
LICENSED KNOW HOW

Title	Description

別紙 A
ライセンス対象ノウハウ

表題	内容

EXHIBIT B
LICENSED PATENTS

Country	Title	Patent/Patent Application No.	Filing/ Issue Date

別紙 B
ライセンス対象特許権

国	表題	特許権/特許 出願番号	出願/ 発効日

---

[95] *Id*. at 178-79.

索　引

■著者紹介

瀬川　一真（せがわ　かずま）

中央大学経済学部・法学部卒業。オハイオ州立大学ロースクール修了（LL.M.）。

アメリカ合衆国コロンビア特別区弁護士。アルプスアルパイン株式会社法務部長。武蔵野大学非常勤講師。オハイオ州立大学ロースクール国際・大学院部門アンバサダー。

著書として、『米国法適用下における商取引契約書』（大学教育出版・2019年）。論文として、「アメリカ民事訴訟に関する送達と日本企業の対応」（『パテント』・2021年12月）など多数。

国際ライセンス契約Q&A
― アメリカ法を中心とした理論と実務上の対応 ―

2022年6月30日　　初版第1刷発行

■著　　　者——瀬川一真
■発 行 者——佐藤　守
■発 行 所——株式会社**大学教育出版**
　　　　　　　　〒700-0953　岡山市南区西市855-4
　　　　　　　　電話(086)244-1268㈹　FAX(086)246-0294
■印刷製本——モリモト印刷㈱
■Ｄ Ｔ Ｐ——林　雅子

本書に関するご意見・ご感想を右記（ＱＲコード）サイトまでお寄せください。

ISBN978-4-86692-217-1

好評発売中

米国法適用下における商取引契約書　　瀬川一真　著

ISBN978-4-86692-003-0　定価 2,200円　A5判　194頁

米国において研究と実務を重ねた米国弁護士が、商取引契約書にまつわる米
国法上の理解と最先端の動向について実務的な側面から徹底的に解説する。
日本人がアメリカとのビジネス契約でアメリカ企業と自信を持って対等に交
渉できるだけの力をつけたい方に最適。

だれも書けなかった　　円安誘導政策批判　　金井晴生　著

ISBN978-4-86692-045-0　定価 1,980円　A5判　174頁

変動相場制移行後のドル/円相場の動きを追いながら、当局者と政治はどう対
応したのか、為替ディーラー歴36年の体験も交えつつ、円安誘導政策の正体
を明らかにし、今日の日本と世界の金融・実体経済が非常に危うい状況にあ
ることを示す。

ご注文は最寄の書店、もしくはQRコードでお願いします。